Peter Hasenberg / Markus Leniger / Reinhold Zwick (Hg.)
Familienbilder

Religion, Film und Medien

Schriftenreihe der Forschungsgruppe «Film und Theologie»
und der Katholischen Akademie Schwerte

herausgegeben von:
Freek Bakker, Universität Utrecht
Peter Hasenberg, Deutsche Bischofskonferenz, Bonn
Markus Leniger, Katholische Akademie Schwerte
Gerhard Larcher, Universität Graz
Marie-Therese Mäder, Universität Basel
Charles Martig, Katholisches Medienzentrum, Zürich
Daria Pezzoli-Olgiati, Universität München (LMU)
Joachim Valentin, Universität Frankfurt a. M.
Christian Wessely, Universität Graz
Reinhold Zwick, Universität Münster

Band 4

Die Reihe «Religion, Film und Medien» widmet sich der Beziehung
zwischen Religion und Film sowie weiteren (audiovisuellen) Medien.
Sie bietet innovativer Forschung aus Theologie, Religions-, Film- und
Medienwissenschaft sowie interdisziplinären Projekten eine Plattform.
«Religion, Film und Medien» führt die Reihe «Film und Theologie» fort,
die von 2000 bis 2016 in 29 Bänden erschienen ist.

https://www.religion-film-media.org

Peter Hasenberg / Markus Leniger / Reinhold Zwick (Hg.)

FAMILIENBILDER

Reflexionen und Konstruktionen zum Thema Familie im aktuellen Spielfilm

Bibliografische Information der Deutschen Nationalbibliothek
Die Deutsche Nationalbibliothek verzeichnet diese Publikation in der
Deutschen Nationalbibliografie; detaillierte bibliografische Daten sind im
Internet über http://dnb.d-nb.de abrufbar.

Gedruckt mit freundlicher Unterstützung der Gesellschaft zur Förderung
der Katholischen Akademie Schwerte e. V.

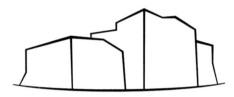

Katholische Akademie
Schwerte

Schüren Verlag GmbH
Universitätsstr. 55, D-35037 Marburg
www.schueren-verlag.de
© Schüren 2018
Alle Rechte vorbehalten
Gestaltung: Erik Schüßler
Umschlaggestaltung: Wolfgang Diemer, Köln
Umschlagbild: Filmstill aus DIE FRAU DES POLIZISTEN (Regie: Philip Gröning,
D 2013, Filmgalerie 451)
Druck: druckhaus köthen, Köthen
Printed in Germany
ISSN 2568–8510
ISBN 978-3-89472-846-5

Inhalt

Peter Hasenberg / Markus Leniger / Reinhold Zwick

Familienbilder – Reflexionen und Konstruktionen in aktuellen Spielfilmen und TV-Serien
Einführung

Das klassische, aus dem 19. Jahrhundert tradierte und oft – nicht zuletzt von der Kirche – idealisierte Bild der Familie ist in der Moderne zunehmend fragwürdig geworden. Prozesse der Globalisierung und (Post-)Modernisierung haben nicht nur die Arbeitswelt verändert, sondern auch in der Familie als Grundeinheit der Gesellschaft Spuren hinterlassen und zu «einer Veränderung des traditionellen *Verständnisses der Familie* [Hervorh. i. O., Hg.] und ihrer Werte und Aufgaben geführt.»[1] Väter haben ihre Bedeutung als Alleinernährer verloren, Frauen sehen ihre Erfüllung nicht mehr allein in der Sorge für Ehemann und Kinder, die Ehe als einziges Modell gelebter Zweisamkeit hat Konkurrenz durch alternative Familienkonstellationen bekommen. Es gibt nicht mehr «die Familie», sondern zahlreiche Familienbilder und eine Vielfalt an Modellen des Zusammenlebens (Pluralisierung der Lebensformen: Nichteheliche Lebensgemeinschaften, Singles mit «Lebensabschnitts-Partnerschaften», Alleinerziehende und unverheiratet Zusammenlebende).[2] Der *Datenreport 2016* des Statistischen Bundesamtes bestätigt, dass alternative Lebensformen zugenommen haben: während die Zahl der Ehepaare von 2004 bis 2014 um 8 % auf 17,5 Mio. gesunken ist, stieg im gleichen Zeitraum die Zahl der Alleinstehenden um 16 % auf 17,9 Mio., die Zahl der Lebensgemeinschaften stieg um 18 % auf 2,9 Mio.[3]

---

1   Ursula Boos-Nünning / Margit Stein (Hg.): *Familie als Ort von Erziehung, Bildung und Sozialisation*, Münster/New York/München/Berlin 2013, 7.

2   Achim Haid-Loh: Ehepaare – Eine aussterbende Spezies?, in: *Familienpolitische Informationen*, 2015 (1), S. 5 f.

3   Elle Krack-Roberg / Stefan Rübenach / Bettina Sommer / Julia Weinmann: Lebensformen in der Bevölkerung, Kinder und Kindertagesbetreuung, in: Statistisches Bundesamt / Wissenschaftszentrum Berlin für Sozialforschung (Hg.): *Datenreport* 2016. *Ein Sozialbericht für die Bundesrepublik Deutschland* , Bonn 2016, 43–59, hier: 43 f.; unter: https://www.destatis.de/DE/Publikationen/Datenreport/Downloads/Datenreport2016.pdf?__blob=publicationFile [25.06.2018]

Dennoch wird die Familie nach wie vor hochgeschätzt: Die Frage, ob man eine Familie braucht, um glücklich zu sein, oder ob man allein genauso glücklich leben kann, beantwortet die überwiegende Mehrheit in den alten (68 %) und neuen Bundesländern (76 %) mit «Ja». Bei den jungen Erwachsenen bis 30 Jahre zeigt sich der Trend, dass seit den 1980er-Jahren der Stellenwert der Familie gestiegen ist. Während 1988 in Westdeutschland nur noch 43 % in dieser Altersgruppe glaubte, dass man eine Familie zum Glück braucht, waren im Jahr 2014 etwa 70 % dieser Ansicht.[4] Auch der Wunsch nach Kindern ist hoch: in der Altersgruppe der kinderlosen 18- bis 30-Jährigen bekennen sich 93 % (West) bzw. 94 % (Ost) dazu.[5]

Familie als «Keimzelle der Gesellschaft»?

Der Aussage, die Familie sei die «Keimzelle der Gesellschaft», wird kaum je generell widersprochen, auch wenn sie in ihrer Allgemeinheit vielleicht mehr Fragen aufwirft, als sie beantworten kann. Problematisch ist u. a. die quasi biologische Dimension, die durch den Begriff der «Keimzelle» der Vorstellung von – immer auch historisch gewordener, konstruierter – Gesellschaft eingeschrieben wird. Eine solche Vorstellung von der Familie als natürlicher «Ur-Gesellschaft» kann sich auf Jean-Jacques Rousseau (1712–1778) berufen, der in der Familie die «älteste aller Gesellschaften und die einzig natürliche» sah.[6] Diese Vorstellung blieb einflussreich und fand ihren Niederschlag z. B. auch in der Allgemeinen Erklärung der Menschenrechte von 1948, in der die Familie als die «natürliche Grundeinheit der Gesellschaft» bezeichnet wird, die «Anspruch auf Schutz durch Gesellschaft und Staat» habe (Art. 16, Nr. 3).[7]

Auch wenn die Vorstellung von einer natürlichen, vor-gesellschaftlichen (und damit quasi aus der Zeit gefallenen, keinem historisch-gesellschaftlichem Wandel unterworfenen) Grundform von Gesellschaft eher Wunschvorstellung als Wirklichkeit ist: Unbestritten besitzt die Familie in ihrer jeweiligen zeitbedingten Ausformung eine besondere Bedeutung

---

4   Stefan Weick: Einstellungen zu Familie und Lebensformen, in: *Datenreport* 2016 (s. Anm. 3), 74–77, hier: 74. Für Ostdeutschland lagen aus den 1980er Jahren keine Vergleichszahlen vor, die Zahlen seit 1991 sind jedoch generell etwas konstanter als bei den jungen Leuten in Westdeutschland (um 70 %).

5   Ebd., 75.

6   Jean-Jacques Rousseau: *Vom Gesellschaftsvertrag*, Reclams Universal-Bibliothek Nr. 1769, Stuttgart 2011, 6. 4. Aufl. Leipzig 1862, 4.

7   Vereinte Nationen: *Resolution der Generalversammlung Nr. 217 A (III). Allgemeine Erklärung der Menschenrechte*, 10.12.1948; unter: www.un.org/depts/german/menschenrechte/aemr.pdf [22.03.2018]

für die individuelle Entwicklung jedes Menschen. Vorkämpfer der katholischen Soziallehre wie Adolph Kolping (1813–1865) haben daher – bei allem Einsatz für den Aufbau sozialer Strukturen und Institutionen – immer die herausgehobene Bedeutung der Familie betont, weil sie «das erste ist, was der Mensch vorfindet im Leben, und das Letzte, wonach er die Hand ausstreckt, und das Kostbarste im Leben, was er besitzt, [...].»[8] Nicht zu verschweigen ist, dass es auch zu dieser positiven Würdigung das negative Gegenstück gibt. Ein vielzitierter bitterböser Satz stammt von dem österreichischen Schriftsteller Heimito von Doderer: «Wer sich in Familie begibt, kommt darin um.»[9]

Es ist zunächst einmal die Tatsache, dass jeder Mensch seine individuelle Prägung durch die Erbanlagen erhält, die sich durch die Generationen auf ihn übertragen haben. Familien wirken identitätsstiftend, sie sind Räume intensiver Bindung, hoher Emotionalität und existenzieller Grunderfahrungen (Partnerschaft, Liebe, Zuwendung, Fürsorge, Leiden, Tod). Zugleich sind sie auch Zonen für Konflikte: Vater-Mutter-Konflikte, Generationenkonflikte, Geschwisterrivalität. Als Last, die man nicht abschütteln kann, beschreibt der Zyniker Heimito von Doderer das, was den Menschen als Familienerbe prägt: «Jeder bekommt seine Kindheit über den Kopf gestülpt wie einen Eimer. Später erst zeigt sich, was darin war. Aber ein ganzes Leben lang rinnt das an uns herunter, da mag einer die Kleider oder auch Kostüme wechseln wie er will.»[10] Ob positive Würdigung oder harsche Kritik, bei allem Reden über Familie muss auch bewusst bleiben, dass es immer ein Spannungsverhältnis gab und gibt zwischen erwünschten Leitbildern und der «tatsächliche[n] Realität familiärer Beziehungsmuster, die zu allen Zeiten von der traditionalen Familienfassung abwichen.»[11]

Aus dieser Bedeutungsfülle für das Individuum ergibt sich, selbst wenn man die biologistische Rede von der «Keimzelle» infrage stellt, eine bleibend große Relevanz der Familie für die Gesellschaft. Zahlreiche Gesetzestexte (z. B. hinsichtlich Erziehung, Fürsorge, Erbschaft) belegen den Regelungsbedarf aus Sicht der (staatlichen) Gemeinschaft. Dabei geht es immer auch um das Verhältnis zwischen staatlicher, gesetzlicher Regelung und damit verbundener Eingriffsrechte einerseits und der Autonomie und Letztverantwortlichkeit der Eltern. Erinnert sei hier nur an das Grund-

---

8   Rosa Copelovici / Michael Hanke / Franz Lüttgen / Josef Anton Stüttler (Hg.): *Kolping Schriften, Band 3: Soziale Frage und Gesellenverein, Teil I: 1846–1852*, Köln 1985, 149; auch unter: http://www.adolphkolping.de/Original/originalzitate2.html [22.03.2018].

9   Heimito von Doderer: *Repertorium: Ein Begreifbuch von höheren und niederen Lebens-Sachen*, 2. Aufl. München 1969, 78.

10 Heimito von Doderer: *Ein Mord den jeder begeht*, München 1995, 5.

11 Boos-Nünning/Stein, *Familie*, 7 (s. Anm. 1).

gesetz der Bundesrepublik Deutschland, das den besonderen Schutz von Ehe und Familie durch die staatliche Ordnung festschreibt (Art. 6, Abs. 1), die Aufgabe der Pflege und Erziehung der Kinder aber als das «natürliche Recht» der Eltern und die «zuvörderst ihnen obliegende Pflicht» bezeichnet (Abs. 2) und im weiteren Verlauf den Willen der Erziehungsberechtigten gegenüber der staatlichen Gewalt betont: Gegen den Willen der Erziehungsberechtigten dürfen Kinder nur auf Grund eines Gesetzes von der Familie getrennt werden, wenn die Erziehungsberechtigten versagen oder wenn die Kinder aus anderen Gründen zu verwahrlosen drohen (Abs. 3).[12]

Die Bedeutungs- und Funktionsfülle der Familie erstreckt sich auf eine – historisch gesehen – relativ junge Familienkonstellation: die Kernfamilie, in der eine Frau und ein Mann die Ehe eingehen, Kinder zeugen, gemeinsam in einem Haushalt leben und gemeinsam Kinder aufziehen. Das Modell der Kernfamilie ist ein Produkt der frühen Neuzeit, der Ausprägung einer bürgerlichen Gesellschaft und unterscheidet sich von älteren oder auch heute noch verbreiteten Modellen von Großfamilien bzw. Clanstrukturen. Im 19. Jahrhundert vollzog sich Wandel von Familie im Sinne eines unter der Macht eines «Hausvaters» stehenden Gemeinschaft: die von der Aufklärung übernommenen Konzepte einer Familie als ein Vertragswerk (ähnlich dem Gesellschaftsvertrag) wichen in der Romantik Konzepten einer bis heute wirksamen Vorstellung von einer ausschließlich auf Liebe gegründeten Gemeinschaft.[13] Die Kernfamilie wie wir sie heute verstehen ist allerdings damals nicht notwendig eine Kleinfamilie – auch die großen Kernfamilien mit mehr als zehn Kindern, die noch im 19. Jahrhundert in Mitteleuropa keine Seltenheit waren, sind Kernfamilien und unterscheiden sich grundsätzlich von anderen Familienmodellen, die die unmittelbaren Verwandtschaftsbeziehungen von Eltern und Kindern überschreiten.

In den letzten Jahren haben sich Alternativen zur klassischen Kernfamilie etabliert, die allerdings (s. den Beitrag von Christopher Neumaier) zahlenmäßig noch nicht von allzu großer Bedeutung sind. Jedenfalls ist heute an die Seite eines jeden für die klassische Kernfamilie konstitutiven Elements eine Alternative getreten: zur Beziehung von Mann und Frau die Alleinerziehenden und homosexuelle Partnerschaften, zur Ehe die Partnerschaft ohne Trauschein oder die eingetragenen Lebenspartnerschaft, zur Zeugung der Kinder durch die Ehepartner die Kinderlosigkeit, die Blutsver-

---

12 *Grundgesetz der Bundesrepublik Deutschland*, Art. 6 [Ehe – Familie – Kinder]. Abs. 4 und 5 legen den besonderen Schutz und die Fürsorge der Gemeinschaft für die Mutter (4) und die rechtliche Gleichstellung unehelicher Kinder mit den ehelichen Kindern fest. (Online unter: http://www.gesetze-im-internet.de/gg/index.html [22.03.2018])

13 Andreas Gestrich: *Geschichte der Familie im 19. und 20. Jahrhundert*, 3., erw. Aufl. München 2013, 4 f.

wandtschaft eines Kindes nur zu einem der Partner, die künstliche Befruchtung etc., zum einen Haushalt die Möglichkeit getrennter Haushalte und getrennten Sorgerechts und schließlich zur Erziehung der Kinder durch die Eltern die Erziehung durch andere Verwandte, neue Partner(innen) und Institutionen.

Insgesamt sind eine Neujustierung der Geschlechterrollen und die Trennung von Ehe und Familie festzustellen. Neue Arrangements für Sexualität und Partnerschaft werden begleitet, befördert oder unterstützt durch Entwicklungen in der Reproduktionstechnologie mit ihrem ganzen Repertoire von Methoden zur Bekämpfung der Unfruchtbarkeit bis hin zum vorsorglichen Einfrieren von Eizellen (*social freezing*), um die Option, Kinder zu haben, für den passenden Zeitpunkt so lange wie möglich offen zu halten. Eine Rolle spielt auch der grundlegende Strukturwandel der Arbeitswelt (Digitalisierung, Home Office). Die lange Zeit als untrennbares Begriffspaar auftretende «Ehe und Familie» ist heute nur noch ein Modell unter vielen. Die Vielfalt der Möglichkeiten, Familie zu leben, bleibt nicht ohne Wirkung auf Konzepte von Lebensverläufen.

Eine besondere Herausforderung bedeutet dieser Wandel für die Kirchen. Papst Franziskus hat sich diesem Thema gewidmet. Vom 4. bis 25. Oktober 2015 hat in Rom die XIV. Ordentliche Generalversammlung der Bischofssynode über das Thema «Die Berufung und Sendung der Familie in Kirche und Welt von heute» getagt. Mehr als 270 Bischöfe aus der ganzen Welt waren daran beteiligt. Ein Jahr zuvor hatte sich die dritte Außerordentliche Generalversammlung der Bischofssynode vom 5. bis 19. Oktober 2014 mit den pastoralen Herausforderungen der Familie im Kontext der Evangelisierung befasst. Das nachsynodale Schreiben *Amoris Laetitia* (2016) von Papst Franziskus hat die Überlegungen zur Lage der Familie überzeugend zusammengefasst. Wichtig war an dem Prozess der Vergewisserung und Neubestimmung, dass es dem Papst darum ging, die gelebte Familienrealität genauer zu erfassen. Vorangegangen war eine weltweite Fragebogenaktion, bei der die Gläubigen aufgefordert waren, sich zu den Fragen der Familie zu äußern. In seiner Botschaft zum 49. Welttag der sozialen Kommunikationsmittel 2015 hat Papst Franziskus kurz zusammengefasst, worum es ging: «[...] eine Sichtweise wiederzugewinnen, die erkennen kann, dass die Familie weiterhin eine große Ressource und nicht nur ein Problem oder eine Institution in der Krise ist.»[14] In Bezug auf die Behand-

---

14 Papst Franziskus: Darstellen, was Familie ist: Privilegierter Raum der Begegnung in ungeschuldeter Liebe, Botschaft zum 49. Welttag der sozialen Kommunikationsmittel, 23.01.2015, online: https://w2.vatican.va/content/francesco/de/messages/communications/documents/papa-francesco_20150123_messaggio-comunicazioni-sociali.html [12.03.2018].

lung des Themas der Familie in den Medien stellte er fest: «Die Medien haben bisweilen die Tendenz, die Familie in einer Weise darzustellen, als wäre sie ein abstraktes Modell, das zu akzeptieren oder abzulehnen, zu verteidigen oder anzugreifen ist, und nicht eine konkrete Realität, die man leben muss [...].»[15]

Familie als gelebte Realität ist ein Hauptthema in Literatur und Film. Romane und Filme erzählen Geschichten von Menschen, die handeln, und zwar in Konfliktsituationen. So wird nicht einfach ein bestimmtes (Vor-)Bild von Familie dargeboten, sondern aufgezeigt, wie Menschen im Rahmen des durch die Familie vorgegebenen Struktur agieren. Konflikte werden dadurch entfacht, dass es bei den Handelnden unterschiedliche Werteauffassungen gibt. So werden in Erzählungen über Familien in Literatur und Film nicht nur die Krisen und Konflikte sichtbar, sondern auch die Wertvorstellungen, die das Handeln leiten. Daran ist abzulesen, dass bestimmte Erwartungen an das, was Familie sein sollte, nach wie vor wirksam sind, auch wenn es in konkreten Situationen mitunter schwierig wird, das Ideal noch zu leben.

Familie in Literatur ...

Angesichts der Relevanz und Bedeutungsfülle der Familie für jeden einzelnen Menschen und für die Gesellschaft – ihre biologische Funktion (Reproduktion), die Sozialisationsfunktion (Erziehung, Wertevermittlung), wirtschaftliche Funktion (Fürsorge) und ihre politische Funktion (gesetzliche Regelung) – verwundert es nicht, dass Menschen sich in Geschichten und Bildern, in allem, was wir unter dem Begriff der Kunst zusammenfassen, immer wieder mit ihr auseinandergesetzt haben. Und naturgemäß ist schon die Bibel voller Familiengeschichten. Angefangen bei den biblischen Erzelternerzählungen (Gen 12–36), in denen die Angänge der Geschichte Israels in Form von Familiengeschichten bearbeitet werden.[16] Schon hier bietet sich ein enorm weiter Fächer von Lebensformen und Problemlagen, die nicht nur vielfältige Anknüpfungspunkte für unsere Gegenwart bieten, sondern auch Grundkonstellationen aufzeigen, aus denen die Literatur von Beginn an geschöpft hat. Eine gewisse Engführung hin auf die Familienbilder der frühen Neuzeit bis in unsere Tage hinein verdankt sich schließlich

---

15   Ebd.
16   Vgl. Reinhold Zwick: Die Erzeltern in Mali. Cheik Oumar Sissokos LA GENÈSE – DIE ERBEN VON KAIN UND ABEL, in: Reinhold Zwick / Peter Hasenberg (Hg.): *The Bible Revisited. Neue Zugänge im Film*, Marburg 2016, 27–50.

dem *Role Model* der «Heiligen Familie», die spätestens im 19. Jahrhundert zur Folie der christlichen (Klein)Familie wurde.[17] Dass die Bibel nicht zuletzt als ein Kompendium von Familiengeschichten gelesen werden kann, verdankt sich der Tatsache, dass Familie ein Mikrokosmos ist, in dem sich alle existenziellen Fragen abbilden. Sie bietet einen gut zu beschreibenden und gut zu überblickenden Handlungsraum, in dem sich Konflikte aller Art und Fragen der Sinngebung gestalten lassen. Die typischen Konfliktthemen der Bibel – Vatersuche, Vatermord, Kindesmissbrauch, Kindstötung, Inzest, Bruderzwist, Erbstreit und Familienfehden sind Themen der Weltliteratur. Denn es sind die Konflikte und Probleme, die den Motor für das künstlerische Gestalten, sei es in der bildenden Kunst, sei es in der Literatur in Gang setzen. Sie sind von besonderem Interesse für Künstler und Rezipienten. Oder, wie Tolstoi es im ersten Satz seines Romans *Anna Karenina* (1878) auf den Punkt gebracht hat: «Alle glücklichen Familien sind einander ähnlich, jede unglückliche Familie ist unglücklich auf ihre Weise.»[18] Und diese je unterschiedlichen Weisen sind naturgemäß von größerem Interesse als das Einerlei einer einförmigen Glücksberichterstattung (die keine Entsprechung in den Erfahrungswelten der Künstler und Rezipienten findet). Insofern ist es auch verständlich, dass es im gelebten Leben eine Loslösung z. B. von der bildgewaltigen und bilderschaffenden Erzählung von der Heiligen Familie gibt. Die schwindende lebenspraktische Relevanz dieses «Tugendmodells», das im Grunde nur eine Antwort auf die durch den Protestantismus geprägte Entstehung der bürgerlichen Kernfamilie aus katholisch-gegenreformatorischer Absicht war, bedeutet jedoch keineswegs, dass es seinen Bedeutung in der aktuellen (Film)Kunst gänzlich verloren hätte.[19]

---

17 Vgl. *Bibel und Kirche* 4/2015 (Heilige Familien?) mit den Heftthemen «Wie heilig war die Heilige Familie»», «Abschied und Widerkehr der Väter», «Gewalt und Missbrauch in Familien». Andreas Hölscher, der Herausgeber des Themenheftes: «Die Bibel zeichnet alles andere als ein einheitliches Bild von Familie. Die Schriften beschreiben, wie vielfältig Familien aussehen können und kommen der heutigen Wirklichkeit sehr nahe. [...] Es gibt Singles, Alleinerziehende, Patchwork-Familien, Leihmütter, WGs und vieles andere mehr. Jede Familie ist anders. Das idyllische Familienbild ‹Mutter, Vater, Kinder› erscheint biblisch keineswegs alternativlos, auch wenn seine standhafte Propagierung in manchen Kreisen dies vielleicht vermuten lässt.»

18 Lew Tolstoi: *Anna Karenina*, übers. von Rosemarie Tietze, 5. Aufl. München 2015, 7.

19 Vgl. für den Bereich der Kunst- und Kulturgeschichte z. B. Hildegard Erlemann: *Die Heilige Familie. Ein Tugendvorbild der Gegenreformation im Wandel der Zeit. Kult und Ideologie*, Münster 1993. Für den Film vgl. Natalie Fritz: *Von Rabenvätern und Übermüttern. Das Motiv der Heiligen Familie im Spannungsfeld von Religion, Kunst und Film*, Religion, Film und Medien, Bd. 2, Marburg 2018.

... und im Film

Gibt es überhaupt Filme, die keine Familienfilme sind? Zumindest in ihrer Mehrzahl dürften Familienkonstellationen mehr oder weniger deutlich in Filmen eine Rolle spielen. Selbst Filme über Einzelgänger, Aussteiger, ja nicht zuletzt über Menschen in Kommunen, Wohngemeinschaften, Klöstern können durchaus als Familienfilme gelesen werden – verhandeln sie doch alternative Gemeinschaftsmodelle und somit Gegenbilder zur klassischen Familie.

Der vorliegende Veröffentlichung (und die ihr zugrunde liegende Tagung der Forschungsgruppe «Film und Theologie», die vom 5. bis 8. Mai 2016 in der Katholischen Akademie Schwerte stattfand, knüpft an vorangegangene Erkundungen des Feldes im Rahmen kirchlicher Filmarbeit an. Hier ist besonders die von Franz Grabner und Willi Hengstler 1991 organisierte Grazer Film-Tagung «Die projizierte Familie» (mit einer Filmreihe mit 28 Filmen) zu nennen. Sie konnte aufzeigen, dass es sich bei der «klassischen Familie» (als Kleinfamilie aus Vater, Mutter, Kind(ern) nicht zuletzt um eine Projektion bzw. Reminiszenz an die vermeintlich «gute alte Zeit» handelte. Bereits vor 25 Jahren diagnostizierte die Grazer Tagung massive Umbrüche in Sachen ‹Familie› – was sich augenfällig auch in den 28 Filmen der tagungsbegleitenden Retrospektive zeigte (am radikalsten in Michael Hanekes DER SIEBENTE KONTINENT (AT 1989), mit dem gemeinsamen, selbstbestimmten Selbstmord einer bürgerlichen Kleinfamilie und der ‹Auslöschung› aller ihrer Hinterlassenschaften.[20]

Zu ähnlichen Ergebnissen hinsichtlich der mythologischen Überhöhung eines Familienideals einerseits und den davon weit entfernten Realitäten andererseits kam auch das Sonderheft der Filmzeitschrift *Film-Dienst* zwei Jahre später. Bereits der Untertitel «Zwischen Mythos und Alptraum» verweist auf die ganze Bandbreite des Themas.[21] Die evangelische Filmarbeit befasste sich mit dem Thema Familie unter anderem 2004 im Rahmen der Arnoldshainer Filmgespräche. Die Herausgeber des Tagungsbandes beto-

---

20 Steirischer Herbst 1991, Symposion/Installation/Filmfestival «Die projizierte Familie», 8. bis 17.10.1991; Filmsymposion «Film und Familie / Familie im Film», 11. bis 13.10.1991.

21 *Zwischen Mythos und Alptraum. Das Bild der Familie im Spielfilm. Mit ausführlicher Filmographie und Literaturhinweisen*, Film-Dienst Extra, Dezember 1993. Das Titelbild zeigt einen Ausschnitt aus KRAMER GEGEN KRAMER (US 1979). Beiträge u. a. zu Familiendarstellungen im Hollywood-Film und im sowjetischen Film, im Heimatfilm der 1950er-Jahre, in den Filmen von Yasujiro Ozu, Woody Allen und Wim Wenders, zum Wandel des Mutterbildes («Glucke, Kameradin, Rabenmutter») und zum Verhältnis von Vaterfiguren und Gottesbildern.

nen die Doppelfunktion der Familienbilder im Film, «Familienverhältnisse in ihrer Brüchigkeit und Ambivalenz zu imaginieren und ebenso deren ‹positive› Werte, Ideale und Utopien in Szene zu setzen.»[22]

Der Film war seit jeher auch ein Seismograph für aktuelle gesellschaftliche Entwicklungen. Die Schwerter Tagung und der – um weitere Beiträge ergänzte[23] – vorliegende Band legen den Schwerpunkt ganz bewusst auf jüngere Spielfilm- und TV-Produktionen. Es geht also nicht darum, das Familienthema bei einem Gang durch die Filmgeschichte in allen Facetten zu erkunden. Dazu haben die erwähnten Publikationen schon wichtige Beiträge geleistet. Die Seismographen-Funktion des Films lässt dabei die begründete Erwartung zu, im Medium des Films zu Antworten auf die Frage zu gelangen, wie Familie sich heute darstellt und welche Problemlagen bestehen. Auch wenn aktuelle Produktionen wie die englische TV-Serie DOWNTON ABBEY Familienstrukturen ins Bild setzen, die heute nicht mehr gelebt werden, geht es letztlich immer darum, exemplarische Familienkonflikte darzustellen, die auch heute noch eine Relevanz haben. Die ausgewählten Beispiele können beispielhaft zeigen, wie Filme von ‹realistische› Familien erzählen – im Alltag, aber auch in Extremsituationen, Krisen und Konflikten, zum anderen werden in den Figuren auch Idealvorstellungen von Familie und Lebensglück artikuliert. Im Zentrum stehen dabei überwiegend «Kernfamilien» bzw. Kleinfamilien mit «klassischer» Mutter-Vater-Kind(er)-Konstellation. Damit ist natürlich verbunden, dass mittlerweile im Film ebenfalls vielfältig aufgegriffene Familienkonstellationen wie gleichgeschlechtliche Eltern, alleinerziehende Mütter/Väter, Patchwork-Familien, Mehr-Generationen-Familien etc. nicht oder nur am Rande thematisiert werden.[24]

Den ersten Teil des Bandes bilden zwei Beiträge, in denen allgemeine Überlegungen zu Fragen der Familie entfaltet werden. Der Theologe und Psychologe *Hans Zollner* SJ erläutert Entwicklungsprozesse und Konfliktlinien in der Familie aus psychologischer Sicht. Dabei wird die Komplexität des Beziehungsgefüges Familie deutlich. Eine zentrale Einsicht der Fami-

---

22 Margrit Frölich / Reinhard Middel / Karsten Visarius (Hg.): *Family Affairs. Ansichten der Familie im Film*, Arnoldshainer Filmgespärche Band 21, Marburg 2004.

23 Die Beiträge von Hans Zollner und Christoph Neumaier sind für die Drucklegung bearbeitete Vorträge beim Symposium «Familie im Film» (Rom/Vatikanstadt, 10.–12. März 2016), veranstaltet von «TOP: Talente – Akademie für Film- und Fernsehdramaturgie».

24 Zu den in aktuellen Filmen behandelten, lohnenswerten Themen gehören nicht zuletzt die sogenannten Regenbogenfamilien bzw. gleichgeschlechtliche Paarbeziehungen (z. B. THE KIDS ARE ALRIGHT (US 2010), Regie: Lisa Cholodenko), aber auch die Frage des Verhältnisses zwischen den altgewordenen Eltern und ihren Kindern, wie es zuletzt z. B. in TONI ERDMANN (DE 2016) von Maren Ade thematisiert wurde.

lienpsychologie lautet: Die Familie ist ein System, in dem das Ganze größer ist als die Summe seiner Einzelteile. Man kann die Individuen und ihr Verhalten nur dann gut genug verstehen, wenn nicht nur ihre Charaktereigenschaften und ihre Persönlichkeit, sondern auch und vor allem ihre Beziehungen zu den anderen Familienmitgliedern sowie das gesamte emotionale, kognitive und hierarchische Beziehungsgefüge in Betracht gezogen werden. Der Historiker *Christopher Neumaier* untersucht exemplarisch eine entscheidende Phase in der Entwicklung von der klassischen bürgerlichen Kernfamilie zur Pluralität familialer Lebensformen, die aber nach Neumaiers Deutung eine «Pluralität in Grenzen» bleibt. In den 1960er- und 1970er-Jahren ändert sich in Westdeutschland der Familiendiskurs: Wertverschiebungen werden in fast allen gesellschaftlichen Milieus verhandelt, aber die soziale Praxis richtet sich damit nicht automatisch an den neuen Wertvorstellungen aus, so dass es nicht zu einer generellen Ablösung oder Auflösung des bürgerlichen Familienmodells kommt.

Der Hauptteil des vorliegenden Buches konzentriert sich auf die Analyse einzelner Filme: HÖHERE GEWALT (SE 2014) von Ruben Östlund, ELTERN (DE 2013) von Robert Thalheim, DIE FRAU DES POLIZISTEN (DE 2013) von Philip Gröning oder SCHWESTERN (DE 2014) von Anne Wild, wobei zu den beiden letzten Filmen ausführliche Gespräche mit dem Regisseur bzw. der Regisseurin Einblicke in die «Werkstatt» von Filmkünstlerinnen und -künstlern geben. Gemeinsam ist den Filmen, dass sie Familien in einer Krisensituation zeigen, allerdings sind die Zugänge sehr verschieden.

In Robert Thalheims ELTERN steht ein ganz alltäglicher Konflikt im Mittelpunkt: die Frage nach der Vereinbarkeit von Familie und Beruf. Das Elternpaar des Films sucht die individuelle Selbstverwirklichung im Beruf – sie als Ärztin, er als Theaterregisseur – und es entstehen Probleme, dabei den Kindern noch gerecht zu werden. *Ulrike Vollmer* zeigt in ihrem Beitrag auf, wie der Film die Frage der Sinnhaftigkeit familiärer Bindung behandelt: Bei dem Projekt «Familie» geht es um ein Netz von Menschen, welches sich generationenweit spannt, so dass der Beitrag des Einzelnen mehr Motivation als für den vergleichsweise viel schneller greifbaren beruflichen Erfolg erfordert.

In HÖHERE GEWALT (SE 2014) schafft der schwedische Regisseur Ruben Östlund eine Art Versuchslabor-Situation: Im Winterurlaub bringt eine Lawine nicht nur die vermeintliche Sicherheit vor körperlichen Schäden ins Wanken, sondern stellt auch die Frage nach den Rollen der Familienmitglieder neu, wie *Reinhold Zwick* in seinem Beitrag herausarbeitet. Die Sekunde, in der der Vater die Familie vergisst und als erster vor den anrollenden Schneemassen flieht, gibt Anlass zu grundlegenden ethischen Diskussionen, auch bei einem befreundeten Ehepaar. Dass der Regisseur für seine Reflexion auf fundamentale Fragen des Menschseins und der menschlichen Beziehungen eine traditionelle Kleinfamilie gewählt hat, ist für Zwick nicht nur eine Bestätigung, dass das Modell der bürgerlichen Kleinfamilie keineswegs überholt ist. Der Film zeige auch, dass eine tiefe Krise eine Chance sein kann, die Beziehung auf eine ehrlichere und festere Grundlage zu stellen und sie so auf Dauer zu stabilisieren, auch wenn der Film das Ende offen lasse.

Nicht nur eine Krise, sondern eine vernichtende Katastrophe schildert Philip Gröning in DIE FRAU DES POLIZISTEN. Er konzentriert sich ganz auf die klassische Kernfamilie: Vater, Mutter, Kind. In streng formaler Ästhetik beobachtet er die Entstehung von Gewalt. Die Familie, die eigentlich ein Liebesraum sein sollte, wird zum Tatort. Der Mann neigt zu unkontrollierten Gewaltausbrüchen, die das Positive, was Familie auszeichnen sollte, zunehmend vernichten. Im Gespräch schildert der Regisseur die Ergebnisse seiner umfangreichen Recherchen bei Personen, die von Gewalt in der Familie betroffen sind, und erläutert seine künstlerische Strategie, die Zuschauerinnen und Zuschauer emotional zu packen und gleichzeitig Möglichkeiten der Distanzierung zu schaffen, die zu eigenen Reflexionen anregen.

Eine leichte Sommerkomödie mit ernstem Hintergrund ist Anne Wilds SCHWESTERN. Hier ist es keine lebensbedrohliche Krise, sondern eine positive Lebensentscheidung eines Familienmitglieds, die alle anderen herausfordert: die Tochter Kati hat sich entschieden, Nonne zu werden. Die ganze Familie mit drei Generationen kommt zur Feier der Profess zusammen. Katis Entscheidung ist für ihre Angehörigen eine Ungeheuerlichkeit, die die eigenen Lebensentwürfe in Frage stellt, wie die Regisseurin im Gespräch erläutert.

Familie ist aber nicht nur im aktuellen Arthouse-Kino ein bevorzugtes Thema. Für Serienformate im Fernsehen, die konstant bleibende Strukturen ebenso brauchen wie neue überraschende Entwicklungen, ist die Ansiedlung von Geschichten um Familie(n) eine vielfach erprobte dramaturgische Strategie. *Stefan Leisten* untersucht als Beispiel die seit 1992 im Privatfernsehen laufende Daily Soap GUTE ZEITEN, SCHLECHTE ZEITEN (DE 1992ff), in der sich zeigt, dass sich die Pluralität von Lebensformen und sich ändernde Wertvorstellungen in den Geschichten widerspiegeln. Dabei geht es nach Leisten natürlich vorrangig um Unterhaltung, aber die Familienbilder, die vorgestellt werden und sich auch in der Gesellschaft finden, können Identifikationsprozesse anregen. Dies eröffnet bei einer Beschäftigung mit solchen Serienformaten in Schule oder Jugend- und Erwachsenenbildung auch Möglichkeiten für eine bewusste und reflektierte Identitätsbildung im pädagogischen Bereich.

In die Vergangenheit blickt die von *Peter Hasenberg* untersuchte populäre britische Serie DOWNTON ABBEY (GB 2010–2015) zurück, die die Geschichte einer britischen Adelsfamilie und ihrer Dienerschaft zwischen 1912 und 1926 behandelt. Für die Zuschauerinnen und Zuschauer ist dies aber keineswegs nur ein nostalgischer Blick zurück in eine verklärte Vergangenheit. Die Serie ist geradezu ein Kompendium von Ansichten über Familie und zeigt exemplarisch den Wandel von Werten und Einstellungen unter dem Einfluss der gesellschaftlichen Entwicklung. Dabei sind die als positiv gekennzeichneten Figuren diejenigen, die die Veränderung annehmen und ihren eigenen Weg gehen.

Franz Günther Weyrich untersucht die Darstellung der Familie im Kurzspielfilm. Zwar können in diesem Genre Geschichten von Familie(n) nicht in epischer Breite und mit Blick auf längerfristige Veränderungen erzählt werden, wie das im Spielfilm und noch mehr in Serien der Fall ist, aber dennoch finden sich hier sowohl präzise Zustandsbeschreibungen als auch wesentliche Anfragen an das Verständnis der Familie im Heute. Die Konzentration auf zentrale Ereignisse innerhalb einer Familiengeschichte eröffnet den Zuschauerinnen und Zuschauern die Option, größere (Zeit-)Perspektiven aufzumachen und die Erlebnisse der Figuren mit eigenen Erfahrungen zu füllen oder zu kontrastieren. Die Kurzfilme, die Weyrich als Beispiele anführt, nehmen unterschiedliche soziale bzw. familiäre Realitäten in den Blick, wobei vor allem ihre Gefährdungen und ethischen Problemlagen thematisiert werden.

Stefan Orth stellt im abschließenden Beitrag die Frage, was Kirche und Pastoral(-theologie) mit Blick auf die Familie vom Film lernen können. Er geht dabei von der aktuellen kirchlichen Diskussion über Familie aus und kommt zu Schlussfolgerungen, die den Film als Inspirationsquelle für das weitere Nachdenken über Familie empfehlen. Filme können – so Orth – hilfreich sein, wenn es darum geht, die Vielfalt von Familien und ihren Problemen wahrzunehmen. Für die Kirche sieht er notwendige Konsequenzen u. a. in einer Überwindung der zu starken Idealisierung der Ehe und der Notwendigkeit, eine überzeugende «Theologie des Scheiterns» zu entwickeln. Orth betont auch, dass man von Filmen lernen kann, dass der Begriff Familie nach wie vor sehr positiv besetzt ist und ein harmonisches Familienleben – ob mit Blick auf die Herkunftsfamilie oder eine eigene Familiengründung – einen hohen Stellenwert hat.

Hans Zollner SJ

Entwicklungsprozesse und Konflikte in der Familie aus psychologischer Sicht
Eine Einführung

Familie – das ist ein geläufiger Begriff. Doch wenn man danach fragt, was Familie heute eigentlich bedeutet, dann fallen die Antworten auf diese Frage sehr unterschiedlich aus. Die soziodemographischen, politischen, wirtschaftlichen und kulturellen Veränderungen der letzten Jahrzehnte haben die Wirklichkeit von Familie und das damit einhergehende Familienbild für die meisten Menschen in unseren Breiten grundlegend verändert. Dabei ist zu beobachten, dass einerseits Familiengründungen im Durchschnitt später geschehen als früher, dass andererseits aber bei wichtigen statistischen Erhebungen (wie in der Shell-Studie[1]) immer wieder Zusammenhalt, Verlässlichkeit und Geborgenheit in einer (Klein-)Familie an oberster Stelle der Idealvorstellungen von jungen Menschen stehen. Diese Vorstellung von Familie bringt Sehnsucht, klar umrissene oder auch vage gespürte Bedürfnisse und den Wunsch nach Sicherheit in Beziehungen zum Ausdruck – und das trotz aller Schwierigkeiten, Spannungen und Veränderungen, denen das Familienleben unterworfen ist. Das Zusammenleben innerhalb einer Familie oder einer familienähnlichen Struktur ist für die allermeisten Menschen auch heute der Normalfall. Doch ist diese Realität vielgestaltiger geworden, als es noch vor 20 oder gar vor 50 Jahren gängig war. Der Unterschied zwischen einer typischen Großfamilie, wie man sie in der Vergangenheit überwiegend im ländlichen Raum vorgefunden hat, und einer Kernfamilie in einer modernen Großstadt ist erheblich. Die mannigfaltigen Formen des Zusammenlebens in Familien oder familienähnlichen Strukturen können hier nur genannt, in ihrer Ähnlichkeit oder Unterschiedlichkeit jedoch nicht weiter erläutert werden: heterosexuelle Zwei-verheiratete-Eltern-Familie, Single-Eltern-Familie, Scheidungs-Familie, Patchwork- Familie, Großeltern oder Verwandte als Familienoberhäupter, unverheiratetes Eltern-Paar, Pflegefamilie, Adoptivfamilie, homosexuelle Partner mit Kindern, multikulturelle Familie.

---

1   https://www.shell.de/ueber-uns/die-shell-jugendstudie/ueber-die-shell-jugendstudie-2015.html [12.03.2018]

Die Art und Weise, wie Familie in anderen kulturellen Zusammenhängen verstanden und gelebt wird, ist für Menschen westlicher Kulturen oft schwer verständlich und auch wenig bekannt. Beispielhaft anzuführen für solche Familienmodelle, die sich bis zum heutigen Tag in weiten Teilen der Welt finden, sind: der Zusammenhalt eines afrikanischen Stammes oder Clans mit seinen für zentraleuropäische Sensibilitäten kaum verständlichen ausgesprochenen und unausgesprochenen Regeln, die in vielen arabischen und asiatischen Ländern vorherrschende Praxis, dass Eheschließung und Familiengründung nicht (nur) von den Partnern bestimmt werden, sondern eine Angelegenheit beider Familien – und besonders der Eltern der Brautleute – sind. Die gewachsene Mobilität sowie die Migrationsströme überall auf der Welt bringen diese anderen Verhaltensweisen und Vorstellungen darüber, was Familie ist und sein soll, und wie sich die Rollen und die Beziehungen (z. B. bezogen auf Geschlecht, Alter, Rechte und Pflichten) zwischen den Familienmitgliedern darstellen, in andere Länder und Kulturen. Häufig ist dabei festzustellen, dass die erste Generation von Immigranten an den traditionellen Familien- und Rollenbildern ihrer Herkunftsländer festhält. Die zweite Generation passt sich eher den Erwartungen und Modellen des Kontextes an, was die dritte Generation dann nicht selten in eine großes Spannungsverhältnis zwischen der Betonung von kulturellen Wurzeln und der inneren und äußeren Übernahme von Familienbildern des neuen Heimatlandes und sich daraus entwickelnde Konflikte führt.[2] In vielen westlichen Ländern sind so Parallelgesellschaften entstanden, in denen Beziehungsregeln und Familienstrukturen vorherrschen, die mit dem hiesigen herkömmlichen und im Zuge der gesellschaftlichen Entwicklungen veränderten Familienbild wenig zu tun haben, bzw. manchmal in krassem Gegensatz zu diesem stehen. Wenn über die größere Buntheit der Familienrealität gesprochen wird, dann sind diese Entwicklungen unbedingt mit einzubeziehen und zu reflektieren, da man sonst das Risiko läuft, die eigenen Wertvorstellungen, Ideen und Erwartungen in Bezug auf Familie für die allein gültigen zu halten, während schon in der Nachbarwohnung oder im nächsten Stadtviertel ganz andere Prinzipien und Gebräuche als normal angesehen werden. Die Frage, welche mittel- und langfristigen persönlichen und interpersonellen Auswirkungen es hat, wenn Menschen in zu strengen und starren oder in ungeklärten und zu unbeständigen Familienverhältnissen aufwachsen, wird für das Zusammenleben in der zukünftigen Gesellschaft von großer Bedeutung sein. Schon heute bringt beispielsweise die gestiegene Lebenserwartung wichtige

---

2   vgl. https://www.uni-muenster.de/imperia/md/content/religion_und_politik/aktuelles/ 2016/06_2016/studie_integration_und_religion_aus_sicht_t__rkeist__mmiger.pdf (12.03.2018)

Fragen mit sich, die den sog. Generationenvertrag, d. h. die gegenseitige Verantwortung von Großeltern-, Eltern- und Kindergenerationen, betreffen.

Im Folgenden wird ein Überblick darüber gegeben, wie Familienpsychologie das Zusammenleben und das Verhalten von Menschen in einer Familie beschreibt, und wie sie die Entwicklungen und mögliche Konflikte zu verstehen sucht, die in einer Familie auftreten; abschließend werden die Bedeutung von Glaube und Religion sowie deren Auswirkungen auf das Familienleben skizziert.

Es handelt sich dabei um eine Einführung, die neben Grundinformationen eine allgemeine Orientierung dazu geben soll, welche Begriffe und Perspektiven ein psychologischer Blick auf die Familie gebraucht bzw. anbietet. Hier kann kein Anspruch auf Vollständigkeit in der Breite und in der Tiefe der Darstellung und der Reflexion erhoben werden. Wer sich eingehend mit der Realität von Familie in ihren psychologischen, soziologischen und kulturellen Aspekten beschäftigen will, findet hinreichend Material und Bildungs- und Informationsmöglichkeiten.[3]

Familie in unterschiedlichen Perspektiven

Alle Menschen haben eine Familie, zumindest, wenn man unter Familie das Zusammenleben von zentralen Bezugspersonen versteht. Egal, ob mit Familie in diesem Sinne positive oder überwiegend negative Erfahrungen verbunden werden, eine Herkunftsfamilie braucht der Mensch, schon allein deswegen, weil Säuglinge nur dann überleben können, wenn Erwachsene bereit sind, sich um diese zu kümmern – normalerweise sind dies die leiblichen Eltern oder Pflegeeltern, Großeltern, Onkel und Tanten oder andere Verwandte. Die evolutionsbiologische Bedeutung von Familie als Ort, in den Kinder geboren werden, wo sie leben und unter Einsatz der vorhandenen und gesammelten Ressourcen aufwachsen, lässt sich nicht leugnen. Familie ist aber über das reine biologische Weitergeben des Lebens hinaus auch eine der wichtigsten Quellen und Trägerin dessen, was mit Kultur im weitesten Sinn umschrieben werden kann.

Die Psychologie betrachtet Familie aus den verschiedenen Blickwinkeln ihres wissenschaftlichen Vorgehens. Eine *sozialpsychologische* Betrachtung interessiert sich für das Erlernen von Umgangsweisen, Sprache, prakti-

---

3   Z. B. Klaus A. Schneewind (Hg.): *Familien in Deutschland. Beiträge aus familienpsychologischer Sicht*, Berlin 2009; Ders.: *Familienpsychologie*, 3. Aufl., Stuttgart 2010; Olaf Kapella / Christiane Rille-Pfeiffer / Maria Rupp et. al. (Hg.): *Family Diversity*, Opladen/ Farmington Hills, MI 2010; Johannes Jungbauer: *Familienpsychologie kompakt*, Weinheim/Basel 2014.

schem und theoretischem Wissen und Gebräuchen. Dies schließt mit ein, dass Familie – wie klein oder groß sie auch sein mag oder wie auch immer sie zusammengesetzt ist – eine Gruppe darstellt, die bestimmte Aufgaben, die das Leben mit sich bringt, meistern muss. *Entwicklungspsychologische* Fragestellungen betreffen das persönliche und gesellschaftliche Umfeld, in dem sich eine Familie befindet und in dem Kinder aufwachsen. Das Verstehen der persönlichkeits- und familienspezifischen Interaktion zwischen *nature* (genetische Faktoren und biologische Komponenten im weitesten Sinn) und *nurture* (bspw. Fürsorge, erlernte Beziehungsmuster oder sonstige relevante Faktoren in der Umwelt des Kindes) ist für diesen Versuch, Familie zu verstehen, zentral. Welche Wechselwirkung sich zwischen dem Lebenskontext, der jeweiligen Familienkultur und den Charakteristika der einzelnen Mitglieder in Bezug auf normales, neurotisches und pathologisches Verhalten ergeben, ist Gegenstand des Interesses von *klinischer Familienpsychologie* und *Psychiatrie*. Nicht umsonst stehen familiäre Erfahrungen im Kindes-und Jugendalter, aber auch als Erwachsener in engem Zusammenhang mit dem Wohlbefinden, mit der psychischen und physischen Gesundheit von einzelnen Familienmitgliedern und der Familie als «ganzer» sowie dem Gefühl, im Leben «Erfolg» zu haben.

Familien bieten einen Zufluchtsort der Annahme und Bestätigung, wobei für gewöhnlich die Grenzen von körperlicher Nähe und Intimität definiert und sanktioniert sind. Umgekehrt können jüngere Mitglieder einer Familie im Familienkontext ihre sozialen, emotionalen und emphatischen Kompetenzen entwickeln und lernen, diese einzusetzen. Da die Geschichte von Familien eine zeitliche Konstanz repräsentiert und schafft, ermöglicht sie nicht nur eine Identifikation mit vormaligen und jetzigen Familienmitgliedern, sondern bietet auch eine bestimmte Spannbreite von Kriterien und Modellen für die persönliche Identitätsentwicklung an. In einer Mehrgenerationenfamilie werden die jeweils altersspezifischen Reifeprozesse anschaulich und können zum Vorbild für nachwachsende Generationen werden, nicht zuletzt im Hinblick auf das Altern und die Vorbereitung auf das Sterben.

Familiensysteme und ihre Entwicklung aus familienpsychologischer Sicht

Ganz allgemein kann man Familien als den Ort betrachten, an denen ihre Mitglieder sich als untereinander verbunden erleben – was als positiv oder negativ erlebt werden kann. Gleichzeitig ist bei den Mitgliedern auch der Drang nach Autonomie und Unabhängigkeit vorhanden, wobei sich dieser normalerweise (!) zu verschiedenen Zeiten und in unterschiedlichem Ausmaß äußert.

Das Zusammenleben in der Familie eröffnet Raum für die Kinder, aber auch für alle anderen Mitglieder, Wissen zu erwerben, Erfahrungen zu sammeln, Gefühle zu regulieren und Beziehungen zu gestalten. So entstehen und reifen nicht nur individuelle Kompetenzen, sondern es entwickelt sich ein Zugehörigkeitsgefühl zu dieser Familie, die wiederum in ihrer Einzigartigkeit und Identität wahrgenommen und erlebt wird.

Dieser kontinuierliche Entwicklungsprozess betrifft die einzelnen Familienmitglieder, aber auch die Familie als Ganzes. Diese Einsicht ist zentral für die Familienpsychologie: Die Familie ist ein System, in dem das Ganze größer ist als die Summe seiner Einzelteile, und in dem jedes Mitglied alle anderen beeinflusst und selbst wiederum von allen anderen beeinflusst wird. Dies bedeutet nach Ansicht der Familienpsychologie, dass man die Individuen und ihr Verhalten nur dann gut genug verstehen kann, wenn nicht nur ihre Charaktereigenschaften und ihre Persönlichkeit, sondern auch und vor allem ihre Beziehungen zu den anderen Familienmitgliedern sowie das gesamte emotionale, kognitive und hierarchische Beziehungsgefüge in Betracht gezogen werden. Gilbert K. Chesterton[4] brachte dies mit Blick auf die Verbindung von nur zwei Menschen in der Ehe auf die bündige Formel: «Eins plus eins ist mehr als zwei». Auf eine Familie mit Kindern angewandt, bedeutet dies, dass «Vater plus Mutter plus Tochter plus Sohn mehr als vier» ergibt: Zum einen wirkt und agiert ein Zusammenschluss von Personen größer und stärker als die unverbundene Reihe von Einzelpersonen, zum anderen bilden sich in jeder Familie (wie auch in jeder Gruppe) vielfältige Beziehungskonstellationen aus. Die letztgenannten Subsysteme sind für das oben genannte Beispiel der vierköpfigen Familie: die Eltern, die Kinder, Vater und Tochter bzw. Vater und Sohn, Mutter und Tochter bzw. Mutter und Sohn, Vater zusammen mit Tochter und Sohn, Mutter zusammen mit Tochter und Sohn. All diese Untergruppen entwickeln ihre eigenen Beziehungsmuster und beeinflussen die einzelnen Mitglieder und das Verhalten und Erleben der Familie als ganzer. Wer aus psychologischer Sicht eine Familie verstehen will, muss diese Komplexität der Interaktion der jeweiligen Einzelpersonen und Subsysteme beachten. Ein so verstandenes Familiensystem entwickelt eine spezifische Art und Weise der Kräfteverteilung, der gemeinsamen Zielsetzungen, des Konfliktpotenzials und der entsprechenden Lösungskompetenzen. Der Zusammenschluss von Einzelpersonen (Mikrosystemen) in Familien (Mesosystemen) steht notwendigerweise im Austausch und in Beziehung zu anderen Mesosystemen – wie z. B. unmittelbare Bezugspersonen in Nachbarschaft oder Schule. Familien existieren darüber hinaus nicht im luftleeren Raum, sondern stehen in

---

4   Gilbert K. Chesterton: *The Man Who Was Thursday – A Nightmare*, New York 2009.

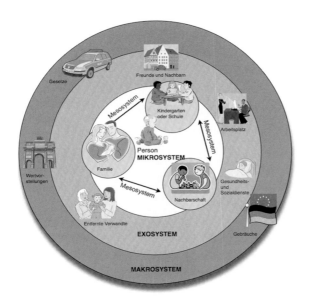

1 Die Ökonomische Systemtheorie (adaptiert nach Bronfenbrenner, 1979, 1990). (Quelle: http://famipoint. de/biologische_und_ umweltbedingte_ grundlagen [28.01.2017])

umfassenderen Lebens-, Arbeits- und Beziehungszusammenhängen (Exosysteme), die wiederum in gesellschaftliche Makrosysteme wie Gesetze, Gebräuche und allgemeine Wertvorstellungen eingebettet sind.[5]

Systeme jeglicher Art – auch Familiensysteme – tendieren dazu, eine bestimmte Balance herzustellen und diese anschließend zu konsolidieren. Die charakteristischen Muster, die eine Familie ausbildet, umfassen ausgesprochene und unausgesprochene Kommunikationsregeln in Bezug auf Nähe und Distanz, emotionale Ausdrucksweise und Sexualverhalten («Das sagt man so.» , «Darüber redet man nicht.»), habituelle Abläufe («Am Sonntagnachmittag gehen wir spazieren.» , «Weihnachten feiern wir so.»). Ebenso wirken sich diese Kommunikationsregeln auf die oben genannte Definition der Beziehungen untereinander (Wie verhalten sich Mutter und Vater zueinander und zu den Kindern – und diese wiederum zu den Eltern? Wer übernimmt welche Rollen und Verantwortlichkeiten?) sowie auf den Bezug zur näheren und weiteren Umgebung aus («Das sind unsere Freunde.», «Mit denen wollen wir nichts zu tun haben.»).

Da es sich hier meist um sich selbst verstärkende Prozesse handelt, werden diese Muster im Laufe der Zeit selbstverständlich, d. h. sie werden nicht mehr hinterfragt oder sind nur mit großer Anstrengung zu verändern. Sie

5   Urie Bronfenbrenner: *The Ecology of Human Development*, Cambridge, M.A. 1979; Ders.: Who cares for children?, in: *Research and Clinical Centre for Child Development*, 12 (1990), 27–40.

führen die Familie zu einer größeren Stabilität bzw. Widerstandsfähigkeit nach innen und nach außen, wobei jedoch nicht ausgemacht ist, wie zielführend oder schädigend sich diese Muster (für die Einzelnen und für die Familie) auswirken können. In jedem Fall widersteht ein Familiensystem aufgrund dieser Eigenschaften plötzlichen Veränderungen und tendiert dazu, ein vorher gefundenes Gleichgewicht der Kräfte wiederherzustellen. Dabei bilden sich gewöhnlich drei verschiedene Weisen aus, wie Systeme funktionieren. Das eine Extrem ist ein geschlossenes System, in dem rigide Regeln herrschen, auf Zusammengehörigkeit gepocht wird und Loyalität und Pflichterfüllung im Mittelpunkt stehen. Den anderen Pol bildet ein chaotisches System, in dem keine oder jederzeit veränderbare beliebige Regeln vorhanden sind, in dem echte und tragfähige Interaktionen vermieden werden, und wo zufällige und den jeweiligen Vorlieben der Individuen entsprechende Entscheidungen vorherrschen. In der Mitte steht ein offenes und flexibles Familiensystem, in dem alle Mitglieder respektiert werden, und ihre Einschätzungen, Vorstellungen und Gefühle in angemessener Weise wahrnehmen und kommunizieren. Wo dies zum Großteil geschieht, erkennen die Mitglieder an – ob sie dies nun explizit ausdrücken oder nur implizit wahrnehmen –, dass die obersten Familienziele – Sicherheit, Geborgenheit und Zugehörigkeit – nur gemeinsam erreicht und bewahrt werden können.

Konflikte in Familien

Konflikte entstehen, wenn Familienmitglieder unterschiedliche Auffassungen haben, wenn sie einander nicht verstehen, wenn sie zu falschen Schlüssen kommen und wenn zu stark oder zu unklar kommuniziert wird, was schließlich zu Fehlinterpretationen oder Missverständnissen führen kann. Es ist normal, nicht immer einer Meinung mit anderen Personen zu sein. Gelegentliche Konflikte und sporadisch auftretende Spannungen sind Teil eines alltäglichen Familienlebens. Ständiger Streit und anhaltende ausgesprochene oder unausgesprochene Spannungen sind jedoch anstrengend und schädlich für die Beziehungen innerhalb und außerhalb der Familie. Generell können folgende Arten von Familienkonflikten unterschieden werden: Situationelle Konflikte (über Anlässe im Alltag, die von geringerer Bedeutung und relativ leicht zu lösen sind); strukturelle Konflikte (bei denen große Entscheidungen und Positionierungen involviert sind wie Machtfragen und Rollenverhalten); Persönlichkeitskonflikte (schwer vereinbare oder inkompatible Persönlichkeitsstile, die wegen ihrer charakterlichen Verwurzelung sowie der gewachsenen und sich gegenseitig verstärkenden Interaktionsmuster meist am schwersten zu lösen sind).

Häufig vorkommende Auslöser für Familienkonflikte sind zunächst verbunden mit den verschiedenen Stadien der Familienentwicklung. Jede neue Phase des Zusammenlebens verändert das Gleichgewicht, das vorher gefunden worden war, und bringt die Notwendigkeit mit sich, entweder dieses Gleichgewicht wieder herzustellen oder eine neue Art der Beziehungsgestaltung zu finden. Es geht folglich um die Frage, wie die Entwicklung jedes einzelnen Mitglieds der Familie nicht nur ihn oder sie selbst verändert, sondern welchen Einfluss die jeweilige persönliche Entwicklung (die entweder größere Reife und Wachstum an Erfahrung und Wissen oder Störungen, Leid, Misserfolge und Zusammenbrüche mit sich bringen kann) auf das Miteinander der gesamten Familie hat. Ursachen für solche Krisen sind zum Beispiel: Der Beginn des Zusammenlebens als Paar; die Geburt des ersten Kindes; die Geburt weiterer Kinder; die Einschulung des ersten Kindes; die Pubertät und das weitere Heranwachsen der Kinder. Weitere äußere und innere Veränderungen oder andere Stressfaktoren, die ihre Auswirkungen auf die Familie haben und Konflikte auslösen können, sind: Wohnungswechsel oder Hausbau, Umzug in kulturell andersartige oder stressige Umgebungen, finanzielle Veränderungen.

Allgemein kann man sagen, dass die häufigsten Themen von Konflikten zwischen Partnern, aber auch in der Familie mit Geld, Sexualität, Erziehung und Wohl der Kinder sowie der Bedeutung und der Aufteilung von (Haus-)Arbeit (für die Familie und innerhalb der Familie) und der beruflichen Karriere zu tun haben. Neben oder «hinter» den bewussten und angesprochenen Konfliktpunkten spielen fast unweigerlich die tieferliegenden Fragen von Vertrauen und Angenommen-Sein eine Rolle: Liebt er/sie mich noch? Liebe ich ihn/sie noch? Ist unser Grundvertrauen so groß, dass wir uns zutrauen, Spannungen oder schwierige äußere Situationen gemeinsam meistern zu können? Können wir uns gegenseitig zugestehen, dass der/die andere seinen/ihren Weg geht, und dass wir trotzdem oder gerade deswegen auch gemeinsam wachsen und reifen? Akzeptieren wir uns in unseren Erwartungshaltungen und Rollen noch, bzw. wie können wir eine jeweils neue gemeinsame Basis finden?

Es gibt punktuelle Krisen, die mehr oder weniger schwerwiegende Umstände als Auslöser haben (körperliche und psychische Krankheiten, Schwierigkeiten am Arbeitsplatz, Sinnkrisen). Wie oben bereits erwähnt bringt das menschliche Leben – besonders dort, wo Menschen zu eng miteinander verbunden sind, wie es häufig in einer Familie der Fall ist – schon allein durch den normalen Verlauf des Lebenszyklus und durch die damit verbundenen Übergänge (z. B. vom Kind zum Jugendlichen) Krisensituationen hervor. Dazu können sich langandauernde oder allgemeine Krisen gesellen wie etwa wirtschaftliche Krisen, gesellschaftliche Umwälzungen, Naturkatastrophen oder Kriege.

Krisen und Konflikte sind nichts außergewöhnliches, solange sie nicht zu groß und überwältigend sind oder zu bleibender Entfremdung, schwelenden Konflikten oder mehr oder weniger gewalttätigen Eskalationen führen. Ja, Konflikte können sogar auf mittlere und längere Frist hin einen positiven Effekt für die involvierten Personen haben. Dort, wo es überhaupt keine Konflikte gibt, oder wo so getan wird, als ob keine Spannungen vorhanden wären, ist das Potenzial für die Entwicklung von reifen Beziehungen für die gesamte Familie deutlich eingeschränkt. Das setzt allerdings voraus, dass die positiven Funktionen von Konflikten zu einem bestimmten Grad von allen Beteiligten wahrgenommen und genutzt werden können. Wenn dies geschieht, dann werden Beziehungsgrenzen und Ausdrucksweisen von Intimität und Vertrauen gemeinsam neu ausgelotet und definiert, dann werden die Empfindungen und Bedürfnisse gegenseitig besser kommuniziert und wahrgenommen, dann werden die Familienmitglieder insgesamt sensibler füreinander, aber auch für ihre eigenen Stärken und Schwächen.

Die Reaktion von Familien auf Krisen – sowohl interne, als auch externe – kann mannigfach ausfallen und hängt von der bisherigen Qualität ihrer internen Struktur (wie kohärent und flexibel ist diese), sowie von dem Vorhandensein und Einsatz von sozialen, emotionalen und materialen Ressourcen ab. Die beste Herangehensweise ist, wenn man sich dem Problem stellen kann und will sowie versucht, allein oder besser im Verbund mit anderen Lösungen zu suchen; dies kann im Stillen und Verborgenen geschehen oder publik gemacht werden. Nur so kann es zu einer veränderten, tragfähigen Beziehungsgestaltung in der Familie kommen. Wenn das Problem geleugnet und verdrängt wird, entstehen «kalte» Konflikte, in denen der Grund für die Spannung nicht erwähnt wird, aber jederzeit die Gefahr besteht, dass daraus ein «heißer» Streit entfacht, dann nämlich, wenn plötzlich ein Auslöser auftaucht. Der offene Bruch, eine verbale oder handgreifliche Gewalttat und der Ausschluss einer Person aus dem Familienkreis ist das extreme Ergebnis eines Konfliktes, der außer Kontrolle gerät. In so einem Fall bedarf es viel guten Willens auf allen Seiten, der Bereitschaft zur Vergebung und Versöhnung und unter Umständen des Beistands qualifizierter Begleiter, um diesen Konflikt zu lösen und dabei zugefügte Wunden zu heilen.

Der Prozess von Vergebung und Versöhnung ist anfordernd und beginnt damit, sich überhaupt wieder gemeinsam an einen Tisch zu setzen und eine Lösung finden zu wollen. Der erste Schritt hierzu ist, dass jede «Partei» bereit ist, den eigenen Standpunkt nicht weiter als einzig gültigen anzusehen. Wo dies nicht möglich ist, kann es keine konstruktive Auseinandersetzung geben. Die Voraussetzung dafür ist, dass statt der Konfrontation mit und Gesprächen über Personen sowie deren damit einhergehende (negative) Bewertung eine sachbezogene Diskussion entstehen kann. Dies gelingt nur, wenn grundlegende menschliche Fähigkeiten und Einstellungen wie «sich klar artikulieren» und «wirklich zuhören» vorhanden sind. Wenn Konflikte schon lange geschwelt haben, und wenn die Fähigkeit und Bereitschaft einen echten Dialog zu führen, nicht wirklich stark ausgeprägt sind, bedarf es im Normalfall eines Mediators oder Therapeuten, um die Familiendynamik beeinflussen zu können. Allein schon die Erkenntnis, dass Familienkonflikte systemisch angelegt sind, d.h. dass sie nicht auf ein einziges Familienmitglied zurückzuführen sind, sondern aus einer mehr oder weniger gestörten Beziehungsdynamik hervorgehen, ist für manche eine überraschende Entdeckung und eine große Herausforderung. Daher ist es notwendig, auch bei der Analyse von Generationenkonflikten über zu starke Konzentration auf einzelne Personen oder geläufige Vorurteile («Die Jungen lassen sich nichts sagen.», «Die Alten sind unbeweglich.») hinauszugehen.

Typen vom Generationenkonflikten

Das Zusammenleben zwischen den Generationen ist seit alters her mit Konflikten aller Art behaftet. Einige gängige Sichtweisen und Modelle, wie sie sich im Zusammenleben zwischen den Generationen heute finden lassen, seien im Folgenden beschrieben.

a) Das Modell des Sich-Opferns: Eltern tun alles, damit es ihren Kindern gut geht, auch jenseits dessen, was diese brauchen oder worum sie bitten. Wenn dieses Sich-Opfern nicht anerkannt wird, beschuldigen die Eltern ihre Kinder der Undankbarkeit, werden wütend, bitter oder depressiv. Auch wenn einige Eltern rational verstehen, dass ihr Verhalten außerhalb eines vernünftigen Rahmens von Sorge und Fürsorge liegt, bleiben sie in ihren herkömmlichen Verhaltensmustern gefangen. Das große Risiko besteht darin, dass sie ihre Kinder nicht an das jeweils angemessene Maß von Verantwortlichkeit heranführen, bzw. jene nicht in ihre Eigenverantwortung hineinwachsen können.

b) Das Modell des Bemutterns und der Überbehütung: Eltern zeigen ein Übermaß an Aufmerksamkeit und von Bereitschaft, den Kindern bei jeder Gelegenheit beizuspringen und ihnen bei allen Arten von Schwierigkeiten zu helfen. Dies wird mit der augenscheinlichen Botschaft verbunden: «Das mache ich für dich, weil ich dich liebe». Allerdings ist damit eine subtile und oft unbewusste Abwertung des Kindes verbunden: «Ich mache das für dich, weil du es alleine nicht schaffen würdest.»

Damit entsteht bei einem Kind die Wahrnehmung oder die Vermutung, das Leben oder zumindest bestimmte Situationen nicht alleine meistern zu können. Wenn ein Kind diese Überbehütung nicht überwindet oder ausbricht, bleibt es in einem goldenen Käfig gefangen und von der Zuwendung der Eltern abhängig.

c) Das autoritäre Modell: In der Regel etabliert sich eine Familienhierarchie mit einem dominanten Vater, dem alle anderen unterworfen sind. Die Mutter nimmt eine Vermittlerrolle ein, besonders wenn es zu Auseinandersetzungen kommt. Falls die Kinder dieselben Positionen und Werte der Eltern übernehmen, entwickelt sich eine Form von gegenseitiger Verstärkung mit einem System von strengen Regeln und scharf markierten Rollenbildern. Wenn die Kinder rebellieren und gegen elterliche Herrschaft aufbegehren, können die Auseinandersetzungen verbal oder physisch gewalttätig werden. In solchen Fällen kommt es darauf an, welche Position die Mutter einnimmt. Wenn sie sich auf die Seite der Kinder schlägt, fühlt sich der Vater verraten und wird unter Umständen auch gegen sie handgreiflich.

d) Das demokratisch-permissive Modell: In der demokratisch-permissiven Familie ist nicht vorgesehen, dass Regeln und Entscheidungen mit harter Hand durchgesetzt werden, ganz zu schweigen vom Gebrauch von Strafen. Regeln können höchstens genannt und erläutert werden. Die Kinder sind dazu eingeladen, Entscheidungen zusammen mit ihren Eltern zu treffen. Die Gefahr hierbei ist, dass sie sich von der Mitverantwortung überwältigt fühlen, während sie noch gar nicht dazu bereit sind. Das entgegengesetzte Risiko besteht darin, dass sie sich altklug verhalten und meinen, sie seien schon in der Lage, alleine den Herausforderungen des Lebens begegnen zu können.

e) Das sprunghafte Modell: In ihren alltäglichen Begegnungen und Beziehungen passiert es, dass die Eltern ohne sichtbaren Anlass ihre strengen und harten Positionen in weiche und nachlässige Haltungen verändern, oder dass sie in Bezug auf ihre Kinder plötzlich und nicht nachvollziehbar von Lob und Anerkennung zu Missbilligung oder Maßregelung wechseln. Der Grund hierfür liegt entweder in einer emotionalen Instabilität oder in einer progressiven und zweifelnden Unberechenbarkeit bei den Eltern, die aus deren mangelnder Ich-Stärke entspringt und sich auf die Kinder überträgt. Die Gefahr bei einem derartigen Beziehungsmuster besteht darin, dass die Kinder in einer unter Umständen pathogenen Unsicherheit gefangen bleiben.

f) Das delegierende Modell: Beide Elternteile sind wegen beruflicher Verpflichtungen tagsüber abwesend oder bleiben aus anderen Gründen emotional und physisch auch außerhalb der Arbeit abwesend.. Sie delegieren die Verantwortung für die Erziehung an andere Erwachsene, entweder an die Großeltern, an Babysitter oder Kindergärtnerinnen, die für die Kinder die wichtigsten Bezugspersonen werden. Ihre eigenen Begegnungen mit den Kindern bleiben auf einem oberflächlichen Niveau ohne emotionalen Zugang und persönliche Bindung. Das oftmals vorhandene Schuldgefühl der Eltern führt dazu, dass sie ihre eigene Fürsorge und Elternrolle damit ausfüllen, dass sie die materiellen Bedürfnisse der Kinder überkompensieren, aber damit ihr Herz nicht erreichen.

Die Aufzählung dieser mehr oder weniger dysfunktionalen Modelle sollte nicht verstanden werden, als ob es keine positive und fruchtbare Möglichkeit gäbe, als Eltern und Kinder in einer Familie zusammenzuleben. Diese Liste könnte vielmehr dazu dienen, die eigenen Präferenzen, Schwachstellen, Stärken und Prioritäten zu überdenken und Wege und Möglichkeiten zu suchen, was der eigenen Familie mit Blick auf eine gute und konstruktive Entwicklung helfen könnte.

Religiöse Werte und Familie

In vielen Familien Westeuropas spielen Religion und Glaube keine prägende Rolle für den Familienalltag. Das ist angesichts des allgemeinen «Diffundierens» des Glaubens in diesen Ländern nicht überraschend. Die Weitergabe von religiösen Werten und damit auch von jenen mitmenschlichen Einstellungen, die für das Christentum von zentraler Bedeutung sind, geschieht kaum mehr. Das ist umso bedauerlicher, als auch im Blick darauf, was und wie Familie ist bzw. was und wie sein sollte bzw. welche Auseinandersetzungen in ihr und um sie herum stattfinden, die Bibel wichtiges Anschauungsmaterial und Orientierung bietet. Papst Franziskus hat dies in seinem nachsynodalen apostolischen Schreiben *Amoris Laetitia* (AL)[6] vom 19. März 2016 so umschrieben: Die Heilige Schrift «ist bevölkert mit Familien, mit Generationen, sie ist voller Geschichten der Liebe wie auch der Familienkrisen» (AL 8). Der positive und lebensnahe Ton dieses päpstlichen Dokumentes ist eine Einladung, Religion und Glauben zu sehen, wie das auch in der internationalen Religionspsychologie der letzten Jahrzehnte der Fall ist.

6   Sekretariat der Deutschen Bischofskonferenz (Hg.): *Nachsynodales Apostolisches Schreiben AMORIS LAETITIA des Heiligen Vaters Papst Franziskus an die Bischöfe, an die Priester und Diakone, an die Personen geweihten Lebens, an die christlichen Eheleute und an alle christgläubigen Laien über die Liebe in der Familie*, Verlautbarungen des Apostolischen Stuhls Nr. 204, Bonn 2016 (Auch als Download auf der Webseite der Deutschen Bischofskonferenz https://www.dbk-shop.de/ verfügbar.)

Dort nämlich werden Religion und Spiritualität – bei aller möglichen Ambivalenz und auch ohne ausdrückliche Identifizierung mit einem bestimmten Glaubensbekenntnis – als Ressource für ein tieferes Wohlbefinden angesehen. Denn jenseits von Wohlstand oder Armut gibt es Sehnsüchte und Bedürfnisse in Menschen, die nur von einer Glaubenspraxis oder Spiritualitätsübung erfüllt werden können. Der privilegierte Ort, um dies reell und glaubwürdig zu erfahren, ist die Familie. Auch bei der Beschreibung von Ideal und Wirklichkeit der Familie und ihren Krisensituationen bleibt Papst Franziskus auf dem Boden der Wirklichkeit, indem er Familien nicht als abstraktes Ideal, sondern als «handwerkliche Aufgabe» (AL 16) betrachtet, die zärtlich angegangen wird (AL 28). Sie ist von Beginn an mit der Sünde konfrontiert, da sich Beziehungen aus Liebe in Dominanz verwandeln können (vgl. AL 19). «In diesem kurzen Überblick können wir feststellen, dass das Wort Gottes sich nicht als eine Folge abstrakter Thesen erweist, sondern als ein Reisegefährte auch für die Familien, die sich in einer Krise oder inmitten irgendeines Leides befinden. Es zeigt ihnen das Ziel des Weges» (AL 22). Viele der oben angesprochenen Ursachen und Erscheinungsbilder von Krisen und Konflikten werden in dem päpstlichen Schreiben nüchtern benannt (sehr lebensnah ist zum Beispiel das *Siebte Kapitel: Die Erziehung der Kinder stärken*). Gleichzeitig ermutigt der Papst dazu, sich von inneren und äußeren Schwierigkeiten wie auch von Spannungen mit Partnern, Kindern und der eigenen Herkunftsfamilie nicht davon abhalten zu lassen, weiter jenen Weg zu gehen, in dem das persönliche und das gemeinsame Wachsen und Reifen innerhalb einer Familie – auch und gerade durch diesen hindurch – möglich wird: Ehe und Familie sind ein «dynamischer Weg der Entwicklung und Verwirklichung» (AL 37). Es stimmt, dass Jesus ein anspruchsvolles Ideal vorlegt, zugleich hat er aber «niemals die mitfühlende Nähe zu den Schwachen wie der Samariterin und der Ehebrecherin verloren» (AL 38). Der Abschluss des Schreibens von Papst Franziskus führt nochmals vor Augen, dass ein engagiertes und weltoffenes Glaubensleben für die Familien eine große Stütze für den Alltag und eine notwendige Ermutigung in Krisenzeiten ist, dass es aber vor allem auch einen umfassenden Rahmen für ein realistisches und hoffnungsfrohes Zusammenleben in der Familie ermöglichen kann: «Keine Familie [ist] eine himmlische Wirklichkeit und ein für alle Mal gestaltet, sondern sie verlangt eine fortschreitende Reifung ihrer Liebesfähigkeit. [...] Alle sind wir aufgerufen, das Streben nach etwas, das über uns selbst und unsere Grenzen hinausgeht, lebendig zu erhalten, und jede Familie muss in diesem ständigen Anreiz leben. Gehen wir voran als Familien, bleiben wir unterwegs! [...] Verzweifeln wir nicht an unseren Begrenztheiten, doch verzichten wir ebenso wenig darauf, nach der Fülle der Liebe und der Communio zu streben, die uns verheißen ist» (AL 325).

Christopher Neumaier

Von der bürgerlichen Kernfamilie zur Pluralität familialer Lebensformen?

Zum Wandel der Familienwerte in Westdeutschland in den 1960er- und 1970er-Jahren[1]

«Seit dem verhängnisvollen Traditionsbruch Ende der 60er und Anfang der 70er Jahre ist die individualistische Deutung der Ehe in breite Schichten des deutschen Volkes eingedrungen», konstatierte Joseph Kardinal Höffner in seinem Hirtenbrief 1986. Höffner vertrat die Ansicht, dass sich in einem relativ kurzen Zeitraum ein massiver gesellschaftlich-kultureller Wandel in der Bundesrepublik Deutschland vollzogen habe. Dies habe verheerende Konsequenzen für die Familien gehabt. Sie seien instabiler geworden.[2] Diese vermeintliche Instabilität glaubten auch andere Zeitgenossen zu erkennen, etwa die Leiterin des Instituts für Demoskopie Allensbach Elisabeth Noelle-Neumann oder der Psychiater David Cooper, der sogar den «Tod der Familie» prognostizierte.[3] Insbesondere der Anstieg der Zahl der Ehescheidungen seit den 1960er-Jahren wurde als Indikator für das Ende des «Golden Age of Marriage»[4], ja sogar der «Krise der Familie»[5] gesehen.

1   Wiederabdruck der geänderten und erweiterten Version des Beitrags: Von der bürgerlichen Kernfamilie zur Pluralität familialer Lebensformen? Zum Wandel der Familienwerte in Westdeutschland in den 1960er- und 1970er-Jahren, in: Frank Bösch / Martin Sabrow (Hg.): *ZeitRäume. Potsdamer Almanach des Zentrums für Zeithistorische Forschung* 2012/2013, Göttingen 2013, 133–144.

2   Vgl. Joseph Kardinal Höffner: *Bis der Tod Euch scheidet. Hirtenbrief zum Familiensonntag* 1986, Köln 1986, 4 f.

3   Vgl. Elisabeth Noelle-Neumann: Werden wir alle Proletarier? Ungewöhnliche Wandlungen im Bewußtsein der Bevölkerung, in: *Die Zeit*, 13.6.1975, 4; David Cooper: *Der Tod der Familie*, Reinbek 1972. Für eine kurze Zusammenfassung der zeitgenössischen Krisendiagnose vgl. Christopher Neumaier: Der Niedergang der christlichen Familien? Das Wechselspiel zwischen zeitgenössischen Wahrnehmungen und Praktiken der Lebensführung. in: Claudia Lepp et al. (Hg.): *Religion und Lebensführung im Umbruch der langen 1960er-Jahre*, Göttingen 2016, 213–236, hier: 220 ff

4   Rüdiger Peuckert: *Familienformen im sozialen Wandel*, Wiesbaden 2012, 11 [Hervorhebung im Original; C. N.]

5   Vgl. Robert G. Moeller: *Geschützte Mütter. Frauen und Familien in der westdeutschen Nachkriegspolitik*, München 1997, 14.

Entscheidend ist in diesem Zusammenhang, dass die Zahl der Ehescheidungen in den 1960er- und 1970er-Jahren anstieg, obwohl 1961 das Ehescheidungsrecht verschärft worden war.[6] Die Veränderung lässt sich demnach nicht mit einem Verweis auf ein liberalisiertes Ehescheidungsrecht erklären. Vielmehr lösten soziale Praktiken und diskursiv verhandelte Familienideale zu Beginn des letzten Drittel des 20. Jahrhunderts Veränderungsprozesse aus, die bis ins frühe 21. Jahrhundert nachhallten.[7]

Dieser Beitrag untersucht die sich wandelnden Praktiken und Wertvorstellungen in den 1960er- und 1970er-Jahren, wirft dabei aber auch immer wieder einen schlaglichtartigen Ausblick bis in das frühe 21. Jahrhundert. Es wird gefragt, inwiefern und in welchen Bereichen sich die Idealvorstellungen von Familie[8] in Westdeutschland gewandelt haben. Idealvorstellungen werden dabei analytisch mit dem Begriff «Wertvorstellung» bzw. «Wert» erfasst. «Werte» oder Ideale werden definiert als allgemeine und grundlegende normative Ordnungsvorstellungen, die für das Denken, Reden und Handeln auf individueller und kollektiver Ebene Vorgaben machen und die explizit artikuliert oder implizit angenommen werden können. Dieser Analysebegriff unterscheidet sich von den zeitgenössischen, polemisch aufgeladenen Begriffen «Werteverfall», «Werteverlust» und auch «Wertewandel» der 1970er- und 1980er-Jahre insofern, als er den Idealen der Individuen nicht wertend gegenübertritt.[9] Darüber hinaus wird analysiert, wie Werte bzw. Idealvorstellungen mit der sozialen Praxis korrelierten.

6   Vgl. Ute Frevert: *Frauen-Geschichte. Zwischen Bürgerlicher Verbesserung und Neuer Weiblichkeit*, Frankfurt a. M. 1986, 271; Merith Niehuss: *Familie, Frau und Gesellschaft. Studien zur Strukturgeschichte der Familie in Westdeutschland*. 1945–1960, Göttingen 2001, 100; Christiane Kuller: *Familienpolitik im föderativen Sozialstaat. Die Formierung eines Politikfeldes in der Bundesrepublik* 1949–1975, München 2004, 52; Ursula Münch: Familien-, Jugend- und Altenpolitik, in: Michael Ruck / Marcel Boldorf (Hg.): *Bundesrepublik Deutschland* 1957–1966. *Sozialpolitik im Zeichen des erreichten Wohlstandes*, Baden-Baden 2007, 552–609, hier 567. Für eine Zusammenfassung der Debatten um die Reform des Scheidungsrechts vgl. Christopher Neumaier: Ringen um Familienwerte. Die Reform des Ehescheidungsrechts in den 1960er/70er Jahren. in: Bernhard Dietz et al. (Hg.): *Gab es den Wertewandel? Neue Forschungen zum gesellschaftlich-kulturellen Wandel seit den* 1960er-Jahren, München 2014, 201–225.

7   Für eine Analyse der Familie im deutsch-deutschen Vergleich zwischen 1960 und 1990 vgl. Christopher Neumaier / Andreas Ludwig: Individualisierung der Lebenswelten. Konsum, Wohnkultur und Familienstrukturen in Ost- und Westdeutschland. in: Frank Bösch (Hg.): *Geteilte Geschichte. Ost- und Westdeutschland* 1970–2000, Göttingen, Bristol, CT 2015, 239–282, hier 265–281.

8   Familie wird hier definiert über die Eltern-Kind-Beziehung und Haushaltsgemeinschaft, nicht aber als christlich-bürgerliche Kernfamilie.

9   Für einen Überblick über die methodischen Zugriffe auf Ideale und Werte vgl. Andreas Rödder: Wertewandel in historischer Perspektive. Ein Forschungskonzept. in: Dietz et al. (Hg.), *Gab es den Wertewandel?* (s. Anm. 6), 17–39.

Ausgehend von der Annahme, ein Wertewandel habe Familien und das Familienleben nachhaltig beeinflusst, werden darüber hinaus die Veränderungen des Sprechens über Familie mit den statistisch gemessenen Veränderungen ins Verhältnis gesetzt. Dabei wird herausgearbeitet, dass die Veränderungen – trotz einer bisweilen geringen zahlenmäßigen Verbreitung – eine erhebliche Reichweite hatten und weite Teile der Gesellschaft erfassten.

Wandel des politischen Diskurses zur Familie in den 1960er- und 1970er-Jahren

Die Sozialwissenschaftler Ronald Inglehart und Helmut Klages vertraten seit den 1970er-Jahren die Ansicht, dass sich zwischen ca. 1965 und 1975 ein linear ablaufender gesellschaftlicher Modernisierungsprozess von traditionellen bürgerlichen Werten hin zu postmaterialistischen Selbstentfaltungswerten vollzogen habe.[10] Dieser «Wertewandel» gilt demnach als Auslöser für erhebliche Veränderungen des familialen Zusammenlebens und des gesellschaftlichen Verständnisses darüber, was eine «Familie» sei. Diese Veränderung zwischen der zweiten Hälfte der 1960er-Jahre und Mitte der 1970er-Jahre lässt sich ebenso am politischen Diskurs zur Familie herausarbeiten. 1968 stand für den Bundesfamilienminister Bruno Heck von der CDU fest, dass die Institution Familie – verstanden als christlich-bürgerliche Kernfamilie[11] – zwei entscheidende Wesensmerkmale aufwies: Stabilität und Konstanz.[12] Ohne es direkt zu benennen, griff Heck Helmut Schelskys These aus den 1950er-Jahren von der Familie als «Stabilitätsrest in unserer Gesellschaftskrise»[13] auf. Selbst wenn sich die Gesellschaft verändere, habe dies keine Folgen für die Institution Familie gehabt. Sie sei vom Wandel nicht erfasst worden. Aus dieser Perspektive galt Familie als eine Konstante und vorstaatliche Institution, die nicht mit dem gesellschaftlichen Wandel korrelierte.

10   Vgl. exemplarisch Ronald Inglehart: *The Silent Revolution. Changing Values and Political Styles Among Western Publics*, Princeton, N.J. 1977; Helmut Klages: *Wertorientierungen im Wandel. Rückblick, Gegenwartsanalyse, Prognosen*, Frankfurt a.M., New York 1984.

11   Vgl. Norbert Schneider: *Familie und private Lebensführung in West- und Ostdeutschland. Eine vergleichende Analyse des Familienlebens* 1970–1992, Stuttgart 1994, 14f.

12   Vgl. Archiv für Christlich-Demokratische Politik (ACDP) 07-001-10162 Rede *Gedanken zur Familienpolitik*, Veranstaltung der Familienverbände Nordrhein-Westfalen am 25.10.1968 *in Düsseldorf*, 4.

13   Helmut Schelsky: *Wandlungen der deutschen Familie in der Gegenwart. Darstellung und Deutung einer empirisch-soziologischen Tatbestandsaufnahme. Dritte, durch einen Anhang erweiterte Aufl.*, Stuttgart 1955, 13.

Dieses statische Verständnis von Familie löste sich in den folgenden Jahren allerdings sukzessive auf. 1974 konstatierte Hecks Parteikollegin Helga Wex, dass sich im Zuge eines umfassenden gesellschaftlichen Veränderungsprozesses «neue Formen des Zusammenlebens»[14] verbreitet hätten. Mit dieser vermuteten Zunahme «alternativer Lebensformen» wandelte sich auch das gesellschaftliche Verständnis darüber, was eine «Familie» sei. Ein Memorandum des Zentralkomitees der deutschen Katholiken fasste diese diskursive Verschiebung knapp zusammen: «Es gibt die Tendenz, beliebige Formen des Zusammenlebens von Mann und Frau mit oder ohne Kinder als Familie zu bezeichnen.»[15] Während sowohl das Zentralkomitee als auch zahlreiche Unionspolitiker diesen Veränderungsprozess kritisch beurteilten, da ihre Idealvorstellungen von Familie zusehends hinterfragt wurden, sahen SPD-Politiker stärker die Chancen dieses Umbruchs. «Wertepluralität»[16] lautete ihr eingängiges Schlagwort für den Ist-Zustand der Gesellschaft Anfang der 1970er-Jahre. Dieser mache ein neues Familienmodell notwendig, da «die traditionelle, patriarchalische Familie» die an sie gestellten Anforderungen nicht mehr erfüllen könne. Erst in einer «lebendigen, gleichberechtigt/partnerschaftlichen Familie» sei es möglich, «die traditionellen Werte Liebe und Geborgenheit» mit «mehr progressive[n] Werte[n] wie Solidarität, Partnerschaft, Toleranz»[17] zu kombinieren. Die partnerschaftliche Familie, die unterschiedliche Wertvorstellungen vereinte, war demnach aus der Perspektive der SPD zeitgemäß, da sie das Abbild der «Wertepluralität» der Gesellschaft im Kleinen darstellte.

Pluralität familialer Lebensformen: Massenphänomen oder Randerscheinung?

Der politische Diskurs über die Familie wandelte sich binnen weniger Jahre also erheblich und auch die Familienpolitik der sozial-liberalen Koalition wurde konsequent an diesem neuen Familienleitbild ausgerichtet.[18] Offen

---

14   Helga Wex: Bemerkungen zur Familienpolitik in der Bundesrepublik, in: *Die Frau in der offenen Gesellschaft* H. 2 (1974), 1–4.

15   Archiv des Zentralkomitees der deutschen Katholiken (ZdK) 3214 Schachtel 1 Memorandum: *Die Situation von Ehe und Familie in Gesellschaft, Politik und Recht. Analyse, Beurteilung und Folgerungen für die kirchliche Arbeit*, Bonn, 24.7.1974, 95.

16   Bundesarchiv Koblenz (BA) 189/14826 Ministerialrat Conrad: *Beiträge für eine familienpolitische Grundsatzrede* [April 1980], 1.

17   Archiv der sozialen Demokratie (AdsD) SPD-PV – AsF 10471 Vermerk: *Gedanken zur Kampagne «Familie – jeder für jeden»* (überarbeitete Fassung), ohne Datum, ohne Ort.

18   Vgl. Kuller, *Familienpolitik* (s. Anm. 6), 16 f.

bleibt dabei freilich, ob die Verbreitung «neuer Lebensformen» wie auch der «partnerschaftlichen Familie» nur diskursiv verhandelte Phänomene waren, oder ob sich die Veränderung auch in sozialgeschichtlicher Perspektive verfolgen lässt. Zahlreiche Aussagen in Tagebüchern und sozialwissenschaftlichen Darstellungen sprechen davon, dass in den 1970er-Jahren ein grundlegender Umbruch stattgefunden habe. Eine Mutter aus Hamburg berichtete in einem Brief an ihre ehemaligen Mitschülerinnen aus dem Jahr 1976, dass sie keine «Erfolge» ihrer Kinder vermelden könne. Als «Erfolg» ihrer Erziehungsleistung hätte die Mutter entweder die Heirat eines ihrer Kinder oder die Geburt eines Enkelkindes gewertet, was der Lebensplanung ihrer Kinder allerdings (zu diesem Zeitpunkt) nicht entsprach. Über ihren ältesten Sohn schrieb sie: «Er ist außerdem auf höchst dramatische Weise aus unsrer Familie ausgetreten, da ‹Familie› ein ‹bürgerlicher Zwang› ist […].» Für den ältesten Sohn wie auch seine Geschwister war demnach das Lebensmodell der Familie – zumindest das, was ihre Eltern darunter verstanden – überholt und nicht mehr zeitgemäß. Generell fällt die erhebliche Diskrepanz zwischen dem Lebensentwurf der Mutter und dem ihrer Kinder auf. Dass es sich bei ihrer Familie generell nicht um eine «gut bürgerliche Familie» handelte, erkannte die resignierte Mutter selbst. Denn während sie ihre persönliche Lebensplanung weiterhin am Ideal der bürgerlichen Kernfamilie orientierte, lehnten die Kinder dieses Familienmodell durchweg ab.[19]

Obschon das Beispiel die Veränderungen eindrücklich vor Augen führt und es in dieser Familie ein beträchtliches Spannungsverhältnis zwischen dem Lebensentwurf der Mutter und dem ihrer Kinder gab, ist beides nicht zwangsläufig repräsentativ für die Mehrheit der Familien in der Bundesrepublik der 1970er-Jahre. Die vom Modell der bürgerlichen Familie abweichenden Lebensformen waren in den 1970er-Jahren letztlich kein Massenphänomen, was schon statistische Erhebungen zeigen. So lebten 1972 in Westdeutschland 43,3 Prozent der erwachsenen Bürger in einer Ehe mit Kindern, 0,1 Prozent der Bundesbürger wurden als unverheiratete Paare mit Kindern und 3,3 Prozent als Alleinerziehende geführt. Bis 2004 stieg der Anteil der Ein-Eltern-Familien auf 3,6 Prozent sowie der unverheirateten Paare mit Kindern auf 1,8 Prozent. Der Anteil der verheirateten Paare mit Kindern ging demgegenüber auf 29,2 Prozent zurück. Allerdings handelte es sich bei diesen statistischen Werten jeweils um eine «Momentaufnahme»[20], die nicht den Lebensverlauf von Individuen berücksichtigt. Sobald

---

19 Vgl. Schreiben Eva Isenthal, Hamburg, 25. Juli 1976, in: Eva Jantzen / Merith Niehuss (Hg.): *Das Klassenbuch. Chronik einer Frauengeneration* 1932–1976, Weimar 1994, 265 ff.
20 Günter Burkart: *Familiensoziologie*, Konstanz 2008, 29.

Lebensformen	Westdeutschland	
	1972	2004
ledige Kinder bei Eltern(teil)	9,9	8,8
alleinlebend, ledig	4,4	9,5
alleinlebend, nicht ledig	9,2	11,4
verheiratet zusammenlebend, ohne Kind	25,5	29,2
verheiratet zusammenlebend, Kind(er)	43,3	28,5
unverheiratet zusammenlebend, ohne Kind	0,5	4,9
unverheiratet zusammenlebend, Kind(er)	0,1	1,8
alleinerziehend	3,3	3,6
sonstige Personen	3,9	2,3

Private Lebensformen der Bevölkerung im Alter von 18 und mehr Jahren in West-
und Ostdeutschland 1972 und 2004 (Angaben in Prozent)[21]

dies einberechnet wird, lebten nach statistischen Erhebungen 53 Prozent
der Bundesbürgerinnen und Bundesbürger in Familienhaushalten.[22] Soziologen gehen daher davon aus, dass es – im Unterschied zu zahlreichen zeitgenössischen Selbstbeschreibungen – seit den 1970er-Jahren nicht zu einer
radikalen Pluralität familialer Lebensformen gekommen sei. Vielmehr
sprechen sie von einer «Pluralisierung in Grenzen», denn offenbar wurde
nicht jede Form des Zusammenlebens beliebig gewählt, und lediglich der
Altersgruppe der 25- bis 35-Jährigen standen eine Vielzahl unterschiedlicher Lebensformen offen.[23]

Demnach kann für die 1970er-Jahre nicht von einem Massenphänomen
der «neue[n] Lebensformen» gesprochen werden. Und dennoch sind die
verschiedenen Lebensformen trotz ihrer zahlenmäßig geringen Verbreitung
bedeutsam: Erstens kollidierten in den betroffenen Familien, Verwandt-
schaftsgruppen oder Freundeskreisen unterschiedlichste Wertvorstellun-

21 Quelle: Günter Burkart, *Familiensoziologie*, Konstanz 2008, 25.
22 Vgl. Peuckert, *Familienformen im sozialen Wandel* (s. Anm. 4), 25; Burkart, *Familienso-
    ziologie* (s. Anm. 20), 29 f.; Christopher Neumaier / Andreas Ludwig: Individualisie-
    rung der Lebenswelten. Konsum, Wohnkultur und Familienstrukturen in Ost- und
    Westdeutschland. in: Frank Bösch (Hg.): *Geteilte Geschichte. Ost- und Westdeutsch-
    land* 1970–2000, Göttingen, Bristol, CT 2015, 239–282, hier 267 f.
23 Für eine Zusammenfassung der unterschiedlichen Positionen vgl. Norbert F. Schnei-
    der: Pluralisierung der Lebensformen – Fakt oder Fiktion?, in: *Zeitschrift für Familien-
    forschung* 2 (2001), 85–90, hier: 88.

gen zur Familie. Zeitgenossen wurden deswegen regelmäßig mit von ihren Ansichten abweichenden Wertvorstellungen konfrontiert und mussten sich mit diesen auseinandersetzen. Es ist anzunehmen, dass sie ihre eigenen Werthaltungen infolgedessen entweder modifizierten oder aber verstärkt daran festhielten. Zweitens bestimmten diese «neuen Lebensformen» den öffentlichen Diskurs der 1970er-Jahre und hatten damit trotz ihrer geringen Zahl eine große Reichweite. Das zeigt sich z. B. schon daran, dass im politischen Diskurs über die Familie in dieser Zeit immer wieder unterschiedlichste Definitionsmöglichkeiten von Familie verhandelt wurden.

Wandel der gesellschaftlich verhandelten Definition von «Familie»

Ein weiter gefasster Familienbegriff, der auch Alleinerziehende oder unverheiratete Paare mit Kindern subsumierte, entwickelte sich in den 1970er-Jahren zum neuen gesellschaftlichen Leitbild. Dies belegen exemplarisch die programmatischen Äußerungen der SPD. Familien seien «auf Dauer angelegte Lebensgemeinschaften eines oder mehrerer Erwachsener mit einem oder mehreren Kindern». Primär ging es den Sozialdemokraten darum, die rechtliche Benachteiligung von alleinstehenden Erwachsenen mit Kindern – insbesondere der unverheirateten Frau mit mindestens einem Kind – aber durchaus auch von nichtehelichen Lebensgemeinschaften mit Kindern zu beseitigen. Die Sozialdemokraten definierten demnach Familie über die Eltern-Kind-Beziehung; Elternschaft war die notwendige Bedingung für eine «Familie». Das bedeutete freilich nicht, dass beliebige Formen des Zusammenlebens als Familie bezeichnet werden sollten. Nichteheliche Lebensgemeinschaften mussten nach Ansicht der Sozialdemokraten weiterhin nicht als Regel-, sondern als ein «Grenzfall» angesehen werden. Obwohl sich die Sozialdemokraten somit eindeutig vom Ideal der christlich-bürgerlichen Kernfamilie verabschiedet hatten, verstanden sie unter Familie weiterhin primär ein verheiratetes Elternpaar mit gemeinsamen Kindern.[24]

Insofern stellten die Sozialdemokraten die Institutionen Familie in den 1970er-Jahren keinesfalls infrage. Im Gespräch mit Vertretern der katholischen Amtskirche erläuterte Hans Koschnik die Position seiner Partei: «Es gibt keine Position bei uns, die die Institution, den Inhalt der Ehe in Gefahr

---

24 Vgl. AdsD SPD-PV – ASF – 7689: *Niederschrift stenographisch festgehaltener Stichwörter Hein Rapp, Familienpolitisches Gespräch zwischen Vertretern der katholischen Kirche und der SPD am 22. Juni 1977 in Bonn*, 1 ff., 8 f.

bringen möchte. Aber es gibt in der Realität Gemeinschaften (nicht ‹Verhältnisse›), die vieles von dem realisieren, was wir unter Ehe und unter Familie verstehen.»[25] Die Sozialdemokraten reagierten also mit einem weiter gefassten Familienbegriff auf die von ihnen wahrgenommene Veränderung der gesellschaftlichen Realität. Letztlich entwickelten sich die «neuen Lebensformen» zwar nicht zu einem statistisch gemessenen Massenphänomen, aber sie beeinflussten das Reden, Denken und Handeln der Akteure dennoch nachhaltig.

Abkehr von «normativen» Familienbegriffen

In der zweiten Hälfte der 1970er-Jahre erfolgte noch eine weitere Begriffsverschiebung, die ebenfalls weite Teile von Politik und Wissenschaft gleichermaßen erfasste. Zeitgenossen problematisierten zusehends, dass die gebräuchlichen Familienbegriffe wie «Halbfamilie» und «unvollständige Familie» normativ aufgeladen und diskriminierend seien. Bis dahin waren die Termini von Zeitgenossen als unproblematisch angesehen worden. So sprachen die Mitglieder der Sachverständigenkommission für den 3. Familienbericht der Bundesrepublik 1976 ganz selbstverständlich von «normale[n] Familie[n]», «unvollständigen Familien» oder «de-facto-Familien», worunter sie unverheiratete Partner mit Kindern verstanden. Im Jahr darauf forderten nun jedoch Sozialdemokraten, solche Begriffe nicht länger zu verwenden.[26] Schon allein diese Verschiebung des Sagbaren in wenigen Jahren deutet auf einen grundlegenden Einstellungswandel bei der gesellschaftlichen Akzeptanz unterschiedlicher familialer Lebensformen hin. Allerdings verschwand dieser Terminus nicht vollständig aus dem Sprachgebrauch, da auch wissenschaftliche Publikationen weiterhin von «unvollständigen Familien» sprachen und nicht konsequent von «Einelternfamilien».[27]

In den 1970er-Jahren haben sich also weniger die Sozialstrukturen der Familien als vielmehr die Diskurse über «Familie» eindeutig verändert. Die Definition von Familie wurde wesentlich weiter gefasst als noch in den 1960er-Jahren, da sie jetzt primär über die Eltern-Kind-Beziehung bestimmt wurde. Die sozialstrukturelle Zusammensetzung der Gesellschaft wan-

25 Ebd., 7.

26 Vgl. ebd., 2; BA 189/15754: *Protokoll der zweiten Sitzung der Sachverständigenkommission für den 3. Familienbericht der Bundesregierung am 25. und 26. März 1976 in Heidelberg, Hotel Stiftsmühle*, München, Mai 1976, 26f.

27 Vgl. Alfons Cramer: *Zur Lage der Familie und der Familienpolitik in der Bundesrepublik Deutschland*, Opladen 1982, 76.

delte sich demgegenüber erst nach den 1970er-Jahren, wie exemplarisch am Anteil der nichtehelich geborenen Kinder dargelegt werden kann. 1970 wurden erst sieben Prozent aller Kinder außerhalb einer ehelichen Gemeinschaft geboren. Im Jahr 2000 belief sich ihr Anteil auf 23 Prozent und kletterte bis 2010 sogar auf 33 Prozent. Dabei fällt ein markanter Ost-West-Unterschied auf: Während der Anteil der nichtehelichen Erstgeburten in den neuen Bundesländern 2010 bei 61 Prozent lag, erreichte er in den alten Bundesländern 27 Prozent. Das neue gesamtgesellschaftlich akzeptierte Familienleitbild umfasste neben der bürgerlichen Kernfamilie auch Alleinerziehende und nichteheliche Lebensgemeinschaften mit Kindern, für die sich bereits in den frühen 1980er-Jahren in der Soziologie der Analysebegriff der familialen Lebensform einbürgerte. Alois Herlth und Franz-Xaver Kaufmann bezeichneten die Veränderungen 1982 als «*Pluralisierung der normativ-institutionellen Basis familialer Lebensformen*».[28] Kurt Lüscher sprach auf dem Soziologentag 1984 in Dortmund über «Moderne familiale Lebensformen als Herausforderung für die Soziologie»[29]. Die Definition von «Lebensform» geht wesentlich weiter als Familie, da es sich hierbei, so der Soziologe Stefan Hradil, um unterschiedliche Haushaltstypen handelt, die er eingrenzt als «die Struktur des unmittelbaren Zusammenlebens mit anderen Menschen (in einer Kernfamilie, als Single, in einer nichtehelichen Lebensgemeinschaft usw.)».[30] In den gegenwärtigen soziologischen Debatten stehen den familialen Lebensformen die nicht-familialen Lebensformen wie Singles sowie Ehepaar und nichteheliche Lebensgemeinschaften ohne Kinder gegenüber. Da wie oben gezeigt seit den 1970er-Jahren der relative Anteil der letzteren Gruppe zugenommen hat, spricht die Familiensoziologie von einer «*Polarisierung der Lebensformen* in einen Familien- und einen Nicht-Familien-Sektor».[31]

28 Alois Herlth / Franz-Xaver Kaufmann: Zur Einführung: Familiale Probleme und sozialpolitische Intervention, in: Franz-Xaver Kaufmann (Hg.), *Staatliche Sozialpolitik und Familie*, München 1982, 1–22, hier 5 [Hervorhebung im Original; C. N.].

29 Kurt Lüscher: Moderne Familiale Lebensformen als Herausforderungen der Soziologie, in: Burkart Lutz (Hg.): *Soziologie und gesellschaftliche Entwicklung. Verhandlungen des 22. Deutschen Soziologentages in Dortmund 1984*, Frankfurt a. M., New York 1984, 110–127, hier 110.

30 Stefan Hradil zit. n. Michael Wagner: Entwicklung und Vielfalt der Lebensformen, in: Norbert Schneider (Hg.), *Lehrbuch Moderne Familiensoziologie. Theorien, Methoden, empirische Befunde*, Opladen, Farmington Hills 2008, 99–120, hier 101.

31 Für das Zitat: Peuckert, *Familienformen im sozialen Wandel* (s. Anm. 4), 155 [Hervorhebung im Original; C. N.]. Vgl. ebd., 155, 208 f.; Wagner, *Entwicklung und Vielfalt der Lebensformen* (s. Anm. 30), 101; Johannes Huinink / Dirk Konietzka: *Familiensoziologie. Eine Einführung*, Frankfurt a. M., New York 2007, 35 f.; Neumaier/Ludwig, *Individualisierung der Lebenswelten* (s. Anm. 7), 270.

Rollen der Frau:
Arbeit, Haushaltsführung und Kindererziehung

Auch für das Verständnis von der Rolle der (Ehe-)Frau gelten die 1970er-Jahre als eine Wendemarke. Jedoch muss beachtet werden, dass sich die Rollen der Frau in den Bereichen Arbeit, Haushaltsführung und Kindererziehung unterschiedlich stark wandelten und bisweilen die Veränderungen nicht erst in den 1970er-Jahren einsetzten. Der zeitgenössische Diskurs beschäftigte sich mit der Frage, ob Ehefrauen berufstätig sein durften bzw. mussten oder nicht. In der sozialen Praxis stieg der Anteil der berufstätigen Ehefrauen von 34,6 Prozent im Jahr 1950 auf 60,9 Prozent 1979.[32] Der Journalist Sebastian Haffner prophezeite bereits 1971 im *Stern*, «daß in der normalen Ehe in Zukunft beide, der Mann und die Frau, die meiste Zeit ihres gemeinsamen Lebens berufstätig sind.»[33] Dieses neue Lebensmodell der «Doppelverdienerehe» würde dabei mit einer neuen Ausgestaltung der familialen Rollenverteilung einhergehen.

Es könnte hier erneut eingewandt werden, dass es sich bei diesem neuen Rollenmodell ebenfalls um ein lediglich diskursiv verhandeltes Phänomen handelt. In der Tat zeigte die Psychologin und Gerontologin Ursula Lehr 1971 in einer Expertise für die Bundesregierung auf, dass in den unteren Einkommensgruppen, in ländlichen Regionen und in katholischen Bevölkerungsgruppen weiterhin ein traditionelles Verständnis von der Rolle der Frau dominierte: die «3K's (Kinder, Küche, Kirche)». Ungeachtet dieses Festhaltens am traditionellen Rollenverständnis innerhalb einiger Milieus wandelte sich in anderen eng umrissenen sozialen Gruppen das Leitbild zum weiblichen Rollenmodell erheblich. An dieser Stelle muss angemerkt werden, dass Lehrs Befunde lediglich für eine kleine soziale Gruppe zutreffend waren. Auf die Breite der Gesellschaft gesehen erwiesen sich «traditionelle» soziale Praktiken der innerfamiliären Rollenverteilung gegenüber Veränderungen als resistent. So beteiligten sich Männer lediglich vereinzelt und auch nur an ganz bestimmten Hausarbeiten wie Aufräumen und Einkaufen.[34] Lehr identifizierte jüngere Ehen, höhere soziale

---

32 Vgl. Neumaier/Ludwig, *Individualisierung der Lebenswelten* (s. Anm. 7), 275.

33 Vgl. Sebastian Haffner: Die Ehe wird anders. Sebastian Haffners Meinung, in: *Stern*, 24.1.1971.

34 Vgl. BA 189/3184: *Expertise Ursula Lehr, Betr.: Gutachtliche Stellungnahme zu dem Arbeitspapier «Die Aufgabe der Frau für die Gesundheit in Familie und Gesellschaft – Überlegungen zu einer Kampagne der gesundheitlichen Aufklärung. Übersandt von der Bundeszentrale für Gesundheitliche Aufklärung mit Schreiben vom 16. August 1971, Bonn, 19.10.1971*, 219; Helge Pross: *Die Wirklichkeit der Hausfrau. Die erste repräsentative Untersuchung über nichterwerbstätige Ehefrauen: Wie leben sie? Wie denken sie?*

Schichten und in Städten lebende Familien als Träger eines gesellschaftlichen Wertewandels, da hier das patriarchalische Rollenverständnis einer partnerschaftlichen Beziehung zwischen den Ehepartnern wich. In diesen Familien teilten die Partner Verantwortung, Aufgaben, Pflichten sowie Rechte und auch Männer waren bereit, «Hausfrauenpflichten» wie Einkaufen, Kochen und Abspülen zu übernehmen. Demnach verlief der gesellschaftliche Wertewandel, so die zeitgenössische Annahme, unterschiedlich schnell und stark entlang der drei Differenzierungsmerkmale Stadt-Land, soziales Milieu und Alter.

Als Trägerschicht neuer gesellschaftlicher Werthaltungen zum weiblichen Rollenverständnis identifizierte eine weitere von der Bundesregierung Anfang der 1970er-Jahre eingeholte Expertise männliche Selbstständige und Akademiker. Sie galten als «‹Vorreiter› eines neuen gesellschaftlichen Selbstverständnisses», da sie es befürworteten, dass ihre Ehefrauen berufstätig waren.[35] Völlig konträre Wertvorstellungen artikulierten hingegen Angestellte und Arbeiter. Ihrer Ansicht nach durften Frauen lediglich einer Arbeit nachgehen, wenn sie «Hausarbeit und Kinderversorgung praktisch mit der Berufstätigkeit» verbinden konnten. Interessant ist an den Befunden überdies, dass die befragten Akteure ihre Werthaltungen nicht nur reflektierten, sondern die soziale Praxis auch daran ausrichteten.

Diese Expertise zeichnet ein differenziertes Bild zum soziokulturellen Wertewandel. Allerdings ist ihre Einschätzung zum zeitlichen Verlauf der Wertverschiebung höchst problematisch, da sich die Expertise auf Elisabeth Pfeils Studie *Die Berufstätigkeit von Müttern* aus dem Jahr 1961 stützt. Pfeil hatte ihre Daten bereits im Winter 1956/1957 erhoben, sodass sich der Einstellungswandel zum Rollenverständnis also mindestens gut zehn Jahre früher vollzogen hatte, als dies Ronald Inglehart und Helmut Klages mit ihrer These vom Wertewandel proklamierten.[36]

Weitere Studien der Soziologen Helmut Schelsky und Gerhard Wurzbacher zeigen ebenfalls eine Abkehr vom traditionellen Rollenverständnis bereits in der zweiten Hälfte der 1940er- und der ersten Hälfte der 1950er-Jahre auf. Schelsky betonte 1955: «Einen Abbau oder eine Verschiebung der väterlichen Autorität zugunsten einer Zunahme des familiären

Wie sehen sie sich selbst?, Reinbek b. Hamburg 1976; dies.: *Die Männer. Eine repräsentative Untersuchung über die Selbstbilder von Männern und ihre Bilder von der Frau*, Reinbek b. Hamburg 1987 [1978].

35 Vgl. BA 189/3184: *Expertise von Barbara Schmitt-Wenkebach, Überlegungen und Beantwortung der Fragen zum Themenbereich «Die Aufgabe der Frau für die Gesundheit in Familie und Gesellschaft»* [Berlin, 24.11.1971], 132.

36 Vgl. ebd.; Elisabeth Pfeil: *Die Berufstätigkeit von Müttern. Eine empirisch-soziologische Erhebung an 900 Müttern aus vollständigen Familien*, Tübingen 1961, VII, 234–251.

Gewichts der Hausfrau und Mutter in der Verfassung der deutschen Familie können wir also als Tatsache voraussetzen.»[37] Diesen Befund leitete er aus Wurzbachers Erhebungen von 1949 bis 1951 ab.[38] Wurzbachers Untersuchungssample ist aber problematisch, da es nicht repräsentativ für den Querschnitt der westdeutschen Bevölkerung ist. Es repräsentierte lediglich eine kleine soziale Gruppe: Die befragten Studierenden an der Akademie für Gemeinwirtschaft in Hamburg, die im sozialdemokratischen Milieu verortet waren.[39] Insofern muss aus heutiger Perspektive Schelskys Schlussfolgerung relativiert werden; für die 1950er-Jahre kann noch nicht von einer «grundsätzlichen Gleichrangigkeit»[40] der Ehepartner ausgegangen werden. Ungeachtet dieser Einschränkung zeigen die soziologischen Studien zur Familie aus den 1950er-Jahren, dass sich in einigen Familien durchaus bereits in dieser Zeit die Idealvorstellungen zur innerfamiliären Rollenverteilung zu wandeln begonnen hatten.

In einem anderen Bereich änderten sich die Wertvorstellungen zur innerfamiliären Rollenverteilung übrigens nicht: Kindererziehung blieb weiterhin die zentrale Aufgabe der Mutter, die 1970 in Westdeutschland im Schnitt ihr erstes Kind bereits mit ca. 24 Jahren bekam. In den folgenden Jahren stieg das Alter der Mütter bei der Erstgeburt kontinuierlich auf ca. 30 Jahre im Jahr 2009 an.[41] Den gesellschaftlichen Konsens brachte die CDU-Politikerin Elisabeth Pitz-Savelsberg 1966 in der Zeitschrift *Frau und Politik* auf den Punkt: «Das Kind ist in den ersten Lebensjahren ganz auf die Mutter angewiesen.»[42] Selbst Sebastian Haffner kam 1971 zu einer identischen Einschätzung, als er erklärte, die Kindererziehung solle weiterhin ausschließlich die Aufgabe der Mutter sein.[43] Von einem Wertewandel im Sinne von Idealen in der Frage der Kindererziehung kann somit bis in die 1970er-Jahre nicht gesprochen werden. Die Erziehungsziele wandelten sich demgegenüber deutlich. Während um 1960 die Kinder vorrangig Gehor-

---

37 Schelsky, *Wandlungen* (s. Anm. 13), 290.

38 Vgl. Gerhard Wurzbacher: *Leitbilder gegenwärtigen deutschen Familienlebens. Methoden, Ergebnisse und sozialpädagogische Folgerungen einer soziologischen Analyse von 164 Familienmonographien. Mit einem einführenden Vergleich über die bundesdeutsche Familie 1950 und 1968*, Stuttgart 1969⁴, 88 f., 114.

39 Vgl. René König: Familie und Autorität: Der deutsche Vater im Jahre 1955 [1957], in: ders., *Materialien zur Soziologie der Familie. Zweite neugearbeitete und erweiterte Aufl.*, Köln 1974, 214–230; Wurzbacher, *Leitbilder* (s. Anm. 38), 34.

40 Gerhard Baumert unter Mitwirkung von Edith Hünninger: *Deutsche Familien nach dem Kriege*, Darmstadt 1954, 168.

41 Peuckert, *Familienformen im sozialen Wandel* (s. Anm. 4), 189.

42 Elisabeth Pitz-Savelsberg: Frauenfragen 1966, in: *Frau und Politik* Nr. 9 (1966), 11–12.

43 Vgl. Haffner, Ehe (s. Anm. 33).

sam, gute Manieren, Sauberkeit und Ordnung beigebracht kommen sollten, prägten bis 1990 die Ziele Selbstbestimmung, Selbstständigkeit und Verantwortungsbewusstsein die Kindererziehung.[44]

Zusammenfassung

Zwischen der Mitte der 1960er- und der zweiten Hälfte der 1970er-Jahre wandelten sich das Sprechen über Familie und die Idealvorstellungen zum familialen Zusammenleben grundlegend. So verschwanden Terminologien wie «unvollständige Familie» sukzessive aus dem politischen und wissenschaftlichen Sprachgebrauch. Parallel verbreiteten sich neue diskursiv verhandelte Wertvorstellungen wie das Leitbild der partnerschaftlichen Familie oder die Ansicht, dass Familie vorrangig über die Eltern-Kind-Beziehung zu definieren sei. Diese Wertverschiebungen wurden in nahezu allen gesellschaftlichen Milieus diskutiert – also selbst dann, wenn die Akteure ihre soziale Praxis nicht an diesen neuen Wertvorstellungen ausrichteten, reflektierten sie die Verschiebungen zumindest. Auf die Breite der Gesellschaft gesehen veränderte sich die Sozialstruktur der Familie zwar nicht im selben Umfang wie das Sprechen über Familie, aber in den jeweiligen vom soziokulturellen Wandel erfassten Familien kam es zu erheblichen Umbrüchen. Das Fallbeispiel der besorgten Mutter hat gezeigt, wie stark sich die Lebensentwürfe zwischen Eltern und Kindern voneinander entfernen konnten. Jüngere Bundesbürgerinnen und Bundesbürger aus einer höheren sozialen Schicht und der Stadt waren damit oftmals Repräsentanten für die Trägerschicht der neuen Werthaltungen.

Trotz aller Verschiebungen ist es nicht angezeigt, die Veränderungen als «radikale Pluralisierung» familialer Lebensformen und des Familienlebens zu bezeichnen. Treffender charakterisiert der Ausdruck «Pluralisierung in Grenzen» den Umbruch, schließlich kam es im Untersuchungszeitraum nicht zu einer generellen Ablösung oder Auflösung des bürgerlichen Familienmodells. Analog verhält es sich bei den Veränderungen der Rolle der (Ehe-)Frau, die stark differenziert ausfielen. Sicherlich akzeptierte eine steigende Zahl von Bundesbürgern aus höheren sozialen Schichten und städtischen Regionen, dass ihre Ehefrauen einer Berufsarbeit nachgingen und partiell auch die Haushaltsaufgaben partnerschaftlich geteilt wurden. Generell orientierten sich mehr Ehepaare an einer stärker partnerschaftlichen innerfamiliären Rollenverteilung, die jedoch nicht als egalitäre

---

44 Peuckert, *Familienformen im sozialen Wandel* (s. Anm. 4), 285; Neumaier/Ludwig, *Individualisierung der Lebenswelten* (s. Anm. 7), 274.

Arbeitsteilung verstanden werden darf. Im ausgehenden 20. und frühen 21. Jahrhundert galt die Kindererziehung zwar meist als Aufgabe, die beide Elternteile wahrnehmen sollten. Doch die Haushaltsführung fiel demgegenüber weiterhin im Regelfall der Mutter zu.[45] Allerdings sind beide Veränderungen kein Novum der 1970er-Jahre. Vielmehr zeichneten sie sich primär in jungen Familien in Städten und mit höherem Bildungsstand bereits in den 1950er-Jahren ab – und damit wesentlich früher als von Helmut Klages und Ronald Inglehart angenommen. In einem dritten Bereich, der Kindererziehung, kam es hingegen in den 1970er-Jahren nicht zu einem Wandel der Normen. Sie galt weiterhin als ausschließliche Aufgabe der Ehefrau.

Den einen, allumfassenden Wertewandel im Sinne der zeitgenössischen Terminologie hat es somit letztlich nicht gegeben. Vielmehr setzte ein Wandel der Familienwerte – abhängig von Alter, Region und Milieu – zu verschiedenen Zeitpunkten ein, verlief unterschiedlich schnell und umfassend. Entscheidend war, dass selbst Akteure, die ihre soziale Praxis nicht an den neuen Wertvorstellungen ausrichteten, diese diskursiv verhandelten. Beinahe alle gesellschaftlichen Milieus debattierten darüber, dass und wie sich das Verständnis von Familie und die innerfamiliäre Rollenverteilung verändert habe. Die diskursiv verhandelten Familienwerte und deren Verschiebung – und weniger die soziale Praxis – waren demnach zentrale Seismographen für sich anbahnende gesellschaftlich-kulturelle Veränderungsprozesse, deren weiterer Verlauf sich jedoch nicht zwangsläufig aus ihnen ableitete.

---

45 Peuckert, *Familienformen im sozialen Wandel* (s. Anm. 4), 241, 508. Zur Rolle der Väter vgl. Christopher Neumaier: Hohe Wertschätzung, geringe Verbreitung. Der ‹neue Vater› in Westdeutschland während der 1970er- und 1980er-Jahre, in: *Ariadne* Nr. 70 (2016), 40–47.

Ulrike Vollmer

Wie die Liebe zu Kindern Gestalt wird
Eltern zwischen familiärer Bindung und beruflicher Unabhängigkeit

Zwei Tätigkeiten ganz unterschiedlicher Art treffen in Robert Thalheims Film ELTERN (DE 2013) aufeinander, nämlich die Erziehung von Kindern innerhalb einer Familie und die Berufstätigkeit. Die Erziehung der eigenen Kinder ist eine uralte Aufgabe – so alt wie die Menschheit selbst –, während es sich bei der Berufstätigkeit gegenwärtiger Prägung um eine vergleichsweise «neue» Tätigkeitsform handelt. Konrad und Christine, die beiden Eltern in Thalheims Film, versuchen, beide Aufgaben miteinander zu verbinden und treffen dabei auf ungeahnte Schwierigkeiten nicht nur bei der Organisation des Alltags, sondern insbesondere in ihrer Beziehung zueinander und zu ihren Töchtern Käthe und Emma. Christine, die Ärztin ist, und Konrad, ein Theaterregisseur, haben ihren gemeinsamen Lebensunterhalt seit der Geburt der Kinder damit verdient, dass Christine im Krankenhaus arbeitete und Konrad sich um die Kinder und den Haushalt kümmerte. Das soll sich nun ändern: Konrad hat nach mehrjähriger Familienphase die Möglichkeit, wieder am Theater einzusteigen. Sein Wiedereinstieg soll durch die Anstellung eines Au-pair Mädchens erleichtert werden. Nach der Auswahl des Kindermädchens erzählt der Film, logisch fortschreitend in Arbeitstagen von Montag bis Freitag, vom chaotischen Familienleben der ersten Arbeitswoche, in der beide Eltern berufstätig sind.

ELTERN thematisiert aber nicht nur die schwierige Kombination von Kindererziehung und Berufstätigkeit, sondern auch ganz generell die Frage, «Kinder – ja oder nein?». Diese grundsätzliche Frage wird durch eine gleich am Anfang beginnende Nebenhandlung in den Film eingebracht, nämlich durch die Tatsache, dass das Au-pair Mädchen Isabel ungewollt schwanger in der Familie ankommt. Auf diese Weise erzählt der Film nicht nur vom familiären Chaos um Konrad und Christine, sondern auch von Isabels Entscheidung, ihr ungeborenes Kind abtreiben zu lassen. Die Nebenhandlung durchzieht den Film vom Anfang bis zum Ende: die Abtreibung findet am letzten Tag der erzählten Arbeitswoche statt.

1 Christine und Konrad vor schweren Entscheidungen

Man mag nun überlegen, warum der Regisseur die Frage «Kinder – ja oder nein?» in einen Film einbaut, der doch von Eltern erzählt, die dieses Thema scheinbar schon vor Jahren für sich geklärt haben. Doch auch wenn diese Überlegung zunächst für das Leben von Konrad und Christine nicht relevant erscheint, so tut sich hier doch eine weitere Ebene des Nachdenkens für die Zuschauerinnen und Zuschauer auf und man bemerkt, dass es im Leben von Konrad und Christine eigentlich gerade darum geht, die Kinder und das familiäre Zusammenleben erneut als die richtige Wahl sehen zu können (Abb. 1). Die Organisationsschwierigkeiten, die durch die Doppelbelastung von Beruf und Familie entstehen, sind zwar einerseits sicherlich Thema des Films, andererseits aber findet auf der Ebene der Alltagsorganisation kein Lernprozess statt. Im Gegenteil: das organisatorische Chaos um Konrad und Christine ist am Ende des Films mindestens genauso groß wie am Anfang. Ein Lernprozess findet dagegen auf einer anderen, viel grundlegenderen Ebene statt. Durch die nachfolgenden Überlegungen werde ich zeigen, dass es bei Konrads und Christines beruflicher Veränderung darum geht, zu lernen, erneut zu Kindern und Familie ja zu sagen. Konrads erste Arbeitswoche fordert von beiden Eltern, ihre Entscheidung für Kinder noch einmal zu bestätigen oder, im Fall von Christine, vielleicht auch erstmals ganz bewusst zu treffen. Konrad und Christine sollen lernen, in der Welt ihrer jeweiligen Berufe nicht den Blick für die Sinnhaftigkeit ihres Daseins als Familie zu verlieren.

Im Hintergrund steht hier die Überlegung, warum die Entscheidung für Kinder heute Sinn machen kann. Um das Nachdenken der Zuschauerinnen und Zuschauer in diese Richtung zu lenken, kontrastiert der Film Konrads und Christines Entscheidung *für* Kinder ganz bewusst mit Isabels Entscheidung *gegen* ihr Kind. Warum haben sich Konrad und Christine so entschieden und wie finden sie im Verlauf des Films trotz aller durch die Familie verursachten, beruflichen Schwierigkeiten wieder zu dieser Entscheidung zurück? Ich werde im folgenden Text zunächst die Entwicklung der Figuren Konrad und Christine nachzeichnen und dabei besondere Aufmerksamkeit auf die Zerrissenheit der Eltern zwischen ihrem beruflichen Wollen und dem familiären Dasein lenken. Anhand dieser Beobachtungen möchte ich anschließend nach Gründen suchen, warum die Entscheidung für Kinder in einer Gesellschaft berufstätiger Erwachsener nicht mehr selbstverständlich getroffen wird und schwieriger zu verwirklichen ist. Gleichzeitig wird aber auch deutlich werden, warum ein familienorientierter Lebensentwurf auch heute noch Sinn machen kann.

Konrad und Christine im Sog ihres beruflichen Wollens

In einem Moment der Zweisamkeit zu Beginn des Films erinnern sich Konrad und Christine an ein gemeinsames Lieblingslied aus ihrer kinderlosen Zeit, dessen Kehrvers, «Our lives are shaped by what we love»[1], sie mitsprechen und so für die Zuschauerinnen und Zuschauer deutlich hörbar machen. Konrad und Christine lieben ihre Töchter, daran besteht nicht der geringste Zweifel. Trotzdem müssen sie aber beide lernen, ihr Leben in seinem ganz alltäglichen Fortgang als von dieser Liebe gezeichnet zu akzeptieren. Die Liebe für die Kinder muss Gestalt annehmen. So lautet die im Liedtext ausgedrückte Erkenntnis, die sich den Eltern im Verlauf des Films Stück für Stück kundtut.

Christine und Konrad realisieren am Anfang des Films nicht, dass ihre Berufstätigkeit von dieser Liebe nicht unverändert bleiben kann. Im Gegenteil: In den folgenden Abschnitten werde ich zeigen, dass sowohl die berufstätige Christine, als auch Konrad nach mehrjähriger Familienphase die Erwerbstätigkeit als Möglichkeit einer Rückkehr in einen Zustand weg von der Familie sehen. Die Berufswelt übt auf beide Partner einen Sog zurück in eine vergangene Lebensphase aus, zurück in die ehemalige Unabhängigkeit vor der Geburt der Kinder. Zu akzeptieren, dass es dorthin kein Zurück mehr gibt, will erst gelernt sein.

1 «Our Lives Are Shaped By What We Love» (1972 Motown Records, Musik und Text: Cyril Lionel Robert James) ist ein Titel der Disco-und Soul-Band Odyssey, die in den 1970er-Jahren von den auf den Jungferninseln geborenen und in New York lebenden Schwestern Lillian und Louise Lopez sowie dem in Manila geborenen Musiker Tony Reynolds gegründet wurde und in den 1970er- und 1980er-Jahren sehr erfolgreich war.

2 Konrad beim
Kindergeburtstag

Im Vergleich zu Konrad hat Christine größere Schwierigkeiten, sich auf ihre Kinder einzulassen. Dass ihre Entscheidung zur Mutterschaft ganz konkrete Auswirkungen auf ihr alltägliches Leben nach sich zieht hat sie noch nicht im gleichen Maß verinnerlichen müssen, wie Konrad. Durch seine Bereitschaft, sich ganz um die Kinder zu kümmern, war es für Christine nämlich möglich, ihren Beruf nach der Geburt der Töchter ohne Abstriche weiter auszuüben. Christines Mutterschaft hat also dank Konrads Unterstützung in ihrem Berufsleben keine nennenswerten Veränderungen erfordert. Dementsprechend unterentwickelt ist, selbst nach zehnjährigem Muttersein, ihr Bewusstsein für die unwiderruflichen, oft dramatischen Änderungen, die sich für viele Menschen durch die Geburt von Kindern ergeben. Im Vergleich mit Konrad ist Christines Alltag am Anfang des Films viel weniger geprägt oder, wie das Lied formuliert, «geformt» von der Anwesenheit der Kinder.

Das zeigt sich zum Beispiel in einem Gespräch während der Geburtstagsfeier der Tochter Emma (Abb. 2). Als die Mutter des mit Emma befreundeten Mädchens auf die Schwierigkeiten hinweist, die im Zusammenhang mit Konrads beruflichem Wiedereinstieg auf die Familie zukommen werden, reagiert Christine mit Unverständnis. «Wieso? Das kriegen wir schon hin», antwortet sie – ganz offensichtlich ohne eigene Kenntnis der großen Veränderungen, die das Sorgen für Kinder erfordert. Ohne Bewusstsein für die Bedürfnisse der Kinder geht Christine auch bei der Wahl des Au-pair Mädchens vor. Beim Durchblättern der Unterlagen achtet Konrad auf Qualifikationen und persönliche Eignung für die Arbeit mit Kindern. Christines Gedanken kreisen dagegen um Konrad; ihr Augenmerk liegt auf der Anziehung, die die Kandidatinnen auf ihn ausüben könnten. Aus Angst um Konrads Treue lehnt sie eine Bewerberin als «viel zu hübsch» ab, während ihre Kinder, um die es ja eigentlich geht, für ihre Entscheidung keine Rolle spielen.

Eine fehlende Tiefe in Christines Beziehung zu ihren Töchtern scheint auch aus ihrer Unterhaltung mit Konrad am Abend nach Au-pair Isabels Ankunft auf. Konrad, der sich zehn Jahre lang ausschließlich um die Mädchen kümmerte, hat ein schlechtes Gewissen, die beiden nun der Sorge einer fremden Person zu überlassen. Durch seine enge Verbindung zu den Kindern weiß er, dass seine bevorstehende Abwesenheit eine große Änderung in deren Leben bedeutet. Christine macht sich dagegen überhaupt kein Gewissen, denn ihre Beziehung zu den Mädchen war schon von Anfang an von ihrer beruflichen Abwesenheit geprägt. Durch diese Abwesenheit fehlt Christine das in dieser Situation eigentlich notwendige elterliche Verständnis für die Situation ihrer Töchter.

Der Eindruck, dass Christines Kinder in ihrem Leben noch nicht richtig «Wirklichkeit» geworden sind, erhärtet sich auch, wenn man ihr Verhalten bei Konrads beruflichem Wiedereinstieg betrachtet. Christine weigert sich nicht nur, beruflich zurückzustecken, um Konrads Einstieg zu ermöglichen, sondern sie versteht gar nicht, warum die neue Situation überhaupt ihre Kompromissbereitschaft erfordert. Nach Konrads erstem Arbeitstag kommt Christine spät von der Arbeit und beschwert sich, dass die Kinder nicht im Bett sind und der Speiseschrank nicht lückenlos gefüllt ist. Weil Christine noch nie selbst für Kinder und Haushalt gesorgt hat, versteht sie nicht, dass Konrad für seinen beruflichen Einstieg zusätzlich zum Au-pair auch Christines Unterstützung braucht. Vom Arbeitsaufwand, den ihre Kinder verursachen, hat Christine keine Ahnung.

Obwohl jetzt beide berufstätig sind, erwartet Christine ganz selbstverständlich, dass Konrad einen Termin absagt, um Isabel wegen ihrer ungewollten Schwangerschaft zu einem Arzt zu begleiten. Als Konrad am Abend danach versucht, über die problematische Situation zu sprechen, reagiert Christine nicht. Erst nach wiederholter Ansprache nimmt sie überhaupt Notiz von Konrads Sorgen, doch schiebt sie die Verantwortung von sich weg und verweist Konrad auf die Au-pair Notfallnummer. Konrads Wunsch nach Berufstätigkeit unterstützt sie nur solange Konrad auch weiterhin die Verantwortung für Kinder, Haus und Au-pair übernimmt und sie selbst ihren Beruf ausüben kann als trüge sie für familiäre Aufgaben keine Verantwortung.

Letztendlich zwingt Konrad Christine dazu, ihren Töchtern einen Platz in ihrem Leben zu geben, indem er selbst vorübergehend von zuhause auszieht und Christine die Hausschlüssel und mit ihnen die Verantwortung buchstäblich in die Hand gibt. Bei der Schlüsselübergabe gibt Christine an, diejenige zu sein, die den finanziellen Unterhalt der Familie verdiene. Dass ihr Gehalt seit der Ankunft der Kinder von ihr und Konrad gemeinsam erwirtschaftet ist, weil Konrad durch die Arbeit mit ihren Kindern Christines Berufstätigkeit ermöglicht, honoriert sie nicht. Käthe und Emma sind insofern noch nicht «Wirklichkeit» in Christines Leben, als sie sich ihrer eigenen Verantwortung für die Kinder seit zehn Jahren nicht bewusst scheint. In ihrem Beruf lebt Christine weiter wie zuvor ohne Kinder: Sie

3 Christine geht in ihrem Beruf ganz auf.

arbeitet voll, sie kann Überstunden leisten, ohne zuhause gebraucht zu werden und sie lebt immer noch mit der Vorstellung, «ihr» Gehalt alleine zu verdienen (Abb. 3). In den beruflichen Bereich von Christines Leben gehört auch ihr Arbeitskollege Volker, dessen Sympathien sie bei der Arbeit uneingeschränkt genießen kann, weil sie sich hier offensichtlich völlig unabhängig von ihrer Familie fühlt.

Nach der Schlüsselübergabe versucht Christine einen Besuch zur Problemlösung im Theater, wo Konrad inzwischen übernachtet. Als Überraschung bringt sie das Lieblingslied «Our lives are shaped by what we love» mit, das an dieser Stelle eine zweifache Bedeutung hat. Einerseits weist es als Erinnerung zurück in die kinderlose Vergangenheit mit Konrad, andererseits könnte es aber auch als auf die Zukunft gerichteter Anstoß dazu verstanden werden, die Liebe für die Kinder endlich zur gelebten Wirklichkeit werden zu lassen. Christine geht es aber nur beiläufig um die Sorge für die Kinder. Stattdessen kommt sie auf ihre mögliche Beförderung im Krankenhaus zu sprechen und versäumt es dadurch erneut, ihre Verantwortung für Käthe und Emma zuhause anzuerkennen. Konrad schickt sie ernüchtert weg.

Im Gegensatz zu Christine hat Konrad sein Leben seit der Ankunft der Kinder weitgehend umgestellt. Sein Leben ist insofern durch die Liebe für seine Kinder gezeichnet, als er seine Berufstätigkeit ganz zu Gunsten der Erziehungsarbeit mit den Kindern aufgab. Seit zehn Jahren wird Konrads Alltag komplett von den Bedürfnissen der Kinder bestimmt. Trotzdem hat Konrad sich auf seine Weise die Vorstellung der Berufstätigkeit als Rückkehr in eine Unabhängigkeit von der Familie erhalten, vielleicht gerade auch deshalb, weil Christine ihre Berufstätigkeit auf diese Weise lebt. Angesichts der Dringlichkeit, mit der Konrad seinen Wiedereinstieg angeht, gewinnt man den Eindruck, dass die Rückkehr in die berufliche Unabhängigkeit für ihn schon immer als Fluchtpunkt am Ende seiner Familienphase stand.

Konrads beruflicher Wiedereinstieg ist von einer inneren Ungeduld geprägt, die darauf hindeutet, dass er schon lange auf ein Ende seiner Gebundenheit an den Alltag der Kinder wartete. Jetzt bietet sich dazu die Gelegenheit und Konrad ergreift sie schnell und ohne viel Rücksicht auf die Kinder. Er plant ebenso wenig wie Christine eine Zeit der Umstellung von einer Lebensphase auf die andere. Au-pair Isabel soll bereits am Tag nach ihrer Ankunft ihren Pflichten selbstständig nachkommen, denn Konrad beginnt sofort mit seiner ersten Theaterprobe. Isabel wird schon auf dem Weg vom Flughafen zur Wohnung von Konrad in ihre Tätigkeiten eingewiesen, der Weg zur Kita nebenbei erklärt, während er die Wohnungstür aufschließt.[2] Weder Isabel, noch die Kinder haben Zeit, sich auf die neue Situation einzustellen und sich kennenzulernen, bevor sie allein gelassen werden.

Eine Atmosphäre der Dringlichkeit charakterisiert auch Konrads überstürzten Auszug am Dienstag seiner ersten Arbeitswoche. Scheinbarer Anlass hierfür ist ein Streit mit Tochter Käthe, die sich erst an die neue Prioritätensetzung in Konrads Leben gewöhnen muss. Am Montag waren Käthe und Emma, wenngleich notgedrungen, bei Konrads erster Probe dabei und Konrads Bühnenbildnerin Julie betraute Käthe mit einem für sie angemessenen Stück Mitarbeit im Theaterprojekt, worauf Käthe sehr stolz ist. Tags darauf jedoch zieht Konrad klare Grenzen: Käthe soll zuhause bleiben und mit Isabel auf Emma aufpassen; ihre Mitarbeit in seinem Theaterprojekt lehnt er ab. Käthe ist sehr verletzt. Beim Streit nach Konrads Rückkehr von der Arbeit verschanzt sie sich im Badezimmer. Konrad bittet sie, die Tür zu öffnen, aber Käthe bleibt hart (Abb. 4a–b). Auf Käthes Antwort hin («Verpiss' Dich!») zögert Konrad nicht lange und entscheidet sich, sogleich ins Theater zu ziehen.[3] Vermutlich beabsichtigte Käthe lediglich, dass Konrad sich von der anderen Seite der Badezimmertür entfernen und sie allein lassen solle. Dass Konrad die Worte seiner zehnjährigen Tochter als Aufforderung zum Wegzug aus der Familie versteht, eine Aufforderung, die er auch noch umgehend befolgt, deutet darauf hin, dass er mit dem Gedanken eines Rückzugs bereits vorher gespielt hatte. Tochter Käthe bestätigt übrigens, dass Konrads Umzug ins Theater als Rückzug aus der Familie zu

2   Hier handelt es sich nach Meinung der Kritikerin Anke Dürr um einen dramaturgischen Trick, den Thalheim anwendet, um diese Chaosszene zuzuspitzen. Anke Dürr: Beziehungsfilm Eltern. Anarchie und Alltag, http://www.spiegel.de/kultur/kino/film-eltern-regie-robert-thalheim-mit-christiane-paul-charly-huebner-a-933314.html [12.03.2018]. Es wäre allerdings ebenfalls denkbar, dass der Film durch diese Situationsdarstellung für manche Zuschauerinnen und Zuschauer zum Unrealistischen tendiert.

3   Dürr (s. Anm. 1) beschreibt den Moment von Konrads Auszug als «großartig», weil Konrad nun verstehe, dass es kein Zurück mehr in die Zeit vor der Geburt der Kinder gebe. Dass Konrad diese Klarheit beim Verlassen der Wohnung noch nicht besitzt werde ich noch zeigen. Der Anblick von Emma, die von Konrad mit Laptop und Süßigkeiten ruhig gestellt wird damit er sich davon machen kann betrachtet man nicht mit Spaß, wie Dürr meint, sondern eher mit Trauer.

4a–b Käthe und Konrad: Auseinandersetzung an der Badezimmertür

verstehen ist. Der beschwichtigen-
den Mutter macht sie unverblümt
klar, dass Konrad von der Familie abgehauen und nicht etwa nur
für ein paar Tage weg sei, um besser arbeiten zu können. Bei seinem
Gespräch mit Christine im Krankenhaus zeigt sich, dass Konrad
sich die Kombination von Berufstätigkeit und Familie ganz ähnlich
vorstellt, wie Christine sie ihm jah-
relang vorgelebt hat. Er möchte,
dass Christine ihm den Rücken
freihält, so dass er wie sie die Wohnungstür zumachen und das familiäre Chaos hinter sich lassen kann.
Dass diese Haltung vielleicht für
beide nicht funktionieren kann, will offensichtlich erst verstanden werden.

Im Theater eingezogen genießt Konrad seine Ruhe. Er öffnet das Fens-
ter und atmet genussvoll die Frische von draußen, sein Wohnraum erinnert
an die Unabhängigkeit eines Junggesellen oder Studenten. Der Schreibtisch,
die kleine Küche, das Sofa, auf dem er im Schlafsack schläft – alles ist Teil
eines einzigen Zimmers. In dieser Umgebung der Ruhe und Unabhängigkeit
arbeitet Konrad bis spät in die Nacht und schickt Käthe und Christine, die
ihn zu unterschiedlichen Zeiten im Theater besuchen, weg, um sich ganz
seiner Arbeit zu widmen. Nun beginnt er auch, sich den Sympathiekundge-
bungen seiner Bühnenbildnerin Julie zu öffnen, die übrigens genauso wie
Volker keine Kinder hat, ganz so, als ermöglichte ihm der neue Wohnraum
nicht nur das angestrebte, konzentrierte Arbeiten, sondern auch eine emotionale Loslösung von der Familie, dank derer er aus der Rolle des Familienvaters heraustreten und sich für neue Begegnungen öffnen kann.[4] Julie gegenüber offenbart er auch, dass konzentriertes Arbeiten und Familie nicht
zusammenpassten. Hier zeigt sich, dass Konrad seine Berufstätigkeit nicht
als Aufgabe sieht, die er in Harmonie mit seinem Vatersein ausüben kann.
Stattdessen strebt er sie als den Zustand an, welcher der verlorenen Unabhängigkeit vor der Geburt der Kinder noch am ähnlichsten ist. Es scheint, als
wolle Konrad nach zehnjähriger Arbeit für seine Töchter wieder zurück in

4   Es ist bemerkenswert, dass Christine und Konrad sich beide in ihrer beruflichen,
    «familienfreien» Zeit zu kinderlosen Personen hingezogen fühlen. Auch hierin zeigt
    sich wohl der Wunsch nach einer Rückkehr in einen Zustand der Unabhängigkeit.

diesen Zustand der Unabhängigkeit. Dass Berufstätigkeit mit Kindern aber keine Fortsetzung des früheren Erwerbslebens ohne Kinder sein kann, muss Konrad auch nach zehnjähriger Familienphase genauso lernen wie Christine. Ganz nach dem Motto «Our lives are shaped by what we love» geht es für Konrad darum, seinen beruflichen Wiedereinstieg ganz bewusst als Vater zu wagen und sich nicht in seine kinderlose Zeit zurück zu träumen.

Konrad und Christine halten an ihrer Familie fest

Konrad und Christine lernen beide auf ihre Weise, am Ende zu ihrer familiären Situation bewusster «Ja» zu sagen. Christine, die nach eigener Aussage von Konrad dazu überredet wurde, Kinder zu bekommen, ist am Schluss dankbar für ihre Kinder (Abb. 5). Der Weg zu dieser Dankbarkeit ist allerdings nicht leicht, denn Christine stellt erst einmal fest, dass ihr durch ihre berufliche Abwesenheit der Kontakt zu den Mädchen fehlt. Emma rebelliert und weigert sich, von ihr ins Bett gebracht zu werden. Zum Arztbesuch mit Isabel zieht Emma trotz Christines Interventionsversuchen zwei verschiedene Schuhe an, steht im Wartezimmer buchstäblich Kopf und fordert Christine heraus, ihr zwischen den Stuhlreihen ruhig wartender Patienten hinterher zu rennen. Käthe zieht sich nach Konrads Weggang in ihre eigene Welt zurück und lässt Christine allein sitzen. Anstatt mit ihrer Mutter am schön gedeckten Tisch zu frühstücken, entfernt sie sich mit gefülltem Teller, um anderswo zu essen. Käthe beschwert sich über das Abendessen, das Christine kocht und wirft ihr vor, kein Interesse an ihren Kindern und an den Vorgängen innerhalb der Familie zu haben. Mit dem neuen Au-pair Isabel freundet Käthe sich schneller an, als mit ihrer eigenen Mutter.

Einmal zuhause (zunächst durch eine Krankmeldung), muss Christine die Anforderungen der Arbeit mit Kindern erst kennenlernen. Neben der Schwierigkeit, von Käthe und Emma ernst genommen zu werden, ist dies auch die Herausforderung sich voll und ganz auf Kinder einzulassen. Chris-

5 Christine ist dankbar, Kinder zu haben.

tine kann ihrer neuen Aufgabe nämlich zuerst nur wenig abgewinnen. Mit Emma auf dem Spielplatz ist sie sichtlich gelangweilt, mit Isabel zum Arzt zu gehen ist ihr zu viel. Anstatt Isabels Bedürfnisse in den Vordergrund zu stellen, denkt Christine an sich selbst als Ärztin und weist den behandelnden Kollegen darauf hin, dass sie eigentlich bei der Arbeit sein sollte. Isabels Arzt erklärt ruhig, aber bestimmt: «Ich bin auch Arzt». Damit bringt er zum Ausdruck, dass Isabel, ganz unabhängig von Christines Beruf, jetzt im Mittelpunkt seiner ärztlichen Anstrengungen steht und in diesem Moment Vorrang vor Christines Patienten hat. Christine muss sich erst daran gewöhnen, hier nicht als Ärztin gefragt zu sein, sondern als Mutter, die für das Au-pair Mädchen ihrer Kinder Verantwortung übernimmt. Dass Christine Schwierigkeiten damit hat, ganz für ihre Kinder da zu sein, bleibt auch Käthe nicht verborgen. Sie spiele sich als große Erzieherin auf, weil Papa abgehauen sei, wirft die Tochter Christine an den Kopf und meint damit, dass Christine sich nicht aus innerer Überzeugung, sondern nur notgedrungen für ihre Kinder Zeit nimmt, weil Konrad ihr keine andere Wahl gelassen hat.

Trotz der Schwierigkeiten gelingt es Christine aber mehr und mehr, ihrem Muttersein einen positiven Sinn abzugewinnen und zu ihren Kindern zu finden. Diese Entwicklung beginnt, als sie sich eines Abends Zeit nimmt für Käthes Zeichnungen und anschließend Isabel gegenüber erklärt, sie bereue ihre Entscheidung für Kinder nicht. Nach ihrem misslungenen Versöhnungsversuch, bei dem Konrad sie aus dem Theater wegschickt mit der Aufforderung, sich ganz einfach ein paar Tage um die Kinder zu kümmern, nimmt Christine ihre Verantwortung als Mutter ernst. Anstatt sich weiterhin krank zu melden, beantragt sie regulären Urlaub, um in den Herbstferien bei ihren Kindern zu sein. Sie versucht auch, mit Volker im Gespräch zu einer angemessenen, kollegialen Beziehung zu finden. Seinen Versuch, Christines Familienkonflikt als Gelegenheit zu nutzen, um an Konrads Stelle zu treten (er besucht Christine zuhause und erklärt ihr, Verantwortung übernehmen zu wollen), lehnt sie deutlich ab. Noch am selben Tag kristallisiert sich Christines neue Prioritätensetzung weiter durch eine Konfrontation mit Konrad und Julie heraus. Sie trifft die beiden zufällig auf dem Weg von Julies Wohnung zurück zum Theater und unterstellt Konrad, sicher auf dem Hintergrund ihrer eigenen Erfahrung mit Volker, ein Verhältnis zu Julie. Auf Konrads Nachfrage, wie sie auf diesen Gedanken käme, antwortet sie nur mit stummem Blick, denn Konrad, der nichts von Volker weiß, hat seinen Finger instinktiv auf den wunden Punkt gelegt. Christine bemerkt in diesem Moment, wie wichtig ihr Konrad ist und wie verletzend sie seine von ihr vermutete Zuneigung zu Julie empfindet.

Während der Abwesenheit Konrads rückt Christine näher mit den Kindern und Isabel zusammen. Sie nimmt sich Zeit, um mit Emma einen neuen

Hamster zu besorgen. Konrad taucht am Abend nach der Konfrontation wegen Julie an der Wohnungstür auf, ebenfalls mit einem neuen Hamster. Nun steht Käthe, die die Begegnung mit Konrad und Julie beobachtet hat, für Christine ein und erklärt Konrad, Mama wolle ihn nicht sehen. Konrad muss draußen bleiben. Später am Abend möchte Christine zur Arbeit, um bei einer Operation dabei zu sein. Auf Käthes Nachfrage hin versichert sie, dass sie nicht wegen Volker zur Arbeit möchte, sondern wegen einer alten Dame, die auf sie als Ärztin vertraut. Jetzt sagt Käthe ihre Unterstützung zu und lässt Christine gehen, auch wenn das heißt, dass sie und Emma die Nacht allein mit Isabel verbringen. Christine hat es geschafft, einen Zugang zu ihren Kindern zu finden und sich selbst und den Mädchen deutlich zu machen, wie wichtig sie als Familie sind. Käthe ist durch diesen Prozess in ihrer Bereitschaft, Verantwortung zu übernehmen, ein Stück erwachsener geworden.

Als Christine am nächsten Morgen von der Arbeit heimkommt, sind die Kinder und Isabel weg. Angesichts der leeren Wohnung erinnert sich Christine daran, dass Isabel an diesem Morgen einen Termin zur Abtreibung hat. Konrad, den sie anruft um nach den Kindern zu fragen, weiß weder von Isabels Entscheidung, noch von dem Termin. Er kommt heim, um gemeinsam mit Christine nach den Kindern zu suchen. Christine, die sich ursprünglich von Konrad dazu überredet fühlte, Kinder zu haben, steht in der letzten Einstellung des Films eindeutig zu ihren Töchtern. Unabhängig von der Zukunft ihrer Beziehung drückt Christine Konrad gegenüber ihren Dank für die gemeinsamen Kinder aus. Jetzt ist ersichtlich, dass Christines Leben endlich gezeichnet ist von der Liebe für ihre Kinder.

Konrad muss in der im Film beschriebenen ersten Arbeitswoche ebenfalls einen Lernprozess durchmachen, auch wenn er sich während der letzten zehn Jahre seines Lebens ausschließlich um die Kinder gekümmert hatte. Zwar hatte Konrad sich in dieser Zeit ohne Zweifel ganz und gar auf die Kinder eingestellt, so dass sein Leben von der Existenz der Mädchen umfassend gezeichnet und beeinflusst war, wie im erwähnten Lied formuliert. Trotzdem verfährt Konrad bei seinem nun anstehenden beruflichen Wiedereinstieg nach der Devise «entweder Familie oder Beruf». Einmal wieder im Beruf, will Konrad zunächst gänzlich unabhängig von der Familie sein, denn er ist ja der Überzeugung, dass Familie und konzentriertes Arbeiten nicht zusammen passen. Konrad muss lernen, so zu arbeiten, dass sein Beruf die Familie nicht ausschließt, und dass seine berufliche Arbeit vielleicht sogar vom Einfluss seiner Familienerfahrung profitieren kann.

Eine solche Haltung zu erlernen ist für Konrad aber nicht einfach, denn nicht alle Menschen in seinem Umfeld unterstützen ihn. Einer seiner Schauspieler, Martin, ist mit Konrads Fassung des ausgesuchten Theaterstücks nicht zufrieden (Abb. 6). Er sieht seine Unzufriedenheit just in dem

6 Konrad bei der Theaterprobe

Umstand begründet, dass Beruf und Familie nicht zusammen passen, sagt er Konrad doch ganz direkt, dass seine Arbeitszeit für die Kinder außerhalb des Berufs zu lange war. Konrads Interpretation des Dramas bezeichnet er deshalb abschätzig als «Küchenpsychologie», die Wahl des Stücks (*Die Nibelungen* von Friedrich Hebbel aus dem Jahr 1862) als zu ambitioniert für Konrad. Auch Christine will nicht glauben, dass Konrad nach seiner Familienpause wirklich das Zeug dazu hat, auf ganz «normalem» Weg wieder in seinen Beruf einzusteigen, nämlich auf Grund seiner beruflichen Fähigkeiten.[5] Stattdessen suggeriert sie, dass Konrads berufliche Chance aus einem schlechten Gewissen seines Chefs resultiere, der glaube, Konrad wegen einer früheren Begebenheit noch etwas zu schulden. Auch hier steht die Haltung im Hintergrund, dass Beruf und Familie einen Gegensatz bilden, denn die Erziehungsarbeit mit den eigenen Kindern wird als Nachteil in Bezug auf berufliche Kompetenz gewertet. In Christines Augen hat Konrad Glück, denn das Gefühl des Chefs, ihm gegenüber in der Schuld zu stehen, bildet ein Gegengewicht zu Konrads (vermeintlichem) beruflichen Kompetenzmangel. Konrad muss also sogar seiner eigenen Partnerin erklä-

---

5   Eine latente Verbindung zwischen Vollzeit-Kindererziehung und beruflicher Inkompetenz vermutet übrigens auch Thalheim, der selbst Kinder hat, in einem Interview: «Alle sagen: Toll, dass du Kinderzeit machst. Aber da schwingt immer etwas anderes mit: Das scheint ja beruflich gerade nicht so gut zu laufen mit dem. Wenn der jetzt für so etwas Zeit hat.» Christian Schröder: Der neue Thalheim Film. Sieben Tage Chaos, https://www.tagesspiegel.de/kultur/der-neue-thalheim-film-robert-thalheim-erzaehlt-von-dem-bermudadreieck-zwischen-familie-beruf-und-beziehung/9077726-2.html [12.03.2018].

ren, dass sein Wiedereinstieg durch seine beruflichen Fähigkeiten möglich wurde, die unter seiner Arbeit als Familienvater eben *nicht* gelitten haben.

Derlei Reaktionen verunsichern, und so versucht Konrad in den ersten Tagen seiner Arbeit im Theater tatsächlich, von seiner Familie Abstand zu nehmen. Je stärker ihm der Vorwurf der zu langen Abwesenheit vom Beruf (oder umgekehrt der zu langen Anwesenheit in der Familie) ins Gesicht schlägt, desto stärker wird sein Bedürfnis, sich abzuschotten. Aus diesem Grund macht er sich am zweiten Tag der Woche räumlich unabhängig, indem er von seiner Familie weg ins Theater zieht. Als Regisseur überzeugen kann er aber trotzdem nicht. Zwar sind nicht alle Schauspieler so aufmüpfig wie Martin, aber Kritik an Konrads Fassung des Stücks kommt weiterhin von verschiedener Seite.

Gegen Ende der im Film gezeigten ersten Arbeitswoche ergibt sich aber eine immer stärker werdende Verbindung zwischen Konrads momentaner Situation als Familienvater und dem Theaterstück, an dem er arbeitet. Diese Verbindung wirkt sich letztlich positiv auf seine Arbeit aus. Zunächst sind es Christine und Käthe, die den Beziehungsaufbau versuchen, indem sie die von Konrad geschaffene, räumliche Distanz ignorieren und ihn im Theater aufsuchen. Auch wenn Konrad beide wegschickt, so wird doch deutlich, dass seine Familie Interesse an ihm hat und eigentlich ein Teil seines Lebens sein möchte. Käthe bringt Konrad sogar ein Schwert als Requisite für den Siegfried im Theaterstück. Konrad lehnt Käthes Anwesenheit in seiner beruflichen Welt zwar ab und schickt sie genauso weg, wie Christine, aber Käthe lässt trotzdem das Schwert zurück – es wird sich noch als wesentliches Hilfsmittel auf Konrads beruflichem Weg entpuppen.

Eine Beziehung zwischen Konrad und seiner Familie, wenn auch eine anfangs unbewusste, zeigt der Film durch subtile Schnitte, die die Familienmitglieder über die von Konrad gewählte, räumliche Distanz hinweg miteinander verbinden. In einer Szene sehen wir zum Beispiel Käthe und Emma allein im Zimmer. Auf Emmas Frage hin, wo denn Papa sei, blickt Käthe auf, als wäre ihr etwas in den Sinn gekommen. Ein Schnitt transportiert die Zuschauerinnen und Zuschauer ins Theater, wo Julie Konrad auf ein Glas einlädt. Dieser Schnitt stellt eine Beziehung her zwischen Käthe und Konrad und lässt den Eindruck entstehen, dass Käthe Konrads Situation besser kennt, als dieser ahnt.

Ein Schnitt verbindet auch Christine und Konrad während einer Theaterprobe. Um seine Vorstellung von der Intonation der Auseinandersetzung zwischen Brunhilde und Kriemhild im Streit um Siegfried zu verdeutlichen, verwendet Konrad den Begriff «Einkaufszettel». Durch einen Schnitt wird Konrads Denken an dieser Stelle mit Christine in Verbindung gebracht, die mit dem Einkaufszettel in der Hand im Geschäft an der Kasse steht. Wie

7 Konrad mit Käthes
Schwert

wir gleich sehen, gewinnt die Assoziation zwischen Christine und dieser
Szene des Theaterstücks wenig später im Film an Bedeutung.

Konrad beginnt, eine Parallele zu sehen zwischen der Eifersucht Kriem-
hilds und Brunhildes und seinen eigenen Gefühlen in Bezug auf Volker, von
dem er inzwischen durch Käthe erfahren hat. Indem er Käthes Schwert in
die Hand nimmt und sich so deutlich sichtbar mit Siegfried identifiziert
beginnt Konrad, seine eigene Lebenserfahrung in seine Fassung des Theaterstücks hineinzulegen (Abb. 7). Mit Siegfrieds/Käthes Schwert schlägt er
sich zunächst Julie aus dem Kopf indem er deren Bühnenbild kurz und klein
haut. Julie taucht danach nicht wieder im Theater auf. Nach diesem «Kahl-
schlag» kann inmitten der Zerstörung eine neue Szene gespielt werden, die
für alle Beteiligten stimmig ist und Konrads momentane Gefühlslage gegenüber Christine ausdrückt. Die Szene aus Hebbels Text, in der Hagen List und
Tücke gebraucht, damit Kriemhild ihm Siegfrieds verwundbare Stelle preis-
gibt, wird nun zur Liebesszene zwischen Hagen und Kriemhild, in der Kriemhild aus freien Stücken erzählt, wo Hagen Siegfried tödlich treffen kann. Die
Umdeutung dieser Szene, die aus Konrads Gefühl der Verletzung durch Christine resultiert und durch seine Identifikation mit Siegfried sowie Christines
Verbindung mit Kriemhild ermöglicht wird, macht Konrads Fassung des Theaterstücks zum authentischen Ausdruck seiner eigenen Verwundbarkeit. In
ihrer umgedeuteten Form wird die Szene von den Schauspielerinnen und
Schauspielern überzeugend gespielt und verhilft Konrad zu einem beruflichen Durchbruch. Was Konrad voran gebracht hat war also gerade nicht die
ursprünglich angestrebte Flucht weg von der Familie ins Theater, sondern das
Verständnis dafür, dass er nun, im Unterschied zu früher, als Vater und Partner zur Arbeit geht und sich durch seine Arbeit auch seiner familiären Situation stellen kann und soll. Auch wenn diese Situation zu diesem Zeitpunkt
alles andere als positiv erscheint, so ist sie doch die Inspiration, die seine
Arbeit überzeugend macht. Die entscheidende Hilfe zu dieser Entwicklung
kommt aus Konrads Familie selbst, denn Konrad benutzt Käthes Schwert, um
den notwendigen Schnitt zwischen seiner früheren Berufstätigkeit als kinder-

losem Menschen und seiner jetzigen Existenz als Theaterregisseur und Familienvater zu vollziehen. Konrad lernt, dass sein berufliches Arbeiten umso überzeugender wird, je mehr es von der Liebe zu seiner Familie geprägt ist.

Das schwierige «Ja» zu familiärer Bindung

Konrads und Christines wachsendes Verständnis dafür, dass ihre Liebe für die Familie im beruflichen Alltag konkret werden muss, wie das Lied es ausdrückt, ist aber nicht das alleinige Anliegen des Films. Wie eingangs bereits angedeutet, werden die Versuche der Eltern, den Kindern in ihrem Leben Raum zu geben obwohl dies in der Welt der Berufstätigkeit so schwer zu verwirklichen ist, ständig begleitet von der grundsätzlicheren Frage danach, ob es überhaupt Sinn macht, Kinder zu haben. Diese Frage taucht bei Christine auf, deren Entscheidung für Kinder keineswegs einfach war. An mehreren Stellen im Film erklärt sie, dass sie eigentlich keine Kinder wollte und sich dazu nur von Konrad überreden ließ. Erst am Schluss des Films, zehn Jahre nach der Geburt ihrer ersten Tochter, ist Christine von der Richtigkeit ihres damaligen Handelns überzeugt. Die Frage «Kinder – ja oder nein?» wird auch durch Isabels ungewollte Schwangerschaft thematisiert, die als Nebenhandlung über die Dauer des ganzen Films entwickelt wird (Abb. 8). Die Schwangerschaft taucht als von den Eltern nicht einkalkuliertes Problem bereits am Anfang des Films auf: Schon am Abend vor Konrads erstem Arbeitstag wird Isabel ohnmächtig, woraufhin Käthe, die den Schwangerschaftstest in Isabels Waschtasche schon zuvor entdeckt hatte, ihre Eltern aufklärt. Während des ganzen Films wird Isabel immer wieder in Gesprächen gezeigt, die zu ihrer Entscheidungsfindung beitragen – Gespräche mit Christine, mit Konrad, mit Käthe, mit dem Arzt. Zum Ende kommt die Nebenhandlung mit Isabels Abtreibung am letzten Arbeitstag der im Film gezeigten Woche. Konrads und Christines «Ja» zu Kindern stellt der Film so Isabels «Nein» gegenüber, ohne dabei ein Wert-

8 Au-pair-Mädchen
Isabel ist schwanger.

urteil abzugeben. Durch diese Gegenüberstellung wird klar, dass es dem Film nicht nur um die Schilderung der Schwierigkeiten geht beim Versuch, Familie und Beruf sowohl organisatorisch wie auch emotional miteinander zu verbinden, sondern ebenso um die grundsätzliche Frage, warum wir überhaupt Kinder wollen, wenn dieser Lebensentwurf in der heutigen Welt der Berufstätigkeit so schwer zu verwirklichen ist. In früheren Jahrhunderten profitierte jeder und jede Einzelne von Kindern zum Zweck des eigenen Überlebens im Alter. In unserer Welt der Berufstätigkeit mit den Möglichkeiten sozialer Absicherung fällt diese Überlegung für Einzelpersonen weniger ins Gewicht, solange es gesamtgesellschaftlich noch genügend Kinder gibt, um Generationenverträge aufrecht zu erhalten. Kinder zu haben ist heute deshalb nicht mehr so selbstverständlich, wie es einmal war. Das bringt der Film durch Haupt- und Nebenhandlungen zum Ausdruck. Gleichzeitig deutet er aber auch an, warum Menschen sich nach wie vor für die Ausübung dieser uralten Tätigkeit entscheiden.

Warum nun ist die Entscheidung für Kinder in unserem Kulturkreis keine Selbstverständlichkeit? Warum wird hier, wie im Film zu sehen, die Frage «Kinder – ja oder nein?» erstens bewusst gestellt und zweitens nicht immer mit «Ja» beantwortet? Mögliche Gründe sind sicher in der Entwicklung der Person zu finden, so wie diese für unsere Kultur typisch ist. Die folgenden Überlegungen erheben nicht den Anspruch, eine wissenschaftlich fundierte Analyse gesellschaftlicher Entwicklungen zu sein, denn das würde den Rahmen dieses Beitrags sprengen. Trotzdem können sie zum Nachdenken und vielleicht auch zum Formulieren eigener Vermutungen anregen. Identitätsfindung heute unterscheidet sich von der Selbstdefinition der Menschen früherer Jahrhunderte sicher insofern, als Menschen sich in größerem Maß als Teil einer Familie verstanden, sicher auch wegen der bereits angesprochenen Gründe der sozialen Sicherung. Eltern und Kinder waren in ihrer Identitätsbestimmung gleichermaßen von der familiären Bindung beeinflusst. Einerseits spielten für das Überleben der Eltern nicht nur ihr Broterwerb, sondern gerade ihre Kinder eine entscheidende Rolle. Andererseits waren Kinder über die Zugehörigkeit zu ihren Eltern definiert und wuchsen öfter als heute üblich auch selbstverständlich in das Tätigkeitsfeld der Familie hinein. Heute wird menschliche Entwicklung eher als Prozess zunehmender Individuation, als Abnabelung von der Familie der Eltern verstanden. Am Ende dieser Entwicklung steht das Ziel der Individualität, in großem Maß ausgedrückt durch einen eigenen Beruf, der sich in der Regel von dem der Eltern unterscheidet. War menschliche Arbeit früher zu einem großen Teil auf den Fortbestand der Familie hin orientiert, so verstehen sich Menschen in unserer gegenwärtigen Kultur zunehmend als Individuen mit Berufswünschen und Lebensplänen, die zumindest von der

Familie der Eltern unabhängig sind. Für die Selbstdefinition heutiger Prägung ist der ausgeübte Beruf wichtiger, als die Familie, sei es die der Eltern oder die mit einem Partner oder einer Partnerin neu gegründete. Dies wird im Film besonders deutlich, wenn Christine, die eigentlich als Mutter mit dem Au-pair Mädchen ihrer Kinder beim Arzt ist, dem diensthabenden Kollegen ohne ersichtlichen Grund sofort erklärt, dass sie Ärztin ist. Hier zeigt sich, dass Christine sich selbst mehr als Ärztin denn als Mutter sieht.

In einer Kultur, in der der Einzelne sich als Individuum mit Wünschen und Plänen versteht, die von denen der Eltern unabhängig sind, kann der Eintritt in neue, familiäre Bindungen als Gefahr für das so verstandene Ich wahrgenommen werden. Denn die Geburt eigener Kinder bedeutet nach dem Herauswachsen aus der Symbiose mit den Eltern den Wiedereintritt in eine neue Bindung. Eltern lernen schnell, dass die Symbiose, in der das Neugeborene lebt, auch sie selbst mit einschließt und große Anforderungen an ihr eigenes Ich-Gefühl stellt. Die Symbiose stärkt nicht nur das in seiner Ich-Entwicklung beginnende Leben, sondern wirkt sich selbstverständlich auch auf die Persönlichkeiten aller aus, die in dieser Einheit aneinander gebunden sind. Als Mutter oder Vater können Menschen nicht mehr in gleicher Weise über sich selbst verfügen, wie als familiär ungebundene Individuen, denn zur familiären Symbiose gehört, dass Eltern die Bedürfnisse der sich entwickelnden Kinder zu ihren eigenen machen, als wären die Kinder ein Teil ihrer selbst. Eigene Bedürfnisse müssen dafür in den Hintergrund gestellt werden, so wie Konrad dies für Käthe und Emma zehn Jahre lang getan hat. Christine hat genau damit Schwierigkeiten und schafft es letztendlich nur durch Druck von außen, ihre berufliche Unabhängigkeit zu Gunsten ihrer Verbindung mit den Kindern einzuschränken. Ein von den eigenen Eltern unabhängig gewordener Mensch begibt sich also durch die Geburt von Kindern wieder in einen Zustand, in dem er einen Teil der errungenen Abgegrenztheit aufgibt. In einer Kultur, in der erwachsen werden als zunehmende Unabhängigkeit verstanden wird, ist die Entscheidung zu einer familiären Bindung deshalb erschwert, weil das erwachsene Ich in diesem Prozess wieder eine Entgrenzung erfährt. Aus der Bindung mit den eigenen Kindern und dem damit verbundenen Verlust eines Teils der einmal errungenen Unabhängigkeit gibt es zeitlebens kein Zurück, auch wenn die gelebte Intensität dieser Bindung abnimmt. In einer Welt, in der Unabhängigkeit groß geschrieben wird, ist die Entscheidung für Kinder aus diesem Grund schwieriger geworden.

Ein weiterer Grund, der die Entscheidung für Kinder erschwert, mag der sein, dass Erwerbstätigkeit persönliche Erfolgserlebnisse in viel überschaubareren, zeitlichen Zusammenhängen ermöglicht. In der Welt der Berufstätigkeit wird Erfolg für den Menschen in der Regel während seiner eigenen Lebenszeit sichtbar. Beruflich tätig zu sein bedeutet, zeitlich begrenzte Projekte durchzuführen, an deren Ende jeweils die Möglichkeit der Anerkennung des Erfolgs eigener Arbeit besteht. So führt Christine Operationen durch, die ihr nach gelungenem Abschluss direkt zu Anerkennung und Erfolg verhelfen. Konrad strebt an, Theaterstücke zu inszenieren, die in ähnlicher Weise zum Erfolgserlebnis werden. Ein Teil der Anerkennung für berufliche Tätigkeit ist selbstverständlich auch durch deren finanzielle Entlohnung gegeben.[6] Das Projekt «Familie» hingegen bietet weder finanziell noch ideell vergleichbare Möglichkeiten zur Feststellung und Anerkennung von Arbeitserfolg. Der Grund hierfür liegt darin, dass sich dieses Projekt über einen viel längeren, zeitlichen Zusammenhang erstreckt, der letztendlich die Lebenszeit des Einzelnen übersteigt.

Bei genauerem Nachdenken ist es nämlich fast nicht möglich, einen Zeitpunkt festzulegen, an dem das Projekt «Familie» abgeschlossen wäre und der Erfolg festgestellt und entsprechend genossen werden könnte. Wollte man den Erfolg der Erziehungsarbeit feststellen, so könnte man sich am ehesten noch an bestimmten, markanten Zeitpunkten orientieren: Wäre diese Arbeit zum Beispiel dann erfolgreich gewesen, wenn die Kinder einen Schulabschluss erzielten oder eine gute Stelle bekämen? Oder wenn sie einen guten Lebenspartner fänden? Oder könnte man Erfolg dann konstatieren, wenn die Kinder sich um die alten Eltern kümmerten? Oder wäre das Projekt «Familie» vielleicht sogar erst dann als von Erfolg gekrönt anzusehen, wenn die Kinder nach dem Tod der Eltern zusammen hielten und

---

6   Die fehlende Anerkennung für die Erziehungsarbeit mit *eigenen* Kindern, die sich durchaus auch in der Abwesenheit finanzieller Entlohnung ausdrückt, ist ein wesentliches Problem für Eltern, das nicht immer gesehen wird. Übersehen wird dieses Problem z. B. von Kritiker Martin Schwickert, der in seinen Ausführungen zu Thalheims Film nur das sogenannte «Alleinernährermodell», eine Art gender-neutraler Ablösung der vormals geschlechtsspezifischen, familiären Rollenzuweisung, zum Hauptproblem erklärt: «Wer nur für die Kinder da ist, fühlt irgendwann eine Leerstelle in sich und wer zu viel arbeitet, dem geht die Nähe zu den Kindern verloren – egal ob Mann oder Frau.» Martin Schwickert: ELTERN. Die Wahrheit über Pipi in der Tupperdose, http://www.zeit.de/kultur/film/2013-11/film-eltern [12.03.2018]. Es ist sicher richtig, zu sagen, dass das Hauptproblem für Eltern nichts mit der Frage zu tun hat, ob die Familie vom Vater oder der Mutter ernährt wird. Genauso wenig entscheidend ist aber die Frage, ob der Unterhalt der Familie in Vollzeit- oder Teilzeitarbeit verdient wird, und ob von einem oder von beiden Elternteilen. Das Hauptproblem besteht darin, dass die Erziehung eigener Kinder in der Welt der Berufstätigkeit nicht als berufliche Leistung anerkannt wird. Das Fehlen dieser Anerkennung wird von allen, die für ihre eigenen Kinder sorgen, wahrgenommen, egal ob Vater oder Mutter, ob Vollzeit- oder Teilzeiterzieher der eigenen Kinder. Aus der Abwesenheit dieser Anerkennung heraus ergibt sich die Leerstelle, von der Schwickert spricht, eine Leerstelle, die oft auch Eltern ohne finanzielle Notwendigkeit dazu veranlasst, berufstätig zu werden.

sich nicht um den Nachlass stritten? Durch diese Art von Fragen wird zweierlei deutlich: Erstens besteht im familiären Zusammenleben die Gefahr, dass frühere Erfolge von späteren Schwierigkeiten in den Schatten gestellt werden. Das bestandene Abitur zum Beispiel, von den Eltern ursprünglich als Erfolg gesehen, kann völlig an Bedeutung verlieren gegenüber einem Streit, der Jahre später aufbricht und alles, was früher als Erfolg gewertet wurde, in Frage stellt. Zweitens wird deutlich, dass das Projekt «Familie», anders als der Beruf, die eigene Lebenszeit übersteigt, weil es auf zukünftige Generationen hin angelegt ist. Eltern hoffen von Anfang an, dass sie das von ihnen geschaffene Leben nicht bis zum Ende werden begleiten können, denn Kinder sollen nicht vor ihren Eltern sterben. Eltern machen einen Anfang, den sie nicht zu Ende führen möchten, und dessen Erfolg sie – hoffentlich – nicht mehr im Ganzen erleben. Das Projekt «Familie» ist eines, das sich über Generationen erstreckt und in das man nur als Teil, gemeinsam mit vielen anderen investieren kann. Dementsprechend schwierig ist es, hier den Erfolg des Individuums zu messen, denn es geht um ein Netz von Menschen, welches sich generationenweit spannt. Hier einen Beitrag zu leisten erfordert mehr Motivation, als für den vergleichsweise viel schneller greifbaren, beruflichen Erfolg zu arbeiten.

Trotzdem: Die Sinnhaftigkeit familiärer Bindung

Gerade in dem Umstand, dass Familie auf einen Zeitraum angelegt ist, der die Lebenszeit der Eltern übersteigt, scheint aber auch ein Grund dafür auf, warum Menschen sich für Kinder entscheiden. Das Zusammenleben in einer Familie gibt Eltern und Kindern die Möglichkeit, sich als Teil eines größeren Ganzen zu erfahren, in dem ihr Leben als Individuen auch über die eigene Endlichkeit hinweg aufgehoben ist. Der Gedanke an ein Weiterleben nach dem Tod kommt im Film durch den Tod von Emmas Hamster Specki und den Tod von Isabels ungeborenem Kind zum Ausdruck. Die Begräbnisse, die zu beiden Anlässen stattfinden, rahmen den Film durch ihre Platzierung am Anfang und Ende ein. Specki wird gleich zu Anfang des Films in einer Schachtel am Fuß eines großen Baums am Straßenrand beerdigt, in einem kleinen Fleckchen Erde, das inmitten des Betons noch bloß liegt. Dazu zitiert Konrad aus Shakespeares Sonett XII: «...und nichts entgeht der Zeit gewalt'ger Kraft, doch lebt der Sprössling, auch wenn sie dich fort rafft.»[7] Emma erkundigt sich nach der Bedeutung dieser Worte und Konrad erklärt, dass Specki, hätte er Kinder gehabt, in seinen Kindern weiterleben würde (Abb. 9). Man mag

7 *William Shakspears's sämmtliche Gedichte*, Emil Wagner (Übers.), Königsberg 1840, 8.

9 Beerdigung des Hamsters

sich fragen, warum Konrad gerade an dieses Sonett gedacht hat, das doch auf den kinderlosen Specki gar nicht so richtig zu passen scheint. Vielleicht wird Konrad sich aber in diesem Moment einfach seines eigenen Wunsches bewusst, in seinen Kindern fortzubestehen. Dieser Wunsch ist eine Spielart des Bedürfnisses, das eigene Leben als Teil einer umfassenderen Zeit zu erfahren, die ein Fortbestehen des Einzelnen in irgendeiner Weise zulässt.

Der Film macht aber gleichzeitig sehr schön deutlich, dass Familie nicht nur für die Eltern ein Bewusstsein für die Zugehörigkeit zu einer umfassenderen Zeit vermittelt. Im Gegenteil: Ein Gefühl des Aufgehobenseins in einer umfassenden Wirklichkeit zeigt sich in Käthes, Emmas und Isabels Haltung angesichts des Todes viel mehr, als in der der Eltern. Isabel bekreuzigt sich bei Speckis Beerdigung und betet für sein Weiterleben ganz unabhängig davon, ob Specki Kinder hatte oder nicht. Während Konrad dieses Zeichen von Isabels Katholizismus mit Verwunderung beobachtet, lernt Emma von Isabel und betet ebenfalls. Ob Käthe betet ist zwar nicht sichtbar, aber ihre ernsthafte Anteilnahme am Tod von Specki wird deutlich, wenn sie der verständnislosen Christine erklärt, dass dies kein Spiel, sondern eine Beerdigung sei. Später schenkt Emma Specki ein körperliches Weiterleben, indem sie ihn aus Sand baut – ein kindlicher Ausdruck für den Wunsch nach Auferstehung. Betrachtet man das Verhalten der Kinder und Isabels, so scheint Speckis Weiterleben vor allem durch die Erinnerung und das Gebet seiner «Familie» gegeben zu sein. Ob er selbst Kinder hatte oder nicht, ist weniger wichtig. Das Begräbnis von Isabels Baby, repräsentiert durch eine Ultraschallaufnahme, bildet den Abschluss des Films und findet, ähnlich wie Speckis Beerdigung am Anfang, in einem noch frei gebliebenen Stück Erde

10 Beerdigung der Ultraschallaufnahme von Isabels Baby

inmitten eines Großstadtparks statt. Diesmal sind nur Isabel und die Kinder präsent. Käthe, Emma und Isabel machen zu diesem Zeitpunkt des Films den Eindruck, wie eine eigene kleine Familie zu sein, die diesen Übergangsmoment vom Leben zum Tod mit Fassung und Ernsthaftigkeit zelebriert (Abb. 10). Die beiden Mädchen und die junge Frau übernehmen gemeinsam Verantwortung für die Erinnerung des jungen Lebens, und vielleicht ist es gerade die kollektive Erinnerung, die diese Gemeinschaft als Bindung familiärer Art unabhängig von biologischer Verwandtschaft konstituiert.

Gerade in den Beerdigungen, die den Film einrahmen, wird Familie nämlich nicht so sehr als biologische Verwandtschaft, sondern als Aufgehobensein anderer Art wichtig. Familie, so wird in diesen Momenten deutlich, lässt die Toten nicht im biologischen Sinn weiterleben, sondern im Gedenken der kleinen Gemeinschaft, die sich zum Zweck der Erinnerung versammelt hat. Die kleinen Grüppchen, die sich hier einfinden, um die Toten zurück in den Schoß der Natur zu betten, sind zwar weder alle untereinander, noch alle mit den Toten selbst biologisch verwandt, aber sie agieren trotzdem wie eine Familie, die sich gegenseitig unterstützt und in deren Erinnerung die Toten aufgehoben sind.

Zusätzlich zum Aufgehobensein der Toten in der Erinnerung der Gemeinschaft deutet der Film in den Beerdigungsszenen noch auf einen größeren, umfassenderen Zusammenhang, in den die Familienmitglieder – Tote wie Lebende – eingebettet sind. Diese übergeordnete Wirklichkeit ist angedeutet im Bild der Natur, die nur an diesen beiden Punkten im Film wirklich zu sehen ist. Hier sehen wir die Familie versammelt um ein kleines Fleckchen Erde, in das Specki gelegt wird, und gleichzeitig verbunden mit dem großen Baum, der hieraus empor wächst. Später sehen wir Kinderhände voller Erde, wie sie das Ultraschallbild von Isabels Baby zudecken, wieder vor einem Hintergrund von Bäumen, die aus geringer Entfernung die kleine Gruppe von Menschen einrahmen. Außer diesen Stückchen Natur ist alles Beton, wie Konrad einmal bedauert, als Emma in einem unpassenden Moment in der Stadt dringend aufs Klo muss. Die Bilder von Natur, die am Anfang und Ende des Films aus der sonst großstädtisch asphaltierten Szenerie heraustreten, verleihen diesen beiden familiären Beerdigungsritualen eine exponierte Stellung im Film.

Bemerkenswert ist hierbei, dass gerade an diesen exponierten Stellen die berufstätigen Erwachsenen nicht in gleicher Weise integriert sind, wie die Kinder und Isabel. Sie scheinen zu sehr mit sich selbst beschäftigt zu sein, um diese Punkte dazu zu nutzen, den größeren Zusammenhang zu erspüren, in den ihr Leben über ihre eigene Zeit hinaus gestellt ist. Christine nimmt an, dass es sich bei Speckis Beerdigung um ein Spiel handelt und muss von Käthe erst über die Bedeutung der Handlung aufgeklärt werden. Selbst für Konrad scheint die Szene eher einem Spiel gleich, äußert er sich doch Christine gegenüber im Nach hinein überrascht über die Ernsthaftigkeit, mit der die erwachsene Isabel der Situation begegnete. Bei der Beerdigung von Isabels Ultraschallbild am Schluss sind die Erwachsenen durch beruflich bedingtes Vergessen sogar völlig abwesend. Kann es sein, dass Christine und Konrad durch den Sog ihres beruflichen Wollens das Bewusstsein für größere Lebenszusammenhänge einstweilen eingebüßt haben?

Die Beerdigungen machen durch ihre herausgehobene Stellung deutlich, was Familie eigentlich bedeutet, auch ohne die Gegenwart der Eltern. Es geht letztendlich nicht so sehr um die optimale Organisation von Berufstätigkeit und Kindererziehung, sondern um das Gefühl, zu einer Gemeinschaft zu gehören, in der die Einzelnen über ihre eigene Endlichkeit hinweg aufgehoben sind. Die Fähigkeit, sich über die eigene Individualität und Lebenszeit hinaus in einen größeren Zusammenhang hineinzudenken wird in Familien praktiziert und gelernt. Diese Lebenshaltung an Kinder weiterzugeben ist Aufgabe der Eltern, eine Aufgabe so alt wie die Menschheit selbst, ganz egal ob die Eltern berufstätig sind oder nicht. Am Ende des Films wird übrigens deutlich, dass Konrad und Christine diese Lebenseinstellung bereits an ihre Kinder weitergegeben haben. Mag sein, dass sie selbst durch ihre Berufstätigkeit vom Wesentlichen des Familienlebens vorübergehend abgelenkt sind – ihre Kinder sind es nicht. Sie sind dazu bereit, Isabel in familiärer Verbundenheit zur Abtreibung zu begleiten und mit ihr gemeinsam die Verantwortung der Erinnerung zu übernehmen. Hier gebührt Konrad und Christine Anerkennung: Diese Fähigkeiten haben Käthe und Emma nämlich von niemand anderem gelernt als von ihren Eltern.

Peter Hasenberg

Die Familie als Liebesraum und Gewaltherd
Struktur und Themen in Philip Grönings Film
DIE FRAU DES POLIZISTEN (2013)

Für Philip Gröning ist Filmemachen alles andere als Routine. Seine Filme
sind Ausnahmeprojekte, die sich nicht in gängige Formate pressen lassen.
Weder vom Genre noch von der Ästhetik her lassen sie sich klar einordnen.
Der 1959 in Düsseldorf geborene Filmemacher studierte zunächst Medizin
und Psychologie, bevor er 1982 ein Studium an der Münchener Filmhochschule (HFF) aufnahm. Sein Spielfilmdebüt gab er 1986 mit dem Film SOM-
MER. Öffentliches Aufsehen erregte er mit der Groteske DIE TERRORISTEN!
(DE 1992). Der Film handelte von einer Gruppe von Terroristen, die Bundes-
kanzler Helmut Kohl ermorden wollen. Kanzler Kohl beschwerte sich beim
Intendanten des Südwestrundfunks und wollte den Film verbieten lassen,
was aber nicht gelang. Der *Spiegel* sah die größte Sprengkraft in der Ästhetik: «Der schlimmste aller Terroristen aber ist der Regisseur: Er braucht
keinen Sprengstoff – er hat die Kamera, und seine Bilder sind so explo-
siv, weil sie so realistisch sind wie sonst selten die Bilder eines deutschen
Films.»[1] Acht Jahre später veröffentlichte Gröning das Roadmovie L'AMOUR
(ursprünglich: L'AMOUR, L'ARGENT, L'AMOUR). Ein junger Hilfsarbeiter und
eine Prostituierte begeben sich auf die Suche nach der Liebe. Mit seinem
Dokumentarfilm DIE GROSSE STILLE brachte er 2005 eines der ungewöhn-
lichsten Projekte des deutschen Films heraus. Schon am Ende seiner Stu-
dienzeit war ihm 1984 die Idee gekommen, in einem Kartäuserkloster zu
filmen. Über Jahre hinweg verfolgte er das Projekt, bis er vom Orden die
Erlaubnis bekam, in der Grand Chartreuse zu filmen. Bewaffnet mit der
ersten HD-Digitalkamera zog er drei Monate in das Kloster und filmte das
Leben der Mönche. Der Film von fast drei Stunden Länge ohne Kommentar
schuf ein eigenes kontemplatives Kinoerlebnis und wurde mit zahlreichen
Preisen ausgezeichnet., u. a. mit dem Bayerischen Filmpreis, dem Spezialpreis der Jury beim Sundance Filmfestival und dem Europäischen Filmpreis.
DIE FRAU DES POLIZISTEN war das nächste Projekt, das auf diesen Ausnah-

---

1   N. N.: «Bomben im Bad», in: *Der Spiegel*, 46. Jg., Nr. 48, 23.11.1992, 268, unter: http://
     www.spiegel.de/spiegel/print/d-13681741.html [28.02.2018]

mefilm folgte. Der Film über häusliche Gewalt lief 2013 bei den Internationalen Filmfestspielen von Venedig und erhielt den Spezialpreis der Jury. Sein letzter Film MEIN BRUDER HEISST ROBERT UND IST EIN IDIOT lief 2018 im Berlinale-Wettbewerb.

Die Filme von Philip Gröning zeichnen sich dadurch aus, dass sie oft lange Entwicklungszeiten haben. Im Fall der GROßEN STILLE war die große Hürde, überhaupt erst einmal das Vertrauen des Ordens zu gewinnen und die Drehgenehmigung zu erhalten. Die Beharrlichkeit, eine Idee zu verfolgen, zeigt sich aber auch bei anderen Stoffen. Dem Film DIE FRAU DES POLIZISTEN gingen intensive Recherchen voraus, zahlreiche Interviews mit Frauen und Männern, die mit Gewalt in der Ehe zu tun hatten. Bemerkenswert ist, dass Philip Gröning seiner ganz eigenen künstlerischen Vision folgt und nicht gängige Genreformate oder dramaturgische Konzepte bedient. Seine Filme sind aus dem Stoff heraus entwickelt. Gröning bedient sich nicht vorgegebener dramaturgischer Muster, sondern sucht die zum Thema passende Form. Das führt dazu, dass die Filme auch schon einmal drei Stunden lang werden. Eine Geschichte zu entwickeln, die sich in der Abfolge von Reiz-Reaktion-Schemata dramaturgisch zu Wendepunkten und finalem Höhepunkt hochschaukelt, ist nicht seine Sache.

Wenn man die großen Themen benennen will, so geht es immer wieder um Liebe, Gewalt und Wirklichkeitserfahrung allgemein. Familie spielt dabei in seinen Filmen immer wieder eine große Rolle. SOMMER handelt von einem Vater, der in der Abgeschlossenheit der Berge den Kontakt zu seinem autistischen Sohn aufzubauen versucht. In DIE TERRORISTEN! revoltieren die Protagonisten gegen die durch Medien vermittelte fade Wirklichkeit und die falschen Heilversprechen eines Kanzlers, der als symbolischer Vater der (wiedervereinten) Nation eine gute Zukunft verheißt. In L'AMOUR entwickelt sich eine ungewöhnliche Beziehungsgeschichte zwischen einer Prostituierten und einem Hilfsarbeiter, die die Utopie der Liebe erkundet. Der Filmdienst-Kritiker Claus Löser deutete den ursprünglichen Titel L'AMOUR, L'ARGENT, L'AMOUR als Hinweis «auf die beiden diametralen Pole, aus denen sich die Geschichte speist: die Liebe als höchste Form der Utopie einerseits, andererseits das Geld als materialisierte Form eines alles aufzehrenden Pragmatismus. Die Prostitution – und damit die Figur der Marie – fungiert als Schaltstelle zwischen diesen Gegensätzen, kennzeichnet wie keine andere Profession den von Walter Benjamin diagnostizierten Warencharakter der zwischenmenschlichen Beziehungen im Kapitalismus.»[2] Am Ende könnte der Anfangspunkt einer Familie stehen: Die

2   Claus Löser: L'argent, in: *Filmdienst* 55. Jg., H. 24, 19.11.2002, 24 f., auch unter: https://www. filmdienst.de/film/details/514742/lamour#kritik [28.02.2018]

Schlusseinstellung einer Hütte in der Nacht weckt Assoziationen zum Stall von Bethlehem. Aus einer «unheiligen» Beziehung wird eine «heilige Familie». DIE GROSSE STILLE scheint als Dokumentarfilm über das Klosterleben der Kartäuser nicht in dieses thematische Feld zu passen. Dennoch gibt es einen Bezug. Das Leben der Ordensbrüder in selbst gewähltem Schweigen ist ja kein Selbstzweck, vielmehr erhält es seinen Sinn aus der intensiv gelebten Beziehung zu Gott, dem Vater aller Menschen. Diese Konzentration auf eine Beziehung, die Sinn stiftet, eröffnet einen Bezug zu den anderen Filmen. Die Figuren schließen sich immer von der sie umgebenden Welt ab und versuchen, für sich einen Raum zu finden, wobei Nähe auch in Gewalt umschlagen kann. DIE FRAU DES POLIZISTEN handelt von der Familie als «Keimzelle der Gesellschaft», die als Liebesraum und Gewaltherd zugleich beschrieben wird. Die Intensität der Einlassung auf diesen Mikrokosmos entspricht dem Blick auf das Ordensleben durchaus. MEIN BRUDER HEISST ROBERT UND IST EIN IDIOT handelt von einem Zwillingspaar, Bruder und Schwester. In gewisser Weise ist er das Gegenstück zu L'AMOUR. Die Idee entstand zu der Zeit, als Gröning mit der Schweizer Schauspielerin Sabine Timoteo den Film L'AMOUR drehte. Während L'AMOUR die Geschichte von zwei Liebenden erzählt, die als Fremde zusammentreffen und auf der Flucht vor Gewalt, die das Prostituiertendasein bestimmte, zu entkommen suchen, sind es in MEIN BRUDER HEISST ROBERT UND IST EIN IDIOT zwei innig verbundene Geschwister, zweieiige Zwillinge, die nicht voneinander lassen können. Ähnlich wie in DIE FRAU DES POLIZISTEN entwickelt sich die Geschichte an einem Ort, einer Tankstelle und der näheren Umgebung. Ähnlich wie in dem Vorgängerfilm schlägt eine Beziehung von Liebe in Gewalt um.

DIE FRAU DES POLIZISTEN entwickelt in fast drei Stunden die Geschichte einer Familie, in der der Mann gewalttätig wird. Im Gegensatz zum Inhalt ist die Form von radikaler Strenge, so als wolle der Regisseur die Gewaltexplosion auf der inhaltlichen Ebene durch eine betonte Nüchternheit der Form kompensieren, die beim Zuschauer eine Haltung evoziert, die ihn immer wieder in die Distanz zum Geschehen zwingt. Der Film ist eingeteilt in 59 Kapitel. Jedes endet mit einer Schrifteinblendung vor schwarzem Hintergrund «Ende Kapitel...». Es folgt eine Schwarzeinstellung und erneut eine Schrift «Anfang Kapitel...». Die Handlung erstreckt sich etwa über ein Jahr. Der Wandel der Natur im Jahreskreislauf spielt eine wichtige Rolle als Zeitdimension. Der Film beginnt im Frühling. Man sieht die junge Familie beim Ostereiersuchen im Wald. Später bestimmen wogende goldgelbe Kornfelder das Bild. Gegen Ende ist der Himmel herbstlich verhangen. Einige Kapitel (3, 13, 23, 32, 43, 52 und 58) sind auf einer anderen Handlungsebene angesiedelt: Sie zeigen einen alten Mann, der den

Zuschauer direkt anschaut. Man sieht ihn in einer kleinen Wohnung einsam vor sich hin leben. Diese Szenen spielen vor einer Winterlandschaft, die eisige Kälte suggeriert. Während die «Jahreszeiten» der Beziehung von sonnigen zu trüben Tagen geht, ist das Leben ohne jede Beziehung als Eiseskälte beschrieben.

Die Natur spielt auch noch in anderer Hinsicht eine zentrale Rolle. Bezugspunkt für die Familie ist die kleine Tochter. Sie wächst in der Familie heran. Ihre Mutter führt sie in die Wunder des Lebens ein. Sie verwandelt den schmalen, kaum 60 cm großen Raum zwischen den Einfamilienhäusern in einen Garten. Eine Bodenplatte wird angehoben und dort eine Blume angepflanzt. Während die Mutter die Schönheit des Lebens in seiner ganzen Vielfalt zu vermitteln sucht, ist der Vater durch seinen Beruf mit Tod und Gewalt verbunden. Er muss als Polizist das sterbende Reh auf der Straße erschießen, er wird mit Unfalltoten konfrontiert. Wie nahe Schönheit und Dunkelheit in der menschlichen Existenz beieinander liegen, zeigt sich bei einem Unfall. Ein schwerverletzter Autofahrer muss abtransportiert werden. Neben der Straße, die zum Ort des Todes geworden ist, liegt ein Weizenfeld, das in seiner goldgelben Färbung Schönheit und Fülle des Lebens vermittelt.

Die Gewalt bricht in die Beziehung eher beiläufig ein. Die Unterbrechung des Films durch die Kapitelankündigungen macht jede neue Sequenz wieder zu einem Neuanfang. Die Handlung wird nicht einfach dort fortgesetzt, wo sie im vorhergehenden Kapitel aufgehört hat. So bleiben Lücken in der Erzählung, die sich nur teilweise füllen. Am Anfang scheint die Familie ein Liebesidyll darzustellen. Unvermittelt ereignet sich in Kapitel 9 ein heftiger Wutausbruch des Mannes. Die Frau hat ihn allein vor dem Fernseher sitzen lassen, was dazu führt, dass er sie attackiert. Die Situation wird zunehmend auswegloser. Ohne dass Szenen häuslicher Gewalt direkt dargestellt werden, werden die Folgen zunehmend sichtbar. Zuerst sind es nur einzelne blaue Flecken, die am Körper der Frau zu erkennen sind (ab Kapitel 20), das steigert sich aber zunehmend, bis in Kapitel 45 der völlig zerschundene Körper als erschreckendes Bild des Leidens die Zuschauer schockiert. Der Mann versucht sich zunehmend mit dem Kind gegen die Mutter, die immer mehr isoliert wird, zu verbünden. Die Demütigungen nehmen Ausmaße des Unerträglichen an. Das Ende bringt eine Abfolge von Einstellungen, die verschiedene Deutungsmöglichkeiten eröffnen: die Mutter liegt nach einer Gewaltattacke am Boden, die Mutter badet mit dem Mädchen und taucht sie unter oder tötet sie, der alte Mann schaut betroffen. Die letzte Einstellung geht auf das Mädchen, das die Augen öffnet und den Zuschauer eindringlich anschaut.

1 Der Regisseur Philip Gröning als Gast bei der Tagung in der Katholischen Akademie Schwerte (rechts daneben Peter Hasenberg)

Filmgespräch mit dem Regisseur Philip Gröning[3]

Peter Hasenberg: Herr Gröning, Sie sind in vielfältiger Weise der Urheber des Films DIE FRAU DES POLIZISTEN: als Regisseur, Autor, Kameramann, Produzent, am Schnitt beteiligt. Wir freuen uns aber ganz besonders, dass Sie jetzt hier sind und Fragen beantworten können. Die Abstände zwischen den Filmen, die sie machen, sind immer relativ groß, weil Sie die Filme intensiv vorbereiten. Das dauert nicht immer so lange wie bei DIE GROSSE STILLE (2005), wo es von der ersten Idee bis zur Realisierung fast 20 Jahre gedauert hat, aber auch dieser Film, der nach DIE GROSSE STILLE 2013 herausgekommen ist, hatte eine lange Vorbereitungszeit. Im Abspann sieht man, dass Sie den Männern und Frauen danken, die

3 Überarbeitete und gekürzte Schriftfassung eines Tonmitschnitts. Das Gespräch fand im Rahmen der Tagung «Familienbilder» (5.–8. Mai 2016) am Freitag, den 6. Mai 2016, von 09:30 bis 11:00 Uhr im Großen Saal der Katholischen Akademie Schwerte statt. Der Film war am Vorabend gezeigt worden. Die Diskussionsbeiträge der Tagungsteilnehmerinnen und Teilnehmer sind – soweit es aus der Aufzeichnung zu rekonstruieren war – namentlich gekennzeichnet.

bereit waren, über Gewalt in Beziehungen zu sprechen. Vielleicht können Sie etwas darüber sagen, wie sich dieses Projekt entwickelt hat, insbesondere auch in den vorbereitenden Gesprächen mit den Männern und Frauen, die zu dem Thema Gewalt in der Familie und Gewalt in der Beziehung gesprochen haben.

Philip Gröning: Der Film ist ohne Drehbuch entstanden. Das liegt daran, dass ich einfach gesagt habe: Man kann einem vierjährigen Kind nicht vorschreiben, was es sagt. Das ergibt einfach keinen Sinn. Du landest, wenn du Dialoge mit ganz kleinen Kindern festschreibst, automatisch im Kitsch. Das sei vorausgeschickt. Ich wollte etwas machen, wo es einerseits um die Intimität zwischen Mutter und Kind geht, also um das, was ich den Liebesraum nenne, in dem die Seele des Kindes überhaupt entstehen kann (Abb. 2), und andererseits um die Gewalt zwischen Mann und Frau, also um den Liebesraum, der zerstört wird. Das hat damit zu tun, dass ich glaube, dass für uns als Menschen sozusagen eine der Hauptfragen ist, was wir eigentlich in unseren Beziehungen machen: Geben wir sozusagen die Zerstörung weiter, die wir empfangen haben oder geben wir die Liebe weiter? Das war das paradigmatische Konzept. Und dann habe ich überraschenderweise auch sofort das Geld bekommen für den Film und ich stand dann da und dachte, jetzt muss ich diesen Film machen. Dabei stellt sich natürlich immer heraus, dass man eigentlich gar keine Ahnung hat, was man da eigentlich machen will. Das geht mir immer so, dass eine Idee kommt, dann weiß man, so und so wird der Film aussehen und er wird das und das erzählen, und dann kommt eigentlich eine Riesen-Rechercharbeit, um herauszufinden, warum mir überhaupt diese Idee gekommen ist. Und was steckt da eigentlich dahinter? Und in diesem Fall war es so, dass ich angefangen hatte, Szenen zu schreiben und gemerkt habe, dass meine Vorstellung von Fernseh- und Kinobildern von Gewalt zwischen Mann und Frau verseucht ist, Bilder, die aber offensichtlich sinnlos sind, aus denen auch gar keine Szenen entstehen können. Und dann habe ich angefangen, sehr viele Interviews zu machen, erst einmal mit Frauen, die in solchen Beziehungen gelebt haben, meistens schon raus waren, manchmal auch schon wieder zurückgekehrt waren in die nächste gewalttätige Beziehung. Das ist ein tragisches Kapitel, dass Frauen, die dann ihre Männer verlassen, sich oft den nächsten suchen, der nicht viel besser ist. Und dann habe ich auch mit Männern gesprochen. Das war eigentlich die Hauptvorbereitung für den Film. Am Ende hatte ich etwa 40 Stunden Interviews, in denen die Frauen und Männer erzählt haben, wie das mit der Gewalt passiert, wie diese sich sozusagen hereinschleicht. Und was der Film jetzt hoffentlich hat, ist, dass man das

2 Familienidylle Vater-Mutter-Kind

Gefühl hat, das ist wie so ein Ungut-Sein, das sich langsam ausbreitet. Das ist sehr stark entstanden aus diesen Interviews. Und alle Szenen, die Sie gesehen haben, die unmittelbaren Gewaltszenen, sind tatsächlich quasi wörtliche Transkripte aus den Interviews. Also auch so ein Satz wie «Du bist doch die Basis meiner Logistik». Das ist wirklich das, was dieser Mann seiner Frau an den Kopf geschrien hat, bevor er sie dann bewusstlos geschlagen hat. Und der Mann war tatsächlich auch Polizist. Auch diese merkwürdigen Vorgänge, also dass z. B. jemand mit einem Messer die Tür aufbricht, dann mit einem Messer in dem Zimmer vor seinem Kind und seiner Frau steht und plötzlich in dem Moment merkt: Ich habe ein Messer in der Hand, was mache ich hier eigentlich? Und er eben dann nicht auf die Frau losgeht, auch nicht auf das Kind, sondern sofort versucht, das Messer auf den Boden zu legen und dann das Kind in so einer Geste hochreißt, um wenigstens irgendwas zu tun, wenn er schon diese Tür aufgebrochen hat. Das ist wirklich aus einem Interview von einer Frau, die genau das beschrieben hat.

Peter Hasenberg: Ja, es ist sehr interessant, dass bestimmte Sachen eins zu eins aus diesen Berichten eingegangen sind. Bei diesem Satz «Du bist die Basis meiner Logistik» hätte ich das nicht gedacht. Man hat ja auch insgesamt das Gefühl, dass die Kamera sozusagen dokumentarisch arbeitet, einfach dabei ist, beispielsweise in dieser Szene im Badezimmer mit der Munddusche. Die Kamera ist einfach dabei, beobachtet und die Situation entwickelt sich einfach so. Da hat man nicht das Gefühl, da ist irgendwas konstruiert oder choreographiert. Auf der anderen Seite kommt natürlich auch sehr stark das Gestaltete zum Ausdruck. Das Ganze ist eine Konstruktion, die auch darauf angelegt ist, nicht nur irgendeine beliebige Geschichte zu erzählen, sondern damit den Anspruch auf eine gewisse Allgemeingültigkeit zu erheben. Wie haben Sie das entwickelt? Wie hat sich diese strenge Form mit der Einteilung in Kapitel, die den Gestaltungswillen des Regisseurs sehr deutlich macht, ergeben?

Philip Gröning: Das entwickelt sich in der Arbeit. Das Problem an der Fernsehdramaturgie ist, dass der klassische Vorgang so verläuft: der Mann kommt nach Hause, das Essen schmeckt ihm nicht, dann gibt's ein bisschen Hin- und Hergebrülle, dann fliegt der Teller an die Wand, als Nächstes kriegt die Frau einen Schlag ab oder fliegt selber an die Wand. Das passiert in der Realität so nicht. Entweder der Teller fliegt an die Wand oder die Frau, nie beides zugleich. Zumindest wurde das in keinem der Interviews, die ich jemals geführt habe, berichtet. Entweder geht die Gewalt gegen Sachen oder es geht gegen die Menschen. Das Fernsehen hat ein inhaltliches Problem, weil die Fernsehregisseure nicht recherchieren und deshalb Dinge abliefern, die in der Flachheit der Steigerung – erst ein bisschen Herumbrüllen, dann vielleicht die Katze treten, dann den Teller an die Wand, dann die Frau – stecken bleiben. Das würde aber so niemals passieren. Nachdem man die Katze an die Wand geworfen hat, ist gar keine Energie mehr da, um jetzt den Teller an die Wand zu werfen usw. Das Fernsehen hat das inhaltliche Problem, dass die Fernsehmacher die geschlossene Form der Erzählung über die Wahrheit der Erzählung stellen, d.h. sie dürfen gar nicht recherchieren, denn wenn sie es tun würden, würden sie feststellen, dass diese Form, die sie gewählt haben – in 45 Minuten vom glücklichen Anfang zum katastrophalen Ende – gar nicht einzuhalten ist. Weil sie aber die Form schützen, dürfen sie weder recherchieren noch dürfen sie inhaltlich nachdenken. Das ist das, was man im Fernsehen leider sieht. Natürlich gibt es Ausnahmen, aber das ist sozusagen die Grundlage der Fernsehdramaturgie. Zurück zu meinem Film. Mir war klar, ich wollte diese Parabelform, weil ich wollte, dass man als Zuschauer immer wieder distanziert wird in dem Sinn, dass man wirklich hinausgeworfen wird, um am Schluss sich wieder fragen zu können: Wo stehe ich eigentlich in diesem ganzen Koordinatensystem? Was mache ich eigentlich? Welcher Figur bin ich nahe oder was ist sozusagen mir ähnlich? Und dafür braucht man halt diesen ganz einfachen Brechtschen Verfremdungseffekt, der auch noch einen anderen Effekt hat: weil die Struktur immer wieder zerstört wird, setzt man den Filmen notwendigerweise in der Erinnerung aus diesen Fragmenten zusammen. Und dabei setzt jeder Zuschauer die Szenen an die Stelle, die für ihn oder für sie die richtige Stelle ist. Wenn ich Sie jetzt fragen würde, welche Szene an welcher Stelle steht, würden Sie extrem unterschiedliche Abfolgen erzählen, weil Sie das alle so strukturieren, wie es Ihnen entspricht. Das führt einerseits dazu, wie ich glaube, dass der Film tiefer und länger beeindruckt und andererseits dazu, dass Leute wirklich verschiedene Sachen sehen. Das war auch ein ganz programmatisches Ziel. Ich wollte erreichen, dass die Leute, wenn sie aus dem Film herauskommen, sich sofort anfangen zu streiten, und zwar darüber, was sie denn eigentlich gesehen haben: Ist das Kind tot oder ist die Mutter tot oder sind beide tot oder alle drei? Und es ist auch so, dass tatsächlich jeder ein anderes Ende sieht. Ich habe schon mindestens fünf oder sechs Varianten gehört. Ich wollte, dass das Kino wieder ein Ort wird, wo man herauskommt und sich sofort auf der Treppe schon anfängt zu streiten.

Peter Hasenberg: Sie haben einen interessanten Aspekt benannt: Jeder sieht einen anderen Film. Insofern können Sie, liebe Zuhörer, jetzt die Gelegenheit nutzen und zu Ihrem Film, den Sie gesehen haben, die passenden Fragen stellen.

Christian Wessely: Ich habe eine ganz einfache formale Frage und eine inhaltliche. Die formale Frage können Sie wahrscheinlich ganz schnell beantworten. Sie gliedern den Film mit einer ganz extrem strengen Abfolge: Ende Kapitel X, schwarz, Anfang Kapitel Y. Und das zieht sich komplett durch. Was hat Sie davon abgehalten, einfach ein Kapitel mit der Schwarzblende enden zu lassen und nur eine Zwischenüberschrift einzufügen: Kapitel X. Warum dieses komplizierte Vorgehen, das den Zuschauer herausfordert? Inhaltlich haben Sie in Ihrem Eingangs-Statement ein wahnsinnig schönes Bild gebracht. Es gibt den intakten Liebesraum zwischen Mutter und Tochter und den zerstörten oder gerade in Auflösung befindlichen Liebesraum zwischen Vater und Mutter. Aber es fehlt ein wichtiger Aspekt: Was ist mit dem Liebesraum zwischen Vater und Tochter?

Philip Gröning: Der ist natürlich auch bedacht. Eine der schrecklichsten Szenen in dem Film ist der Moment, wo der Vater versucht, diesen Liebesraum zwischen ihm und dem Kind zu schützen, wo er sagt: Die Mutter hat die blauen Flecken wegen so einer Krankheit, die stößt sich an und ist sofort verletzt (Abb. 3). Er versucht natürlich auch, diesen Liebesraum zu schützen. In gewalttätigen Familien passiert es sehr oft, dass das Kind hinüberdriftet zu dem, der stärker ist. In dem Maße, in dem die Frau zerstört wird, wird plötzlich der Vater wichtiger für das Mädchen. Trotzdem ist es so, dass der Mann in meiner Konzeption eigentlich keinen Liebesraum aufbauen kann, weil der selber wie ein «Verhungerter der Liebe» ist. Er ist ein Mensch, der einen Mangel in sich trägt, der so fundamental ist, dass er ganz wenig weitergeben kann, weil er ganz wenig selber hat. Er ist selber eigentlich eher ein Liebesabsorbant als ein Liebesgeber. Woher das kommt, interessiert mich erstmal nicht, weil ich nicht daran glaube, dass man in Filmen sozusagen Biographien erzählen sollte. Die

3 Die Mutter als Opfer

formale Entscheidung war einfach eine intuitive. Wir haben es zwischendurch einmal im Schneideraum ausprobiert, nur noch zu sagen: Kapitel soundso. Das hat überhaupt nicht funktioniert, fand ich. Ich glaube, der Impetus ist da zu sagen: Der Film hat Szenen, die dich emotional ziemlich tief hineinziehen und ich finde es gut, dass du zwischendurch als Zuschauer immer wieder zurückgeworfen wirst auf so ein Grundschulniveau, dass man einfach sagt: Was kommt nach der sieben? Acht. Genau! Weil es uns daran erinnert, dass wir auch rationale Wesen sind. Es erinnert uns auch daran, dass wir tatsächlich Entscheidungen treffen können. Das normale Kino suggeriert ja, dass sich mit der emotionalen Steigerung auch die Stimmigkeit für den Zuschauer erhöht, also: je ergriffener ich bin, desto mehr fühle ich mich gefesselt und involviert. Das setzt aber gerade bei der klassischen Dramaturgie voraus, dass das Ausmaß der Wahlmöglichkeiten sowohl der Figuren als auch der Zuschauer abnimmt. Ich wollte aber eigentlich einen Film machen, in dem ich sage: Auch in den Momenten, wo es extrem emotional wird, hast du als Mensch immer noch eine Wahl. Es ist nicht so, dass du notwendigerweise deine Frau gegen die Wand schmeißen musst. Das ist zwar im normalen klassischen Kino umso stimmiger, je mehr die Hinführung geglückt ist, so dass du das Gefühl hast, das muss jetzt passieren. Aber das stimmt ja nicht. Es muss ja eben nicht passieren und wir werfen ja nicht alle ununterbrochen mit Messern um uns, und zwar obwohl wir oft dazu Lust haben. Und deshalb ist diese nummerische Abfolge wichtig, die einerseits eine Zwangsläufigkeit suggeriert, und andererseits suggeriert: Du bist ein rationales Wesen, du weißt, welche Zahl nach welcher Zahl kommt und genauso, wie du das weißt, weißt du eigentlich auch, was gut und was schlecht ist. Dass das sehr anstrengend ist, das ist klar. Was der Film anscheinend macht, ist, dass er Leute in eine sehr tiefe Emotionalität hineinführt, und das hat auch damit zu tun, dass du zwischendurch sozusagen zwangsweise Luft kriegst, also gerade wenn du untertauchen willst in so eine vollkommene Emotionalität, kommt irgend so ein Schwimmlehrer, hebt dich wieder hoch und sagt: Atme jetzt mal kurz durch und dann geht's weiter.

Irmgard Schreiner: Ist das so ein bisschen dieser Brechtsche Effekt vom epischen Theater, dass etwas ins Wasser geworfen wird, um aus der Illusion herauszukommen?

Philip Gröning: Ich glaube schon, weil man es sonst nicht hätte schaffen können, dass der Film auch als Parabel wahrgenommen wird. Und ich wollte schon, dass man ihn auch als Parabel wahrnimmt, und zwar auch aus einem inhaltlichen Grund: Wenn du den Film so machst, dass er einfach ohne Titel und sehr fesselnd funktioniert, dann ist es so, dass du als Zuschauer eine ganz automatische Position einnimmst, nämlich zu sagen: Was dieser Mann macht, ist aber sehr falsch und sehr böse. Das ist aber zu einfach, weil es ist natürlich einerseits sehr falsch und sehr böse, was der Mann macht, und andererseits ist es so, dass du als Mensch schon auch verstehen kannst, was er macht und auch verstehen kannst, wie es dazu kommt. Der normale, nicht brechtianisch gebrochene Film hat das Problem, dass du als Zuschauer relativ schnell Position beziehst und diese Position dann für festgeschrieben hältst. Dabei ist aber dann keine Erkenntnis mehr möglich.

Michael Hillenkamp: Wo kriegt man ein solches Kind her? Das ist ja unglaublich, wie das Mädchen gespielt hat. Ich fand die Szene 33 mit den Seifenblasen grandios. Als ich heute Morgen wach geworden bin, habe ich mich an die zuerst erinnert. Ist das das, was Sie da konstruiert haben ein Sinnbild, die Familie als Seifenblase, oder ist das eine Geschichte, die Sie in den Interviews erzählt bekommen haben? Haben die Zahlen, hier Kapitel 33, eine besondere Bedeutung? Und die letzte Frage bezieht sich auf die Brechung durch die Kinderlieder. Die kenne ich alle und sie transportieren ja das Gefühl von Familie, wie man es als Kind erfahren hat. Was war die Idee dahinter und wie sind Sie darauf gekommen?

Philip Gröning: Der Film ist ja zum Glück ohne Drehbuch entstanden und auch sehr dokumentarisch gedreht. Wir haben ein Haus gefunden, das wir komplett umgebaut haben. Wir haben die ganzen Decken herausgerissen, überall Löcher in die Wände gemacht, damit eben die Kinder und auch die erwachsenen Schauspieler tun können, was Sie wollen und nie ein Stativ oder Kabel ins Bild kommt. So konnten wir Kameraperspektiven haben, wo man sonst Möbel wegräumen müsste. Das

4 Spiel mit Seifenblasen

ganze Haus ist so aufgebaut, dass du eine Klappe aufmachen und aus einer unmöglichen Perspektive gucken kannst. Das gibt eine große Freiheit. Das Drehen ohne Drehbuch gibt auch noch eine andere Freiheit, nämlich dass man Szenen von Intimität erfinden kann, die bei einem vorliegenden Drehbuch immer der Kürzung zum Opfer fallen würden. Also zum Beispiel diese Szene, dass die Mutter morgens das Kind weckt, oder eben diese Seifenblasenszene. Da gibt es viele Momente, die würden, wenn du sie aufschreibst, dann unter dem Druck der Dramaturgie irgendwie wegfallen. Bei der Seifenblasenszene habe ich mir gar nicht viel gedacht. Ich habe nur gedacht, wie mache ich etwas Spielerisches zwischen den Personen (Abb. 4). Ich muss ja auch erzählen, dass diese beiden Leute sich auf einer bestimmten Ebene auch lieben, dass da auch etwas ist, was Freude sein könnte, wenn nicht die eigenen Rollenbilder zu starken Druck machen würden, als dass Persönliches noch möglich ist. Das ist ja eigentlich die Geschichte, die dahinter liegt.

Was die Kinderdarsteller angeht, so haben wir sehr viele Kinder-Castings gemacht und diese beiden eineiigen Zwillinge gefunden, die sofort bei den Castings sehr herausgestochen sind. Ich habe mich dann dafür entschieden, diese beiden Zwillinge zu nehmen, weil man mit Kindern nur ganz kurz am Tag drehen kann, was auch völlig richtig ist, weil ein Kind in dem Alter sich nicht länger konzentrieren kann. Und ein zweiter Grund war, dass man mit zwei Kindern natürlich schon gleich so einen kleinen Familiennukleus mitnimmt an den Drehort und die beiden Kinder sich gegenseitig stützen. Die Zwillinge sind einfach tolle Schauspieler-Kids und noch dazu ist es so toll, dass sie doch ein bisschen unterschiedlich sind: Es gibt Szenen, wo ich anfange mit der einen zu drehen und am Ende mit der anderen. Da hat man das Gefühl, was passiert da für eine komische emotionale Veränderung, aber es ist eigentlich so, dass es plötzlich das etwas schüchternere Mädchen ist. Die Reihenfolge der Kapitel zu finden war im Schnitt eine riesige Arbeit. Ich habe kein Drehbuch gehabt, nur so kleine Karteikärtchen. Mit meiner Co-Autorin

5 Kinderlieder als Mittel
der Verfremdung

Carola Diekmann habe ich einfach aufgeschrieben, was wir machen,
und vieles ist so entstanden, auch die Sache mit dem Badezimmer mit
der Munddusche. Wenn du ohne Drehbuch drehst, hast du ja dieses irre
Ding, dass du manchmal morgens an den Drehort gehst und denkst: Was
werde ich jetzt eigentlich dem Team sagen, was wir drehen? Und daraus
entstehen sehr großartige Sachen. Die Kinderlieder waren im Konzept
von Anfang an enthalten. Als mir die Idee für den Film einfiel, war klar,
es gibt diesen Liebestransfer zwischen Mutter und Tochter, was genauso
zentral ist wie die Zerstörung zwischen Mann und Frau. Und zu diesem
Liebestransfer gehört, was es bedeutet, ein Kind zu erziehen. Es bedeutet
ja, dass ich dem Kind die Welt beibringe. Dazu gehört, dass man den Kindern die Tiere in der Welt zeigt und eben auch Lieder beibringt. Für mich
war das einfach klar, dass ich die Lieder haben will, weil wir das alle kennen als etwas, was uns gezeigt wurde. Man verbindet diese Lieder sofort
mit der Kindheit (Abb. 5). Jemand hat einem diese Lieder beigebracht.

Reinhold Zwick: Für mich war am stärksten oder am erschütterndsten diese
große Kommunikationslosigkeit oder fast Kommunikationsunfähigkeit
zwischen dem Paar. Mich hat das – das ist jetzt vielleicht ein ungewöhn-
licher Brückenschlag – in gewisser Weise auch wieder zurückerinnert an
DIE GROSSE STILLE. Da haben Sie Menschen porträtiert, in dem Fall eine
Männergemeinschaft, die in einer selbstgewählten Stille, in selbstgewählten Zellen lebt, die auch ein Schweigegelübde abgelegt haben, die sehr

6 Eindrucksvoller
Kinderblick
(Schlusseinstellung)

wenig miteinander reden, aber unter einem anderen Vorzeichen. Hier haben wir eine kleine Zelle, wo die Menschen leben, anders als in Kartäuser-Klöstern haben wir hier etwas fast Zwanghaftes in diesem Schweigen. Diese Familie lebt eigentlich auch in einer kleinen Häuserzelle in dieser eigenartig völlig zugepflasterten aseptischen Stadt, wo die Natur wie ein Fremdkörper hereinbricht unter den Steinen oder der Fuchs als Chiffre des Wilden und des Freien auftaucht, der aber auch nicht mehr in seiner Freiheit klar kommt. Man fragt sich: Warum geht die Frau nie raus? Sie ist ab und zu mal mit dem Kind unterwegs, aber verbringt sehr viel in diesem Raum, in dieser, fast möchte man sagen: Haft.

Philip Gröning: Ich fange mal mit dem Einfachsten an. In den Recherchen habe ich viel mit den Frauen und Männern auch darüber gesprochen, wie sie gelebt haben. Wenn Sie das genau anschauen, was diese Räume charakterisiert, so ist es ja eigentlich eine totale kleinbürgerliche Superidylle. Es ist alles supergut: ein kleines Häuschen, es ist alles perfekt, es gibt eine Küche, es gibt Zimmer für jeden, alles toll, aber es gibt keine Rückzugsräume für die Erwachsenen. Das ist sehr typisch für solche Beziehungen. Ich glaube ja, dass diese Anstrengung des bürgerlichen Lebens, alles richtig zu machen – ein richtiger Vater zu sein, eine richtige Mutter, eine richtige Geliebte, ein richtiger Liebhaber, ein richtiges Kind – ein Albtraum ist. Und dies ist natürlich in den deutschen Vorgartensiedlungen eins zu eins architektonisch umgesetzt, das hätte man sich gar nicht besser denken können. Ich lebe nicht so, aber ich habe tatsächlich auch das Gefühl, dass in solchen Häusern wenig gesprochen wird. Ich wüsste nicht, worüber man in solchen Häusern wirklich sprechen könnte, ehrlich gesagt. Ich habe natürlich auch andere Filme gemacht, wo sehr viel gesprochen wird, und in dem neuen Film, an dem ich gerade schneide, wird wahnsinnig viel gesprochen. Aber in meinem tiefsten Inneren glaube ich, dass Sprache überschätzt wird. Und dass Sprache tatsächlich als menschliche Umgangsform weit weniger eine Rolle spielt als wir uns das so gerne vorstellen würden. Und dass eigentlich das Ausgesprochene nur sozusagen das nachträgliche Agieren dessen ist, was sowieso gerade geschieht.

Reinhold Zwick: Bei den Kartäusern ist es eine frei gewählte Enthaltsamkeit von Worten. Hier im Film ist es doch eher eine zwanghaft aufgeladene Sprachlosigkeit. Auch das Spielen, das ja eigentlich etwas Schönes ist, hat hier etwas Verkrampftes.

Philip Gröning: Ich bin einfach nicht sicher, ob sich Menschen ununterbrochen etwas zu sagen haben. Ich fürchte, nicht. Und der andere Aspekt ist, dass ich als Regisseur auf jeden Fall wollte – das ist ähnlich wie bei der GROßEN STILLE – dass man sozusagen die unmittelbare Präsenz von dem, was gerade geschieht, von den Gegenständen und den Atmosphären und den Spannungen erlebt. Und das Problem bei Sprache ist, dass Sprache einen immer aus der Gegenwart raushaut. Deshalb schweigen die kontemplativen Orden, weil sie das Grundkonzept verfolgen, dass sie sagen: Sprache selbst ist schon Abwendung von Gegenwart, indem ich einem Satzbogen von Anfang bis Ende folgen muss, bin ich schon aus dem Moment heraus. Und das gilt natürlich auch für den Zuschauer. Wenn ich Dialogen folge, bin ich aus der Gegenwärtigkeit dessen, was gerade geschieht, schon verabschiedet. Das ist auch bei Michael Haneke teilweise großartig, wie er einfach Dinge laufen lässt, wo auch nicht viel geredet wird oder wenn was gesagt wird, dann ist das komplett unwichtig. Daran erkennt man eigentlich gute Dialoge.

Peter Hasenberg: Es gibt einmal die Familie in der isolierten Zelle und die Sprachlosigkeit, diese aber betrifft den ganzen Ort. Es gibt wenigstens zweimal diese Einstellung, wo man sieht, dass die Dächer direkt aneinanderstoßen, die Häuser so nah beieinander sind, dass da nur ein kleiner Zwischenraum ist. Und man fragt sich: Warum reagiert das Umfeld nicht in irgendeiner Weise? Warum bekommt keiner mit, was da irgendwie passiert? Oder das ist auch die Sprachlosigkeit in der Beziehung zu dem Kollegen. An einer Stelle fragt dieser mal: Alles okay? Aber das ist schon alles, obwohl die Kollegen auch mitbekommen, dass dieser Uwe einen Kontrollwahn hat und sogar in der Leitstelle anruft, um herauszufinden, wo seine Frau sich gerade aufhält. Aber da gibt es auch keinen richtigen Dialog. Sie sitzen im Wagen nebeneinander. Aber auch in den betreffenden Szenen fällt darüber kein Wort. Also warum reagiert da keiner?

Philip Gröning: Ich habe ja auch viel bei der Polizei recherchiert. Nachdem ich entschieden habe, dass Uwe Polizist ist, dachte ich erst, da ist es dann ganz schlimm für die Frau, weil sie dann gar nicht um Hilfe rufen kann, weil da Kollegen kommen würden. Das alles hat sich komplett widerlegt durch die Recherche. Interessant war, dass diese münsterländischen Polizisten in Borken, wo ich ein paar Tage mitfahren durfte, tatsächlich den ganzen Tag schweigend miteinander herumgefahren sind. Und diese Szene mit der Frage «Wo ist denn eigentlich meine Frau?», das war wirklich so bei dieser Recherche im Streifenwagen. Plötzlich hörst du über Funk, wie einer sagt: Sag mal, wo ist denn eigentlich die soundso? Dann dauert es ungefähr 10 Sekunden oder 15 Sekunden und dann sagt so eine nette andere Polizistin: «Ja, die ist gerade beim Bäcker in Raesfeld.» Okay, das zum Thema Überwachung in der Kleinstadt. Das läuft halt so. – Aber zur Frage, weshalb die Außenwelt nicht einschreitet. Interessant ist ja, dass bei häuslicher Gewalt die Leute ganz selten von außen eingreifen. Es gibt vielleicht inzwischen allmählich ein Bewusstsein dessen, dass man, wenn man in der Wohnung nebenan

7 Häuser, die aneinanderstoßen

hört, wie Leute sich prügeln, vielleicht man mal einfach klingeln und fragen sollte: Braucht ihr irgendwie Hilfe? Aber realistisch gesehen, die Nachbarn kümmern sich um so etwas nicht. Im Gegenteil, die haben dann das Gefühl, da will ich nichts mit zu tun haben.

Ich glaube, dass ich vielleicht diesen Drehort ausgesucht habe, den Sie schön beschrieben haben mit den Häusern, die aneinanderstoßen. Das ist ein bestimmtes Symbol für das, was sozusagen bundesrepublikanische Befindlichkeit ist. Man hätte gerne ein alleinstehendes Haus, aber man hat nur so viel Geld, dass der Abstand zum Nebenhaus 60 cm ist. Aber immerhin, es ist ein freistehendes Haus, kein Reihenhaus. Und so überlappen sich die Dächer fast (Abb. 7). Aber zurück zu Ihrem Oberthema: die Familie ist ein geschützter Raum, auch in dem Sinne von «Das geht den Nachbarn nichts an, ob ich meine Frau schlage». Ich erinnere mich, als wir Kinder waren, wo es Eltern gab, die Kinder geschlagen haben. Zum Teil war da das Gefühl, das geht ja niemanden etwas an. Das ist natürlich ein großer Irrtum. Aber die Familie ist so ein spezieller Raum. Das Problem ist, dieser spezielle Raum fordert für sich selbst automatisch einen Schutz, der sagt, die Außenstehenden geht das nichts an. Deshalb ist die Familie auch der Raum, in dem unglaublicher Missbrauch geschieht, weil die Hemmschwelle, in eine Familie einzugreifen, viel höher ist als auf der Straße einzugreifen. Wenn auf der Straße sich zwei prügeln, geht man hinüber und sagt, was ist denn das jetzt hier. Wenn du hörst, wie sich nebenan in der Wohnung Menschen prügeln, ist die Hemmschwelle viel höher, weil man sagt, das ist der geschützte Raum.

Marie-Theres Mäder: Ich habe eine Frage zum kulturellen Kontext. Ich danke Ihnen für den wunderbaren Film. Er hat mich sehr berührt, das Mädchen am meisten. Für mich war es auch eine Geschichte aus Deutschland. Eigentlich fehlt ein sozialer Kontext von dieser Familie völlig. Es fehlen Freunde, es fehlt die Schule, es fehlen Nachbarn, es fehlen alle. Manchmal habe ich gedacht, es soll doch mal jemand hineinkommen, und ich wäre gern hineingegangen. Dann gibt es diese wahnsinnige Natur. Für mich war es einfach Deutschland, so wie die Natur ausschaut, aber ich konnte es nicht näher geographisch einordnen in Deutschland. Dann dachte ich, mir fehlt ein bestimmtes Verständnis dafür. Was hat der Film für Sie mit Deutschland zu tun, mit einer deutschen Gesellschaftskritik? War das für Sie ein Aspekt dabei, über Ihre eigene kulturelle Zugehörigkeit auch zu reflektieren?

Philip Gröning: Ich bin in Deutschland aufgewachsen und teilweise auch in Amerika und natürlich deutsch sozialisiert. Wenn ich also einen Film mache, dann hat der auch etwas mit Deutschland zu tun. Ich wollte nicht eine Geschichte machen, die unbedingt speziell in Deutschland spielt, weil ich glaube, dass diese Geschichte wirklich universal ist. Wo intime Beziehungen sind, brechen auch fundamentale Konflikte auf. Und damit bricht auch sozusagen das Potenzial auf, die eigene Gewaltgrenze zu durchbrechen. Es wäre auch ein Irrtum zu glauben, dass es z. B. in lesbischen Beziehungen weniger Gewalt gibt als in anderen Beziehungen. Das ist einfach Unsinn. Wo immer eine Beziehung ist, sind die Konfliktpotenziale da. Trotzdem habe ich natürlich versucht, äußere Bilder zu finden, die auch das transportieren, was meines Erachtens eine Grundlage für solche Konflikte ist, nämlich dass Leute versuchen, alles richtig zu machen. Ich glaube, in der Familie tauchen sozusagen die gespiegelten Rollenkonflikte der Gesellschaft auf, weshalb ja dieser romantische Topos der versteckten Liebschaft, also man ist verheiratet, aber hat noch eine Affäre, u. a. deshalb so interessant ist, weil man das Gefühl hat, da wäre die Begegnung persönlicher als in der Ehe, wo man ja gleichzeitig die soziale Rolle erfüllen muss. Dadurch, dass die zweite Beziehung illegal ist, ist man von Rollenbildern befreit. Das ist ein Teil der Verführung. Und deshalb habe ich natürlich versucht, was zu finden, wo ich sozusagen äußere Bilder finde für diese Rollenbilder. Da kommt diese Architektur rein. Die kriegt man so nicht in der Schweiz. Alles andere könnte, glaube ich, absolut in der Schweiz sein. Wenn Sie sich die Filme von Peter Liechti anschauen, der handelt ja auch von diesem Kleinbürgertum seiner Eltern, wie sein Vater versucht, alles richtig zu machen, dieser letzte Film von ihm, wo er seine Eltern als Kaninchen-Handpuppen darstellt, kurz bevor er gestorben ist. Ein großartiger, sehr böser Film.[4]

4   Vaters Garten – Die Liebe meiner Eltern (CH 2013).

Was die Natur betrifft, das hat natürlich wiederum zwei Elemente. Das eine ist: natürlich zeigen Eltern ihren Kindern die Natur. Das ist einer der großen Liebestransfers, die man macht. Man zeigt einer Tochter, wie Blumen wachsen (Abb. 13). Man zeigt ihr, wo Tiere sind usw. Und dann geht es auch darum, dass ich dem Zuschauer zwischendurch ermöglichen möchte, dass er diesen Film anschaut mit einer Haltung, wie man so Walt-Disney-Tierfilme anschauen würde, also einfach ganz neutral. Dass man nämlich dann plötzlich zwischendurch ein Eichhörnchen sieht, kommt nochmal auf so einer Ebene rüber, einfach zu sagen, was immer geschieht und was Säugetiere tun, ist das, was sie tun. Die Wertung kommt danach. Erstmal einfach gucken und neugierig sein. Und es hilft, dass man den beiden oder dieser Dreierkonstellation auch zuschaut mit so einer Haltung, wo man eben nicht ununterbrochen urteilt, sondern wo man erstmal einfach guckt. Das ist ja relativ schwierig bei so einer Geschichte, es hinzukriegen, dass du neugierig bleibst als Zuschauer. Und dafür waren diese Tiere sehr wichtig, glaube ich.

Peter Hasenberg: Es sind ja nicht nur die Tiere, sondern die Naturbilder allgemein: die Wunder des Lebens, die Wunder der Natur. Das reicht vom Wasserfall an einem Wehr, viele Tierbilder, bis hin zu der Szene, in der die Mutter dem Mädchen erklärt, dass das Blut durch die Adern fließt. Das Faszinierende, die Entdeckung der Wunder des Lebens, das ist die eine Seite, und auf der anderen Seite steht dann die Zerstörung des Lebens, die zerstörerischen Elemente, die zu Gewalt und bis hin zum Tod führen können. Und die Tiere kommen in die Familie rein, weil sie plötzlich auftauchen auf dem Schlafanzug des Mädchens.

Philip Gröning: Das ist übrigens interessanterweise etwas, was mir erst im Nachhinein auffiel, als ich mit Publikum redete. Diesen Schlafanzug haben wir drucken lassen, weil ich einen solchen Schlafanzug gesucht habe und den gab es nicht (Abb. 8). Es gab nur so ganz grauenhafte. Und dann haben wir irgendwann gesagt: Wir haben ja ein bisschen im Budget, wir geben jetzt für zwei Sachen richtig Geld aus, das eine ist diese riesige Badewanne und das andere ist dieser Schlafanzug, von dem ich genau wusste, wie er aussehen sollte. Im Nachhinein stellte sich dann heraus, das sind genau die Tiere, die im Film auftauchen, außer dem Bär. Der Bär, der von dem Kind mit dem Vater identifiziert wird, ist das einzige Tier, das nicht auftaucht, aber es war mir vollkommen unklar. Ich hatte es nur so aufgeschrieben für die Regieassistentin, was für Tiere da drauf sein sollen und wie die aussehen sollen.

Peter Hasenberg: Noch eine Rückfrage zu der Badewanne. Man merkt plötzlich in der einen Szene, wenn die Kamera weiter hochgeht, dass

8 Tiere auf dem Schlafanzug

es eine Riesenbadewanne ist. Haben Sie die irgendwo gefunden oder bauen lassen?

Philip Gröning: Nein, die haben wir bauen lassen. Ich wollte, dass es einen Moment gibt, wo man merkt, diese Frau wird von der Beziehungskonstellation eigentlich so stark erdrückt, dass sie selbst in eine Hilflosigkeit gerät und auch in so eine symbiotische Übertragung mit der Tochter (Abb. 9). Es gibt ja auch einen Moment, wo man das Gefühl hat, jetzt wird die Nähe zwischen Mutter und Tochter auch ein bisschen missbräuchlich von Seiten der Mutter aus, weil sie so viel Hilfe von der Tochter braucht. Und da wollte ich ein Bild haben, wo man das Gefühl hat: Jetzt ist diese Mutter genauso klein geworden in der Badewanne wie ihre Tochter. Und da war es das Einfachste, die Badewanne in dem entsprechenden Maßstab nachzubauen, dass die Mutter die Größe hat wie die Tochter.

Rainer Kaps: Ich möchte noch auf zwei Punkte zu sprechen kommen. Das Eine ist noch einmal das Thema Sprache. In der letzten Szene – das hat mich sehr fasziniert – spricht die Mutter von einem «schönen Tag»[5] und das Kind taucht unter. Hier dient Sprache als Verschleierung von Wirklichkeit, es ist ja ein brutales Geschehen dabei. Oder habe ich das völlig falsch gedeutet? Mir scheint es, dass da Sprache zu etwas dienen soll, was gar

---

5   Die Mutter singt das Lied «So ein schöner Tag!» von dem bayerischen Musiker Donikkl (Andreas Donauer). Das 2002 ursprünglich als Kinderlied veröffentlichte Stück wurde später als «Fliegerlied» durch zahlreicher Coverversionen ein großer Schlager, den man als Feten-Hit bezeichnet. Inhaltlich geht es um die Stärkung des kindlichen Selbstvertrauens. Im Refrain heißt es: «Und ich flieg, flieg, flieg wie ein Flieger. Bin so stark, stark, stark wie ein Tiger und so groß, groß, groß wie 'ne Giraffe so hoch usw.» Und die Schlusszeile lautet: «Heut ist so ein schöner Tag.»

9 Die überdimensionale Badewanne

nicht ihr Zweck ist, keine Wahrheitsenthüllung, sondern Verschleierung der Wahrheit. Und das Zweite hängt damit auch sehr eng zusammen. Sie deuten in der Szene danach diese generationsübergreifende Gewalt an. Für mich ist dieser ältere Herr, der da am Anfang und am Ende kommt, der Vater gewesen, der sehr einsam ist. Es deutet sich für mich an, dass dieser Vater etwas auf den Sohn irgendwie überträgt. Sie lassen es Gott sei Dank offen, wie es dann weitergeht. Und dann zeigen sie das Kind, das einen so fragend anblickt und dadurch auch deutlich macht: Das geht natürlich auch uns etwas an (Abb. 6). Also dieses Thema der generations-übergreifenden Gewalt ist, glaube ich, auch nochmal ein ganz wichtiger Punkt. Welche Mechanismen gibt es da eigentlich und wie geht das? Das geht ja häufig auf eine häufig wortlose Art und Weise?

Philip Gröning: Das sind viele Fragen. Wer dieser alte Mann ist, weiß ich auch nicht. Ich weiß nicht, ob das der Vater von Uwe ist, ob es der Poli-zist selber als alter Mann ist oder ob es eine Erzählerfigur ist. Ich weiß nur, für mich ist diese Figur das Äquivalent zu dem aristotelischen Chor, der für Aristoteles ausdrückt, was die herrschende Meinung zum Thema ist. Und dieser Chor, den ich dort habe, schweigt (Abb. 10). Das ist näm-lich die herrschende Meinung zum Thema der Gewalt in der Familie. Man weiß davon und schweigt. Der Moment, in dem die Frau mit dem Kind in der Badewanne ist, ist ja ein sehr widersprüchlicher Moment. Einerseits ist es ein Moment von Intimität. Man kann ihn auch sehen als den Moment, in dem das Kind ertrinkt. Es gibt Leute, die sagen, das Kind ist ertrunken. Es gibt Leute, die sagen, das Kind ist nicht ertrunken. Ich weiß es nicht als Regisseur. Ich weiß noch, dass ich dieses Bild im Kopf hatte. Dass sie dabei ausgerechnet dieses Lied singen, hat sich durch

10 Der alte Mann
als Chor

Zufall ergeben. Ich kannte dieses Lied gar nicht, aber dieses Lied haben die Kinder gesungen, was ein großes Rechteproblem wurde, weil es gar kein Kinderlied ist, sondern so ein Oktoberfestschlager. Das war wirklich teuer. Während ich natürlich dachte, das ist einfach ein Kinderlied. Und so ist das dann hineingerutscht in diese Szene. Ich wusste, dass die Mutter ein Lied singen würde, aber ich wusste nicht welches. So kamen dann diese Worte zufällig da hinein. Die Szene ist widersprüchlich, weil man sie sehen kann als den Moment, wo die Mutter das Kind umbringt, man kann sie aber auch sehen als so einen Moment, wo sie versucht, dieses Kind zu retten davor, dass dieser Liebesraum allmählich kollabiert. Das ist ja auch, glaube ich, was passiert, wenn in solchen Familien kleine Kinder plötzlich sterben. Die Mütter haben möglicherweise das Gefühl, sie schützen jetzt das Kind vor dieser katastrophalen Welt, indem sie – ganz romantisch gedacht – sozusagen die Reinheit des Kindes erhalten. Das ist natürlich katastrophal, aber es passiert. Nochmal zu Ihrer Frage nach der Kontaktlosigkeit. Die Kontaktlosigkeit ist natürlich auch ein Ergebnis der Recherchen. Also es ist dann am Ende eine ästhetische Entscheidung. Ich hatte Szenen gedreht, wo die Personen beim Bäcker sind und so. Die habe ich dann alle im Schnitt herausgeschnitten, weil ich gemerkt habe, es ist stärker, wenn ich es reduziere. Es ist auch wirklich erschütternd, wenn man mit Männern oder Frauen aus solchen Beziehungen spricht, wie diese aus Scham komplett alle Kontakte abbrechen. Also auch die Männer. Es ist ja nicht so, dass ein Mann in die Kneipe hineinkommt und stolz erzählt, er hätte gerade seine Frau geschlagen. Das passiert nicht, sondern die schweigen komplett und gehen dann auch nicht mehr in die Kneipen. Und die Frauen sowieso nicht mehr. Die ganzen Außenkontakte werden vernichtet. Das ist ein Teil des Prozesses in so einer Beziehung, wo sich die Menschen einfach gegenseitig auslöschen. Unser gesellschaftlicher Kontext beruht darauf, dass wir sagen, der Staat hat das Gewaltmonopol. Das ist die einfachste Definition von Zivilisation, die es gibt. Jeder Mensch hat aber

Momente in seinem Leben, wo er gewalttätig wird, und sei es auch nur, wenn du drei Jahre alt bist und einfach die Bauklötze deinem Bruder an den Kopf schmeißt. Aber das ist ja der Zivilisationsprozess des Menschen, dass du als Kind das machst und dann später dann eigentlich nicht mehr machen sollst. Wenn dann in der Familie oder in der eigenen Beziehung solche Gewalttätigkeit passiert, zerstört derjenige, der die Gewalt ausübt, sein ganzes komplettes Selbstbild fundamental, ist überhaupt nicht mehr der Mensch, der er dachte zu sein. Und auch die Frau, die das zulässt, vernichtet ihre eigene Zugehörigkeit zu dem, was wir Zivilisation nennen. Daraus entsteht zum Teil das Schweigen in so einer Familie, weil Sprache Zivilisation ist und sozusagen der Gegenpol zu der Axt, die ich nehme und mit der ich einfach jemanden umbringe. Daraus entsteht aber auch vielleicht so ein Klima, in dem sich solche Dinge fortsetzen. Jemand, der Kriegsverbrechen begangen hat oder der überhaupt in einem Krieg war oder auch der das erdulden oder sehen musste, für den ist das, was für uns alltägliche zivilisierte Geborgenheit ist, danach nicht mehr so selbstverständlich annehmbar. Das ist das Weitervererbungsproblem. Das ist das Problem, das die Amerikaner mit einem Krieg wie dem in Afghanistan haben. Da gibt es Leute, die kommen zurück und haben das Gefühl, sie haben gar nicht in einem richtigen Krieg gekämpft, sondern sie waren irgendwie in so einer Art Schlachthaus, und die sind nicht mehr wirklich integrierbar. Und dasselbe gilt eben auch für Gewalt innerhalb von Familien. Eigentlich entwickeln sich da Mikrokosmen, die schwer integrierbar sind.

Joachim Valentin: Über den Kontext, aus dem die Gewalt entsteht, haben Sie schon einiges gesagt. Man erfährt aber wenig über Herkunftsfamilien der beiden, man kann aber vermuten, dass wahrscheinlich dort einiges an Wurzeln liegt. Also wie ist die Erfahrung dieser beiden Figuren in ihrer eigenen Kindheit? Meine zweite Frage bezieht sich auf die Metaebene, d. h. die Rolle Ihres Filmes in dem gesellschaftlichen Diskurs, den Sie mitreflektieren. Sie sagen, wir leben in einer Gesellschaft, in der das Thema verschwiegen wird. Und Sie wählen ja auch bewusst keinen sozialpädagogischen Prozess, keinen unmittelbar lösungsorientierten Ansatz mit ihrem Film. Vielmehr macht der Film ein Tableau auf und eröffnet einen Diskursraum für den Zuschauer. Welche Wirkung haben Sie sich erhofft? Und gibt es nicht auch so ein bisschen Traurigkeit darüber, dass der Film so wenig Zuschauer gehabt hat, was Sie und ich ihm ja wünschen würden? Wo war die Grenze, an der Sie als Filmemacher nicht mehr bereit waren, Kompromisse zu machen, z. B. bei der Länge des Films oder auch bei der Machart? Sie standen ja in der Spannung zwischen einer Adäquatheit zum Thema und einer Anschlussfä-

11a–b Gewalt des
Mannes, Reaktion
der Frau

higkeit fürs Publikum, und Sie haben sich auf jeden Fall stark für eine
Adäquatheit fürs Thema entschieden. Bereuen Sie das inzwischen, dass
der Film nicht 90 Minuten, sondern 170 Minuten hat?

Philip Gröning: Der Wunsch war natürlich, dass Menschen anfangen, darüber zu sprechen. Also sowohl Menschen, die in solchen Beziehungen
sind, als auch Menschen, die nicht in solchen Beziehungen sind. Der
Wunsch war, dass dieses verschwiegene Tabu verschwinden soll, weil
es ja die Basis dafür ist, dass überhaupt solche Beziehungen funktionieren. In dem Moment, in dem man einfach anfängt, da herauszugehen und einen Freund anruft und sagt: «Hier gibt es ein Problem.
Dieser Mann, den ich liebe, fängt an, mich zu schlagen.» Dann wird
das auch nicht zu einer konstanten, jahrelangen Beziehung werden,
sondern dann ist man schon raus. Insofern hatte ich mir gewünscht,
dass es sehr viele Zuschauer geben würde und dass der Film vielleicht
etwas erreichen könnte. Es wird ja viel gesprochen über Misshandlungen in Familien usw., aber der persönliche Schritt, hinauszugehen und
zu sagen: Mir selbst ist das jetzt passiert, ist halt wahnsinnig hoch,
weil gerade das Opfer von Gewalt sich wahnsinnig schämt. Der Mensch
ist ja ein kausales Tier. Wir kommen um Kausalität nicht herum. Das
führt dazu, dass es in den gewalttätigen Beziehungen eine vollkommene Unvorhersehbarkeit gibt, wann diese Gewalt passieren wird. Das
hat eine bestimmte Logik. Wenn ich weiß, ich werde Ärger kriegen,

wenn ich z. B. den Absatz von der Treppe nicht richtig gefegt habe, dann ist der Mechanismus, mit dem ich bei mir selber noch Schuld suche, schon ausgehebelt, weil ich ja weiß, was der Mechanismus ist. In den gewalttätigen Beziehungen ist es so, dass es relativ unvorhersehbar ist, wann jemand ausrastet. Das führt dazu, dass derjenige, der das Opfer ist, eben in dem Kausalitätszwang, in dem wir alle leben, die Schuld bei sich sucht. Weil er oder sie aber keine Schuld findet, wandelt sich das um in ein generelles Gefühl von Scham. Das ist das, was dann diese soziale Isolation begründet, und das ist das, was wirklich so wie eine Falle ist, aus der du wirklich ganz schwer herauskommst, weil du die Schuld nur bei dir suchst. Es gibt ja keinen äußeren Grund, weil es auch keine wirkliche Logik gibt. Ich hätte mir also gewünscht, dass Leute, die in solchen Beziehungen leben, anfangen können, darüber zu sprechen und deshalb dann auch dadurch herauskommen können.

Peter Hasenberg: Das ist ja auch sehr schön deutlich in der Szene mit dem Obstsalat. Zuerst beschwert sich Uwe, dass seine Frau zu laut kaut und dann ist sie zu leise. Im Grunde genommen kann alles Anlass werden für den Ausbruch von Gewalt.

Philip Gröning: Und auch die Kapitelstruktur macht, dass du als Zuschauer das Gefühl hast, du weißt überhaupt nicht, was jetzt als nächstes kommt. Es könnte sein, dass es richtig schön weitergeht, es könnte sein, dass jetzt die nächste Katastrophe passiert. Bei manchen Kinovorführungen sagten mir dann Leute, das wäre ganz typisch das Gefühl von traumatisierten Leuten, überhaupt nicht zu wissen, was als nächstes passieren wird. Leider habe ich dann bei der Form das Publikum überschätzt und dachte, das wird schon so packend sein, dass es klappt. Aber ich kann auch leider meine Formen von den Filmen nicht wirklich aussuchen. Ich kann einfach da keine Kompromisse machen, weil ich einfach nicht genau weiß, wie sie gehen sollen.

Peter Hasenberg: Ich habe nochmal eine Frage auch zu der Frage der Übertragung, zu dem was man prägend mitnimmt aus der Familie, aus der man herkommt. Zum einen fand ich das eine Bild sehr schön, wo das Kind über den Schlafanzug mit den Tieren das Hochzeitskleid der Mutter anzieht und den Helm des Vaters aufsetzt, sozusagen alles, was sie von der Mutter und vom Vater hat, wird in einem Bild sichtbar. Und zum Vater: mir wurde immer deutlicher, dass der Vater selbst immer noch ein Kind ist. Das zeigt einmal diese emblematische Szene, wo Mann und Frau nackt auf dem Bett liegen, er liegt in embryonaler Haltung und weint (Abb. 12). Und dann die Szene, in der zum ersten Mal Gewalt ausbricht, wo er sich alleine fühlt, zu ihr hingeht und sagt: Du kannst mich nicht sitzen lassen wie ein Kind. Da hat man das Gefühl, dass er wahrscheinlich als Kind irgendwelche Angs-

12 Der Mann in embryonaler Position

terfahrungen gemacht hat. Oder das Lied, das er singt, handelt auch vom kleinen Fisch, der Angst hat vor den großen Haien. Eigentlich ist er der Polizist, der der Starke sein sollte, jemand, der auch mit Waffen umgeht. Dann wird plötzlich das Kindliche sichtbar, das er noch hat.

Philip Gröning: Das ist sicherlich so. Deshalb sage ich ja auch, er ist wie so ein «Verhungerter der Liebe», ein bestimmter Transfer hat nicht stattgefunden oder ist von ihm nicht angenommen worden oder ist nicht geglückt. Trotzdem ist es natürlich eine bewusste Entscheidung, nichts zu sagen zur Biographie von den Figuren. Ich habe mit 40 bis 50 Leuten Interviews gemacht, die waren aus komplett verschiedenen sozialen Schichten. Da gibt es die klassische Geschichte, dass Alkohol im Spiel ist oder die Eltern schon Alkoholiker waren. Da ist aber dann auch mal ein Staatssekretär dabei. Soziale Zusammenhänge gibt es da nicht. Es ist ein Irrtum zu glauben, dass Akademiker weniger Gewalt in Familien ausüben würden als Nichtakademiker. Das ist nicht so.

Joachim Valentin: Aber es gibt vielleicht die Gewalt in der Herkunftsfamilie, also selbst erlittene Gewalt als eine wesentliche Ursache?

Philip Gröning: Nein, der Zusammenhang existiert nicht. Nach den Recherchen, die ich gemacht habe, ist der Zusammenhang behauptet, aber existiert nicht.

Irmgard Schreiner: Ich habe noch eine Frage zu der Bildersprache, die mich so fasziniert hat. Und zwar geht es mir um Bilder, die ich teilweise als Einsamkeit, teilweise als Bedrohung, teilweise auch als Vorausdeutung empfunden habe. Zunächst beginnt der Film mit diesen leeren Zweigen. Es zwitschert ein Vogel und es gibt diese Diskrepanz zwischen der Idylle des Zwitscherns, womit man die Assoziation Frühling verbindet, und den leeren Zweigen. Und am Schluss geht das wieder in so eine Leere über, die Schneelandschaft und die Einsamkeit. Das Wildwasser, das ich als Bedrohung empfinde, ist ein weiteres Element. Und dann dieser durch die nächtlichen Straßen der Kleinstadt schleichende Fuchs. Oder dieses Monster bei dem Traktorenrennen, das dem Kind schon Angst macht. Einmal sagt auch die Mutter zum Kind: «Es wird ein Sturm kommen, aber er ist noch von Ferne.» Und dann diese Kornfelder, die erst voller Ähren sind und am Schluss sieht man, wie die Farbe des Kornfelds verblasst ist und am Schluss habe ich den Eindruck, dass auch die Ähren weggehen. Anfang und Schluss, das ist wie ein Kreislauf. Vorher gibt es schon die Vorausdeutung auf diese Einsamkeit und am Schluss hat man das Gefühl, es hat sich bestätigt, was schon als Gefühl in einem war. Und dieser alte Mann, der schon angesprochen wurde, den habe ich so gedeutet, dass er ein Zukunftsbild dieses Familienvaters ist.

Philip Gröning: Das kann sein. Das Tolle als Künstler ist ja, dass man nicht nachdenken braucht, sondern man macht einfach das, was einem gerade einfällt. Und das ergibt dann schon einigermaßen Sinn, hofft man zumindest. Was Sie gesagt haben, sind total schöne Beobachtungen, aber die meisten Sachen habe ich mir nicht so bewusst überlegt. Z. B. das mit dem Sturm war gar nicht vorgesehen. Ich glaube, da war ein Tropfen Regen und da hat sie sofort das Gefühlt gehabt, jetzt kommt ein Sturm. Das kommt von ihr, dass sie einfach sagt, da kommt ein Sturm. Das habe ich natürlich nicht eingebracht. Wir haben von Mai bis Juli gedreht, d. h. natürlich gibt es eine Veränderung der Natur. Und auch dieses Bild am Anfang, das ist ein reiner Zufall. Ich war einfach joggen in diesem Wald und hatte danach das Gefühl, diese eine Stelle ist irgendwie komisch mit den Ästen. Ich bin dann gegangen, habe die Kamera geholt und habe dann einfach gedreht. Dabei habe ich in diesem Sucherbild gesehen, dass sich irgendwas bewegt, habe aber gar nicht erkennen können, was es ist. Dann habe ich die Brennweite gewechselt und dann erst überhaupt gesehen, es ist ein Hase, der bis zu mir hingelaufen und dann wieder weggelaufen ist. Das habe ich dann als Eröffnungsbild genommen, weil ich dachte, das ist einfach eine großartige Tieraufnahme. Da ist aber nichts geplant. Der Fuchs ist schon geplant und mit großem Aufwand dann auch gemacht worden. Auch das Reh, das erschossen werden muss, war geplant. Wenn man einen Film macht, dann denkt man halt nicht übers Filmemachen nach oder wie Gerhard Richter sagt: Wenn man malt, dann denkt man an alles Mögliche, aber nicht an Malerei.

Peter Hasenberg: Ich hätte gedacht, das erste Bild sucht man sich entsprechend aus. Und für mich war das ganz plausibel: Hier ist die Natur, und diese rote Markierung wirkt irgendwie wie eine Wunde oder ist ein Hin-

13 Ein Stück Garten zwischen den Häusern

weis darauf, dass dieser Baum gefällt wird. Darin habe ich eine Vorausdeutung gesehen, das passte gut in den Kontext des Films hinein.

Philip Gröning: Eigentlich ist es so, dass alle Regisseure den Anfang ihres
Films erst ganz am Schluss finden. Das ist auch mit das Schwierigste.
Auch bei der GROßEN STILLE, diese Anfangsszene ist ganz am Schluss
entstanden.

Peter Hasenberg: Die rote Markierung in der Natur hat etwas Irritierendes.
Wenn man das auf den ganzen Film ausweitet, steht es für mich dafür,
dass es auch ein Film über die Theodizee-Problematik ist, die Frage, wie
kommt das Böse in die Welt. Auf der einen Seite ist die heile Natur, aber
es ist auch überall Leid, Tod usw. präsent in den Bildern, in den toten
Tieren dann in den toten Menschen usw. Das macht über die reine Fami-
lienproblematik hinaus für mich Sinn als Frage nach dem Bösen überhaupt. Darüber wird ja auch diskutiert, wenn die Frau sagt: «Du bist
nicht böse.» Oder das Mädchen sagt: «Ich bin böse.» Sie haben schon
gesagt, der alte Mann hat verschiedene Deutungen. Ich habe auch daran
gedacht, er könnte der Vater des Polizisten sein. Als er sich angezogen
hat, habe ich gedacht, das ist genau das parallele Gegenstück zu der Art,
wie der Polizist sich auszieht. Von den Haaren könnte es auch der Polizist selbst sein, der vielleicht nachdem er die Familie verloren hat, in
einer Winterwelt lebt, in einer Welt ohne Beziehung, eine Welt der völli-
gen Kälte und Beziehungslosigkeit. Der Mann könnte auch, wie Sie schon
sagten, ein Chor in der antiken Tragödie sein. Für mich könnte es auch
Gott sein, ein Gott, der das Böse in der Welt zulässt, es noch wahrnimmt,
aber nicht eingreift. Hat diese Idee für Sie denn eine Rolle gespielt?

Philip Gröning: Die Gottesidee war natürlich auch da, aber vor allem die

Chor-Idee. Aber vor allen Dinge war es so, dass ich einfach der Redakteurin vom Fernsehen gesagt habe, jetzt habe ich diese Vorstellung, ich mache das etwas mit so einem alten Mann, ich habe keine Ahnung, was das bedeuten soll, und hier sind die vier Szenen. Sie hat dann gesagt, sie hat auch keine Ahnung, was das bedeutet, aber ich soll es drehen, es würde sich so anfühlen, als würde es irgendwie dazu gehören. Ich glaube, man muss sich einfach klar machen, wie Künstler arbeiten. Man arbeitet viel zufälliger. Da sind ganz viele Zufälle drin. Als ich diese Stelle da im Wald gesehen habe, habe ich schon diese orangenen Markierungen bemerkt, die so einen Rhythmus machen. Deshalb wollte ich dieses Bild drehen. Dass da dann auch noch ein Tier angerannt kommt, das wusste ich nicht. Ich glaube, es ist so, dass man einfach viele Sachen unbewusst entscheidet. So wie wir alle ununterbrochen Dinge unbewusst entscheiden und da meistens ganz richtig liegen.

Reinhold Zwick: Der Beginn legt den Blick sehr stark auf die Frau des Polizisten. Es ist gerade die große Leistung des Films, dass alle Figuren sehr differenziert und sehr subtil gezeichnet werden. Mich würde interessieren, ob Sie bei Ihnen Recherchen, bei den Interviews, auch mit den so genannten Tätern gesprochen haben. Der Polizist ist ja Täter, aber er ist zugleich Opfer. Wir haben von der Frau gesagt, sie benutzt auch ab einem gewissen Moment das Kind, um quasi einen Verbündeten zu haben. Das ist ein ganz vertrautes Muster. Der Mann ist eigentlich allein, er spielt sein billiges Computerspiel. Und dann ist da wieder das Thema der Kommunikation. Sie wünschen sich von den Zuschauern, dass sie über den Film ins Gespräch kommen, weil das Gespräch etwas bringt. Der Mann ist nicht fähig zu einem Gespräch und die Gewalt ist dann eine Folge der aufgestauten Emotionalität, die sich nicht anders Luft machen kann. Familie kann auch schizoide oder psychische Krankheiten extrem verstärken. Die Frau kommt ja in eine psychotische Situation hinein. Sie hat ja am Schluss psychotische Momente und das treibt natürlich den Partner zum Wahnsinn. Das ist ganz belastend, wenn die Frau sagt: Ich habe für Dich den Obstsalat gemacht. Dann isst sie ihn selber und sagt: «Hau ab! Geh bloß weg!» Und kaum geht er halb zur Tür hinaus, hängt sie sich an sein Bein und sagt: «Bleib da, bleib da.» (Abb. 11) Und diese Zustände, wo sich etwas letztlich in Gewalt entlädt, die bedauert er ja immer wieder und versucht, es wieder gut zu machen, symbolisch mit Rosen usw., die ist eigentlich auch wichtig. Haben Sie auch die Täterseite interviewt?

Philip Gröning: Ja, habe ich. Die sind schwieriger zu Interviews zu bekommen, weil sie sich natürlich viel stärker schämen. Aber z. B. diese erste Szene, wo sie aufsteht vom Fernseher und weggeht, das ist genau wörtlich eine Szene, die mir ein Mann erzählt hat. Er sagte, das hat er damals noch nicht als Gewalt empfunden, weil er ja sie gar nicht geschlagen hat, sondern nur ihre Decke weggerissen und wieder draufgeschmissen hat. Aber das war der Moment, wo es – wie er sagt – losging. Ich habe mit vielleicht 12 oder 13 Männern Interviews gemacht. Es ist schwieriger, an diese heranzukommen. Und manche von den Gewaltmomenten sind auch genau Transkripte dessen, was die Männer erzählt haben. Was Sie sagen über die Regression der Frau am Schluss oder diese psychotische Situation, da muss man natürlich ein bisschen differenzieren. Dieser Zustand, in dem sie am Schluss ist, ist natürlich ein Zustand, der hervorgerufen wurde durch die Gewalttätigkeit. Es gibt in einer Beziehung nicht einen, der sozusagen nichts damit zu tun hat. Eine gewalttätige Beziehung ist eine, wo die Frau nicht weggeht, nachdem der Mann sie das erste Mal anbrüllt, wenn sie vom Fernseher weggeht. Wenn sie da weggegangen wäre, hätten wir das Drama nicht. Auf jeden Fall waren die Recherchen mit den Männern sehr wichtig, weil da genau dies herauskam, z. B. dieser Mangel an einem eigenen Raum, auch dieses Gefühl in der Familie selber irgendwie ausgeschlossen zu sein. Das war ein wichtiger Teil der Recherchen.

Christian Wessely: Stichwort Recherche. Wie konkret sind Sie an die Leute herangekommen? Wie haben Sie das geschafft, in diese Blasen einzudringen, die ja eben so gern weggeschlossen sind? Wie sind Sie an die Kontakte gekommen?

Philip Gröning: Hauptsächlich über Hilfegruppen. Es gibt natürlich viele Frauenhäuser und Organisationen, wo Frauen aufgefangen werden, die aus solchen Beziehungen herausgehen oder auch Therapieinstitutionen, wo Leute sich um Frauen kümmern, die noch in einer gewalttätigen Beziehung stehen, aber diese retten wollen. Dasselbe gibt es auch für Männer. Wir haben auch versucht, über Anzeigen Männer zu finden. Da hat sich, glaube ich, niemand gemeldet. Die ganze Geschichte ist mir sowieso nur eingefallen, weil ich mit dem Fahrrad an so einer Straße in Berlin, wo ich wohne, vorbei gefahren bin und da war so ein komisches Geschäft und ich dachte, was ist denn das für ein Geschäft, wo TARA draufsteht. Dann stellte sich heraus, dass es eine Selbsthilfegruppe oder eine Anlaufstelle für Frauen in gewalttätigen Beziehungen war.[6] Ich war irgendwie neugierig und habe mit der Frau angefangen, kurz zu sprechen, und dadurch kam die Geschichte auch so ein bisschen in Gang.

---

6   TARA ist eine interkulturelle Kontakt-, Anlauf- und Beratungsstelle für Frauen in einer konflikthaften Beziehung in Berlin. TARA bezieht sich auf den Namen für eine Göttin/Erdmutter in verschiedenen Kulturen (www.frauenberatung-tara.de/)

So kamen die ersten Kontakte zustande. Das Entscheidende war dann eigentlich, einen Fragebogen zu entwickeln, der ganz lang und komplex war. Dann haben wir noch eine Sache gemacht, weil es mit den Männern so schwer war. Wir haben kleine Pakete gemacht, in denen ein Fragebogen war mit ungefähr 50 Fragen und ein Diktaphon, eine Gebrauchsanweisung für das Diktaphon und ein frankierter Rückumschlag. Das haben wir in dieser Männerberatungsszene gestreut und haben einfach gesagt, wenn da Männer sind, die das Projekt unterstützen wollen, auch damit das Problem differenzierter dargestellt wird und wenn sie komplett anonym sein wollen, sollen sie einfach die Fragen beantworten, soweit sie können, und zurückschicken. Ich glaube, da haben wir drei oder vier Diktaphone zurückbekommen.

Peter Häcker: Ich danke für einen sehr interessanten Film. Meine Frage geht noch einmal auf die wirkliche Produktion. Wenn ich das richtig verstanden habe, sind Sie mit einem Konzept gestartet, mit Karteikarten, die festgehalten haben, was Sie unbedingt haben wollten. Und es gibt auch größere Szenen, die durchaus mehr Vorbereitung und Aufwand zeigen. Sie sprechen die ganze Zeit von Zufall. Meine Frage ist, ob diese Zufallsmomente während der Produktion Ihr Konzept nochmal durcheinander gewürfelt haben und vielleicht sogar, inwiefern Sie sich Gedanken gemacht haben, wie die Gesamtkomposition des Films am Ende aussehen soll, ob der Zufall darauf auch nochmal Einfluss genommen hat, gerade was das Ende des Films angeht.

Philip Gröning: Das Ende des Films stand von Anfang an fest. Es war für mich klar, als ich das erste Mal die Idee hatte, das am Schluss die Frau in einer Badewannenszene zu sehen ist, wo man nicht weiß, taucht die jetzt das Kind so unter, dass das Kind ertrinkt oder nicht (Abb. 14). Und mir war klar, dass es am Schluss auf jeden Fall noch einmal den alten Mann geben würde und dass es dann diesen Blick des Kindes in die Kamera gibt als Schlussbild. Ich wollte, dass du als Zuschauer nochmal zurückgeworfen wirst auf die Ausgangsfrage, nämlich: Wo stehst du eigentlich in diesem Puzzle? Also was gibst du weiter? Das war ja meine Grundfrage. Diese Zufälligkeiten beim Drehen, die sind natürlich nur möglich, wenn man ein starkes Grundkonzept hat. Es gibt sozusagen den Rahmen an, in dem man dann auch hinterher entscheiden kann, welche Zufälligkeiten bleiben drin, welche fliegen hinaus. Die Gesamtgestalt des Films ist dann nicht zufällig. Das ist einfach viel Herumprobieren am Schneidetisch mit einem Cutter, mit dem ich zusammengearbeitet habe. Mein Grundprinzip ist in allen Fällen, dass ich die ganzen Drehorte so bauen lasse, dass darin dann eine bestimmte Handlungsmöglichkeit schon vorgegeben ist. Ich schaffe sozusagen einen Raum, innerhalb dessen dann

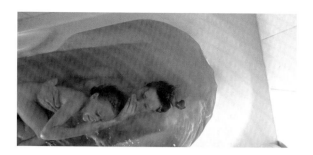

14 Spiel oder Tötung?

Zufälle auch geschehen können. Aber es gibt da eigentlich keine Szene, die sehr große technische Vorbereitungen brauchte, außer dieser großen Badewanne. Bei den ganzen anderen Szenen, auch den sehr langen, gab es ein paar Karteikarten, aber das Prinzip war schon immer, dass die erwachsenen Schauspieler zwar ihre festen Texte bekommen, außer wenn die Mutter mit dem Kind so vor sich hin plaudert, aber sie bekommen diese nur ganz kurz vor dem Dreh, damit sie gar nicht erst die Zeit haben, sich zu sehr in Gestaltungen festzulegen.

Peter Häcker: Gab es dieses Konzept dann auch bei der Unfallszene?

Philip Gröning: Nein. Bei der Unfallszene mussten wir eine ganze Straße absperren, die Straße beleuchten, ein dressiertes Reh holen, das auf der Straße liegen und so tun kann, als wäre es angefahren. Solche Rehe gibt es nur in der Tschechoslowakei. Das war sehr aufwendig, das zu machen. Das kam aus den Recherchen mit dem Polizisten. Die Recherchen mit den Polizisten ergab vor allen Dingen eins: Man denkt, die Polizisten sind Leute, die Macht haben. Man denkt an diese Polizisten auf Demonstrationen und so. Tatsache ist, dass die Polizisten auf dem Land in einer kompletten Position der Ohnmacht sind, weil sie grundsätzlich zu spät kommen. Und wenn sie kommen, stören sie. In Borken war auch mal ein sehr schwerer Verkehrsunfall, wo die Polizisten dann mit mir hingefahren sind und das erste, was passiert ist, dass so ein Sanitäter vor denen steht und sagt: «Gleich Rückwärtsgang rein, ihr fahrt jetzt wieder zurück, wir können euch hier überhaupt nicht brauchen. Wir sagen euch Bescheid, wenn wir euch brauchen.» (Abb. 15) Wenn da irgendwie Leute aus Wracks herausgeschnitten werden und Hubschrauber landen, sind die Polizisten überhaupt nicht erwünscht. Dann kommt dieser irre Moment, wenn die ganzen Schwerverletzten weggeflogen sind und die Toten noch da sind und dann sagen die Sanitäter: «Jetzt ist es euers.» Und dann machen die Polizisten die Fotos. Das ist natürlich grauenvoll als Beruf, dass du da kommst, siehst noch, wie der letzte Hubschrauber wegfliegt und kannst dann irgendwie die genauen

15 Uwe am Unfallort

Tatortfotos machen, weil du kommst sowieso zu spät. Im Fernsehen, im schlechten Fernsehen, ist es ja so, dass sozusagen die Polizisten direkt dabei sind, wenn ein Unfall passiert. Wie soll denn das sein? Und die sind natürlich auch nicht dabei, wenn so ein Reh angefahren wird. Die kommen da hin, wenn das Reh schon 20 Minuten stirbt und dann versuchen sie, den Förster anzurufen, damit der Förster es erschießt. Und der Förster schläft und der Jagdpächter hat auch keine Lust, morgens um drei ans Telefon zu gehen, vor allem, weil der die Nummer schon kennt als die Nummer der Polizei in Borken. Und dann stehen sie da und sagen: «So, okay, jetzt muss ich hier dieses Reh erschießen.» Das ist natürlich furchtbar für diese Menschen.

Peter Hasenberg: Ich glaube, wir sind am Ende angekommen. Ich weiß nicht, ob Sie schon irgendetwas zu dem Film, den wir als nächstes erwarten dürfen, sagen können.

Philip Gröning: Der Film heißt MEIN BRUDER HEISST ROBERT UND IST EIN IDIOT und handelt von Philosophie und Zeit und Zwillingen. Zweieiige Zwillinge, die erwachsen werden, ihre Abi-Arbeit vorbereiten. Er ist noch nicht fertig.

Peter Hasenberg: Wir sind sehr gespannt auf den Film. Wir danken Ihnen ganz herzlich für das Gespräch. Ich denke, es sind viele Fragen beantwortet worden, aber Sie haben uns genauso viele Fragen zurückgegeben und jeder kann noch weiter in den nächsten Tagen an dem Film, der für ihn der richtige ist, arbeiten und sich überlegen, welche Bilder in Erinnerung geblieben sind und welche Geschichte sich daraus ergibt.

Philip Gröning: Und welchen Schluss Sie gesehen haben. Untereinander darüber sprechen, was ist eigentlich am Schluss passiert? Das ist wirklich spannend, weil man denkt, man hätte einen eindeutigen Film gesehen und dann reden Sie mit jemand anders und werden feststellen, das kann ganz anders gesehen werden. Vielen Dank für Einladung.

Peter Hasenberg: Ihnen auch ganz herzlichen Dank für das Gespräch.

Reinhold Zwick

Schneeballeffekte im Familienkosmos
Ruben Östlunds HÖHERE GEWALT (2014)

Mit dem «Preis der Jury» für seinen vierten langen Spielfilm HÖHERE GEWALT (SE/DK/FR/NO)[1] bei den Filmfestspielen von Cannes 2014 (Sektion «Un Certain Regard») gelang dem schwedischen Regisseur Ruben Östlund der internationale Durchbruch. Diesen Erfolg überbot er im Jahr 2017 nochmals mit der «Goldenen Palme» für seine jüngste Arbeit THE SQUARE (SE/DE/FR/DK, 2017), der im selben Jahr auch der Hauptgewinner beim Europäischen Filmpreis war[2] und für den Oscar als bester ausländischer Film nominiert wurde. Von Östlunds drei Spielfilmen *vor* HÖHERE GEWALT war nur der letzte, PLAY (SE/DK/FR/DE 2011), in den deutschen Kinos zu sehen. Ungeachtet dessen war man auch im deutschen Sprachraum, zumindest in Cineastenkreisen, schon früh auf Östlund aufmerksam geworden. Allenthalben zollte man ihm besonders für seine «genauen Portraits des menschlichen Sozialverhaltens»[3] Anerkennung. So erzählt er in PLAY mit stark dokumentarischem Gestus (und nach einem wahren Fall) von einer Jugendbande in Göteborg, die mit raffiniertem psychischen Druck Kindern und Jugendlichen ihre Handys ‹abzieht›. In seinem ersten Film THE GUITAR MONGOLOID (SE 2004; Orig. Titel: GITARRMONGOT), angesiedelt ebenfalls in Göteborg, entwirft Östlund fiktive Porträts von Menschen jenseits der gesellschaftlichen Normen. Und in seinem zweiten Langfilm, der «tragischen Filmkomödie»[4] DE OFRIVILLIGA

---

1 Buch und Regie: Ruben Östlund, 120 Min. – Der ursprüngliche, recht blasse Originaltitel TURIST wurde bei der internationalen Auswertung aufgegeben und ersetzt durch den weitaus treffenderen Titel FORCE MAJEURE, den der dt. Verleihtitel geradlinig in HÖHERE GEWALT übersetzt.

2 THE SQUARE wurde prämiert als «Bester europäischer Film» und «Beste europäische Komödie», Östlund erhielt für ihn ferner den Preis für die «Beste Regie» und für das «Beste Drehbuch», sein Hauptdarsteller Claes Bang wurde als «Bester Darsteller» ausgezeichnet (nach: https://de.wikipedia.org/wiki/Europ%C3%A4ischer_Filmpreis_ 2017). – Alle Internetquellen wurden zuletzt am 15.01.2018 abgerufen.

3 Cannes-Presseheft zur Premiere von HÖHERE GEWALT; o. Vf., unpaginiert (soweit nicht anders angegeben sind alle Übersetzungen von mir), unter: http://www.festival-cannes.fr/en/archives/ficheFilm/id/f2ca19e6-ada2-4dbd-9200-a9ceac640642/year/ 2014.html (die PDF ist online nicht mehr abrufbar; Kopie im Archiv des Verfassers).

4 Https://sv.wikipedia.org/wiki/De_ofrivilliga.

(SE 2008; dt.: «Die Unfreiwilligkeit») schildert er in fünf unzusammenhängenden Episoden das menschliche Verhalten in ganz unterschiedlichen Situationen.[5] Dass jede Episode von DE OFRIVILLIGA in nur einer einzigen Einstellung, in nur je einer einzigen «kuriosen Vignette»[6] gestaltet ist, darf als Referenz Östlunds an seinen schwedischen Regiekollegen Roy Andersson verstanden werden. Dessen skurrile Werbefilme hatten ihn nach eigener Auskunft in seiner Kindheit stark beeindruckt.[7] Mit SONGS FROM THE SECOND FLOOR (SE/NO/DK 2000) hatte Andersson seine Arbeit mit langen Tableau-Einstellungen ins Spielfilmformat überführt.[8] Kennzeichnend für Östlund ist seit seinen ersten Filmen ein ausgeprägtes Interesse an der Vivisektion des menschlichen Verhaltens in unterschiedlichen situativen und gesellschaftlichen Kontexten. Das verbindet ihn wiederum mit Michael Haneke, den er wiederholt als den wichtigsten der ihn inspirierenden Regisseur benannt hat.[9] Haneke dürfte mit 71 FRAGMENTE EINER CHRONOLOGIE DES ZUFALLS (AT/DE 1994) auch die formale Struktur von DE OFRIVILLIGA inspiriert haben, mit dem Unterschied, dass bei Östlund die einzelnen ‹Vignetten› nicht so etwas wie Puzzle-Teile der Vorgeschichte eines entscheidenden Ereignisses sind, sondern relativ autonom für sich stehen.

Der Zug zur experimentellen Versuchsanordnung, der Östlund mit Haneke verbindet, charakterisiert auch seine Kurzfilme, insbesondere HÄNDELSE VID BANK (SE 2009; internat. Titel: INCIDENT BY A BANK) über einen misslungenen Bankraub. Und er ist unübersehbar auch HÖHERE GEWALT und THE SQUARE eingezeichnet. Die Location von HÖHERE GEWALT, ist ein nachgerade idealer Schauplatz für eine solche Versuchsanordnung: das ‹abgelegene Hotel›, ein Ort, an dem auch sehr gut – wie Stanley Kubricks SHINING (US 1980) oder Jessica Hausners HOTEL (DE/AT 2004) zeigen – der Horror aufblühen kann, in allen Variationen von subtil bis drastisch. Der von Östlund als Drehort ausgewählte Hotelkomplex «Les Arcs» in den fran-

---

5   Näheres unter: https://www.rottentomatoes.com/m/involuntary_2008.

6   Ebd. (Zuschauerstimme).

7   Darauf verweist Östlund im (undatierten und auch nicht lokalisierten) Interview, das der dt. DVD-Edition von HÖHERE GEWALT (Alamode-Film, 2015) als Bonusmaterial beigegeben ist, hier: (10:50 ff).

8   Dazu eingehend: Reinhold Zwick: The Apocalypse of Andersson. Biblical Echoes in SONGS FROM THE SECOND FLOOR, in: D. Shepherd (Hg.), *Images of the Word: Hollywood's Bible and Beyond* (Society of Biblical Literature Semeia Studies, Bd. 54), Atlanta 2008, 97–111.

9   Im Interview im Bonusmaterial (Abschnitt nach dem Zwischentitel «Über Regisseure, die Östlund inspiriert haben»; 09:27 ff), verweist Östlund neben Haneke auch auf Ulrich Seidl und den ganz anders arbeitenden Harmony Korine, v.a. auf dessen Film GUMMO (US 1997).

zösischen Alpen (Département Savoie) ist zwar nominell belebt von Skiurlaubern, wirkt in HÖHERE GEWALT aber oft wie verlassen und liegt wie eine abgeschiedene Insel in der majestätischen Bergwelt. Nur eine schwindelerregende, für den Privatverkehr gesperrte Serpentinenstraße verbindet das Ski-Resort mit der Außenwelt. Wenn es an diesem Urlaubsort zu Spannungen in der Beziehung oder in der Familie kommt – wie es gerade im Urlaub nicht selten vorkommt –, kann man nicht einfach ins Auto steigen und so den Konflikten zu entfliehen suchen.

Handlung, Struktur und Ästhetik

Der zweigeteilte Titelvorspann von HÖHERE GEWALT hat, wie so oft bei Vorspann-Sequenzen, programmatische Qualität: Die ersten szenischen Bilder zeigen die schwedische Familie von Tomas (Johannes Bah Kuhnke) und Ebba (Lisa Loven Kongsli), die zusammen mit ihren Kindern, der etwa zehnjährigen Vera (Clara Wettergren) und ihrem ein paar Jahre jüngerem Bruder Harry (Vincent Wettergren) in Les Arcs Winterurlaub machen. Den offensichtlichen Wohlstand der Familie – wie könnten sie sonst für eine Woche in das noble Resort fliegen – erkaufen sich die Eheleute um den Preis einer sehr reduzierten gemeinsamen Familienzeit.

Als in der ersten, langen Einstellung des Films ein (unsichtbar bleibender) Pisten-Fotograf Eltern und Kinder zu einem Gruppenbild arrangiert, scheint die Welt noch in Ordnung: Tomas steht als Oberhaupt ganz rechts, dann folgen, auch größenmäßig abgestuft, Frau, Tochter und Sohn – eine junge Familie, wie aus dem Bilderbuch: die Eltern sportlich, noch jugendlich, die Kinder wohlgeraten und folgsam (Abb. 1). Und Tomas gibt vor den Aufnahmen ein Kommando, das zu seinem Bild von seiner Familie passt:

1 Familienaufstellung mit Siegerlächeln

2 Friedliche Siesta am ersten Skitag

«Jetzt kommt das Siegerlächeln» (0:01:14[10]). Eine kleine ‹Unwucht› gerät allerdings dadurch in diese ‹Familienaufstellung›, dass das wechselseitige Umarmen und Einander-Zuneigen der Köpfe der Eltern erst auf Geheiß des Fotografen zustande kommt. – Dass die Welt vielleicht doch nicht so heil ist, wie sie scheint, signalisiert möglicherweise symbolisch verschlüsselt bereits der zweite Teil des Titelvorspanns: Die Bilder der von einer strahlenden Morgensonne durchfluteten, grandiosen Bergwelt werden durchkreuzt von dumpfen Explosionen, die, wie sich später herausstellt, von kontrollierten Sprengungen zur Auslösung von Lawinen herrühren, um so die Sicherheit auf den bestens präparierten Pisten zu garantieren. Dies ist ebenso ein akustisches wie ein thematisches Präludium der späteren Ereignisse. Auf diese deutet auch die dramatisch aufgeladene Begleitmusik aus Antonio Vivaldis «Vier Jahreszeiten» (Satz «Sommer») voraus.

Nach dem Vorspann ist der Film durch Zwischentitel, die den jeweiligen Skitag bzw. den «letzten Tag» angeben, klar in fünf Tage gegliedert, deren Erzählzeit allerdings stark schwankt.[11]

Auf den *ersten Skitag* werden nur acht Minuten verwendet, denn er verläuft ohne jede dramatische Verwicklung und exponiert als eine Art *Prolog* das Bild einer harmonischen Kleinfamilie, passend zur Familienaufstellung durch den Fotografen. Auf der Piste fährt natürlich der Vater voraus, die Kinder reihen sich entsprechend seinen Anordnungen, und die Mutter bildet die Nachhut. Später dösen alle bei einer ‹Après-Ski-Siesta› zusammen

10 Bei Zitaten aus den Filmdialogen oder bei Szenenverweisen wird immer nur die Anfangsstelle mit Timecode-Angabe vermerkt (nach der DVD-Edition von «Alamode Film», 2015).

11 Für eine detaillierte Übersicht (angelehnt an die Gliederung der DVD in 12 Kapitel) vgl. Manfred Karsch, Arbeitshilfe zu *Höhere Gewalt*, hg. v. Katholischen Filmwerk, Frankfurt a. M. 2017, 3; online unter: http://lizenzshop.filmwerk.de/shop/detail.cfm?id=2325.

im großen Ehebett, die Eltern in der Mitte, der Sohn neben dem Vater, die Tochter neben der Mutter (Abb. 2). Es ist geradezu ein Inbild ungetrübter Familienidylle, wäre da nicht das klingelnde Handy des Vaters, den auch in den Bergen der berufliche Alltag nicht ganz loslässt. Den Tag beschließen dann alle zusammen vor dem großen Spiegel im Bad und arbeiten mit ihren elektrischen Zahnbürsten ausdauernd an der Aufrechterhaltung des ihrem gehobenen Mittelstand-Status geschuldeten Körperhygiene-Standards. Szenen im Bad werden refrainartig an allen folgenden Abenden wiederkehren, aber – wie emblematische Miniaturen zum Stand der Beziehung von Tomas und Ebba – mit je anderer Gestimmtheit.

Am *zweiten Skitag* wird die scheinbar so stabile Famile von einem dramatischen Ereignis erschüttert, dessen Folgen immer größere Kreise ziehen und die gesamte restliche Urlaubszeit und sicher auch die Zeit danach überschatten. Zum Mittagessen hat sich die Familie mit vielen anderen Gästen auf der Panoramaterrasse des Hotels versammelt, als wieder einmal die dumpfen Schläge einer Lawinensprengung hörbar werden. Doch dieses Mal gehen die Schneemassen nicht irgendwo in der Ferne runter, sondern schaukeln sich rasant zu einer großen Lawine hoch, die auf die Urlauber zurast. Tomas will zunächst die Familie (und sich selbst) beruhigen und spricht von einer «kontrollierten» Sprengung, die freilich, wie er in schlecht verhohlener Sorge einräumen muss, «gewaltige Kräfte» entfessle (0:12:09). Da die anfangs noch eifrig mit den Smartphones dokumentierten Schneemassen nicht zum Stillstand kommen, bricht auf der Terrasse Panik aus. Als Schneegestöber die Sicht nimmt und alle wild durcheinander schreien, ergreift Tomas die Flucht, während Ebba zurückbleibt und die Kinder schützend in die Arme zu nehmen sucht und Harry vergebens nach seinem «Papa» ruft. Für gefühlt sehr lange vierzehn Sekunden (0:12:34–0:12:48) verschwinden alle Konturen im dichten, hellen Grau des Schnees und verstummen auch alle Stimmen, so dass es denkbar scheint, dass die Lawine über der Terrasse niedergegangen ist und alle Gäste unter sich begraben hat. Doch dann lichtet sich langsam der Schneeschleier, erste Worte werden wieder vernehmbar und mit anderen Geflüchteten kommt auch Tomas zurück. Es ist noch Mal gut gegangen, aber nichts ist mehr wie vorher.

Schweigend, einander gegenüber distanziert kehrt die Familie vom nachmittäglichen Skifahren zurück. Darauf hatte sie trotz der Beinahe-Katastrophe nicht verzichtet, vielleicht auch um so wieder etwas Normalität herzustellen. Das Ereignis lastet sichtlich auf allen, doch eine offene Aussprache findet (noch) nicht statt.

Am *dritten Skitag* kommen Mats (Kristofer Hivju), ein alter Freund von Tomas, und seine junge Geliebte Fanni (Fanni Metelius) ebenfalls in Les

Arcs an. An diesem Tag will Ebba alleine Skifahren, aber es geht ihr sichtlich weniger um ‹Individualsport› als um Abstand von der Familie und um eine Gelegenheit, sich mit Charlotte, einer Urlaubsbekanntschaft, zu treffen. Die Begegnung mit ihr mündet in eine Diskussion über ihre sehr unterschiedlichen Vorstellungen von Ehe und Familie. Als Ebba später allein auf der Piste ist und in der Ferne ihren Mann und die Kinder hört, spürt man ihre Angst, dass alles zerbrechen könnte, worauf sie bislang gesetzt hat. – Beim gemeinsamen Abendessen mit Tomas, Mats und Fanni trinkt Ebba über den Durst und platzt unvermittelt mit der dramatisch zugespitzten Ansage «Wir haben eine Lawine überlebt» (0:48:34) in den bis dahin entspannten Smalltalk. In einem fünfminütigen Monolog, bei dem nie ihr Mann im Bild ist, obwohl es doch um sein Verhalten geht, schildert Ebba den überrumpelten Freunden ausführlich ihre Version der Ereignisse (0:48:34 – 0:53:33). Dabei spitzt sie die Vorgänge zu Lasten von Tomas zu, etwa dass sie ihn angeblich aufgefordert habe, gemeinsam die Kinder in Sicherheit zu bringen. Aber im Kern trifft ihre Darstellung zu. Nachdem Mats und Fanni vergeblich versucht hatten, die Situation zu entspannen, bricht endlich Tomas sein Schweigen. Wie schon am Abend nach dem Lawinenvorfall versucht er erneut, sich auf «unterschiedliche Wahrnehmungen» herauszureden und Ebbas Darstellung als ihre «Interpretation» und bloße «Meinung» abzutun (1:00:20). Doch diese Verteidigungsstrategie zerbricht, als Ebba den ‹Videobeweis› einfordert, da Tomas ja alles mit dem Handy gefilmt habe. Alle sehen zusammen den Handy-Mitschnitt an und die Beweislage ist so klar, dass Tomas schließlich sein Versagen eingestehen muss. Später diskutieren Fanni und Mats in ihrem Zimmer weiter über den Fall und die Übertragbarkeit auf ihre eigene Beziehung, und während Ebba mit den Kindern schon zu Bett ist, sitzt Tomas immer noch zusammengesunken auf dem Sofa und beginnt schließlich zu weinen (1:06:06).

Am *vierten Skitag* gehen Tomas und Mats zusammen Skifahren, aber Tomas kommt über die vergangene Nacht und sein Versagen nicht hinweg, ist erschöpft und kann das Tiefschneefahren abseits der präparierten Pisten nicht genießen. Als er ins Hotel zurückkommt, sind Ebba und die Kinder nicht im Zimmer. Da er seine Schlüsselkarte nicht dabei hat, streift er durchs Hotel und lässt sich schließlich von einer ausgelassenen Männerschar mitreißen, die Les Arcs unsicher macht. Bei seiner Rückkehr sind auch die anderen wieder da und verhalten sich so, als wäre nie etwas vorgefallen: Harry klagt über fehlenden Internet-Empfang, wofür natürlich «Papa» zuständig ist, und Ebba plaudert weiter am Telefon mit einer Freundin, ohne Tomas, der ja lange abwesend war, Beachtung zu schenken. Als sich Tomas später im Bad Ebba mit erkennbar sexueller Absicht nähert, entzieht sie sich ihm und verhält sich überhaupt sehr distanziert.

Wenn sie in seiner Gegenwart auf die Toilette geht, ist dies kein Zeichen intimer Vertrautheit, sondern eher eine Geste der Gleichgültigkeit, ja fast schon Missachtung des anderen. – Als draußen goldenes Abendlicht über die majestätischen Berge fließt, gehen Tomas und Ebba der Kinder wegen zum Reden hinaus auf den Flur. Dort erleidet Tomas einen psychischen Zusammenbruch, den Ebba aber weniger anteilnehmend als pikiert und genervt verfolgt. Anders als die um ihren Vater besorgten Kinder gibt sie deutlich zu erkennen, dass sie das nur für einen Anfall von larmoyantem Selbstmitleid hält.

Der letzte Tag, so der Zwischentitel, beginnt – wie es zunächst scheint – mit einer um 90 Grad gekippten Panoramaeinstellung auf die Bergkette, die so als Inbild einer aus dem Lot geratenen Welt begriffen werden könnte. Dann aber nimmt man winzig eine Seilbahnkabine wahr, die durch den Himmel nach links oben auf eine gigantische, senkrecht abfallende Fels-wand zufährt – auch sie ein Inbild der Erhabenheit der Schöpfung, die das menschliche Streben und die technischen Errungenschaften (hier vertreten durch die Seilbahn) im wahrsten Sinn des Wortes klein aussehen lässt. – Die Seilbahn befördert auch unsere Familie nach oben. Trotz widrigster Sichtverhältnisse ermuntert Tomas zu einer Abfahrt und übernimmt wie am ersten Tag die Führung. Im dichten Nebel geht Ebba verloren, doch Tomas sucht und findet sie. – Am Nachmittag geht es mit dem Bus zurück ins Tal. Als sich der Busfahrer überfordert zeigt und in den Kehren der hals-brecherischen Straße mehrmals wilde Rangiermanöver vornehmen muss, bricht Ebba in Panik aus. Sie bedrängt den Busfahrer so vehement, dass er sie aussteigen lässt (1:48:20). Die meisten Fahrgäste folgen Ebbas Beispiel, auch ihr Mann mit den Kindern und Mats und Fanni. Zu Fuß machen sich alle auf den langen, kalten Weg ins Tal, während über den Bergen die Däm-merung hereinbricht.

Allein mit der markierten Tagesstruktur, den verschiedenen refrainarti-gen Szenen – wie den Naturpanoramen bei Tagesanbruch, der nächtlichen Arbeit der Pistenraupen oder der abendlichen Routine im Badezimmer – und mit dem wiederkehrenden Donner der Lawinensprengungen präsen-tiert sich HÖHERE GEWALT fast überdeutlich als strukturell genau ausgezir-keltes ‹Laboratorium› zur Vivisektion einer gutbürgerlichen Familie. Hier wird der Einfluss von Michael Haneke auf Ostlund kenntlich, zumindest was die inhaltliche Entwicklung und die Figurenzeichnung anbelangt. In ästhetischer Hinsicht verweisen die häufigen langen Tableaus mit stati-scher Kamera hingegen, wie erwähnt, auf den für Ostlund ebenfalls prä-genden Roy Andersson, aber auch auf den von ihm gelegentlich als weite-res Vorbild benannten Ulrich Seidl. Die vielen langen Einstellungen ohne Kamerabewegung etablieren eine eher abgesetzte, distanzierte Beobachterperspektive, bei der die Figuren dezidiert von außen, mit objektivierendem Blick betrachtet werden – und zwar alle Figuren ohne Ausnahme. Es gibt keine Figur, die mit filmästhetischen oder dramaturgischen Mitteln zum Sympathieträger oder gar zu einer Identifikationsfigur ausgebaut ist.[12] Allesamt sind die Handelnden Teile einer durchdachten Versuchsanordnung, in der der Lawinenabgang als Katalysator von unterschiedlichen Reaktionsprozessen wirksam wird. Durch den gesamten Gestus der Inszenierung, wozu auch die bewusste Verwendung anamorpher Kameralinsen das ihre beiträgt, suchte Östlund bei den Zuschauern einen «epic sense» zu induzieren.[13] So wie das Epos über sich hinaus auf eine Totalität verweist, so steht auch der Mikrokosmos der schwedischen Familie repräsentativ für übergreifende gesellschaftliche und psychische Konstellation. Die von Östlund selbst verschiedentlich in Richtung ‹Behaviorismus› gedeutete distanzierte Haltung gegenüber seinen Figuren[14] zeigt in manchen Szenen – ähnlich wie schon bei Roy Andersson – eine gewisse ironische Brechung. Aus der Warte eines emotional gerade *nicht* involvierten Beobachters, in die Östlund seine Zuschauer einweist, kann auch manches an den sich aufschaukelnden und schließlich eskalierenden Konfliktbewegungen einen Zug ins Komische gewinnen. Gleichwohl erscheint eine Genre-Einordnung von Höhere Gewalt als Satire oder Komödie überzogen. Der Film ist weit eher ein Drama, ein «existentielles Drama», als welches ihn auch Östlund qualifiziert hat.[15] Nicht nur deshalb ist eine andere Charakterisierung des Films durch Östlund, dass es sich bei ihm bei ihm um eine «obeservational *comedy* about the role of the male in modern family life»[16] handle, kritisch anzufragen. Fragwürdig an dieser Kurzbeschreibung ist auch ihre starke Fokussierung auf den Familienvater Tomas. Denn *alle* Mitglieder der Familie sind in die Prozesse involviert; und ihrer aller Rollen kommen in Bewegung.

12 Vgl. das Interview im Bonus-Material der DVD, v.a. den Abschnitt nach dem Zwischentitel «Über die Beobachtungsperspektive» (14:37 ff).

13 Vgl. Cannes-Presseheft (s. o. Anm. 3).

14 Im Interview im Bonus-Material der DVD spricht Östlund davon, dass er «den Menschen als das Tier, das er nunmal ist, betrachten» wolle (15:16; Übersetzung nach den dt. Untertiteln).

15 «Director's Statement» im Cannes-Presseheft. Ebenso Rüdiger Suchsland, Filmkritik zu Höhere Gewalt, unter: www.artechock.de/film/text/kritik/h/hogewa.htm. Auch der *Filmdienst* ordnet den Film als «Drama» ein (vgl.: Esther Buss: Filmkritik zu Höhere Gewalt, in: *Filmdienst*, Nr. 24/2014, 39. Auch unter: https://www.filmdienst. de/film/details/544785/hohere-gewalt-2014.

16 «Director's Statement» im Cannes-Presseheft (Herv. R. Z.).

Risse, Brüche und Reparaturversuche im Haus der Familie

Dem vermeintlich nicht mehr kontrollierbaren Lawinenabgang analoge Extremsituationen hatte Östlund sowohl selbst erlebt als auch recherchiert. Besonders hatte ihn das Verhalten der Menschen bei katastrophischen Vorfällen interessiert, gerade was die Unterschiede zwischen den Reaktionen der Männer und der Frauen angeht. Im Cannes-Presseheft und in Interviews verwies er immer wieder auf eine soziologische Untersuchung zu großen Schiffskatastrophen, vorab zum Untergang der «Titanic» (1912) und dem der Ostseefähre «Estonia» am 27. September 1994, bei dem 852 Menschen ums Leben gekommen sind.[17] Dass es regelmäßig zumeist jüngere Männer waren, die die proportional deutlich größte Gruppe unter Überlebenden stellten, entlarvte die Vorstellung vom «Frauen und Kinder zuerst» als Mythos.[18] Für die Mehrzahl der Passagiere galt: Jeder war sich selbst der nächste, und so wurden die Katastrophen zum Lehrstück für die Idee vom «Survival of the Fittest». Auch beim Kentern des Kreuzfahrschiffes «Costa Concordia» (2012), bei dem sich Kapitän Francesco Schettino als einer der ersten in Sicherheit brachte – und später angab, er sei ‹versehentlich› in ein Rettungsboot gefallen – wurde der Nimbus des Kapitäns als dem, der als letzter das sinkende Schiff verlässt, zertrümmert.

Tomas, der Vater

In HÖHERE GEWALT wird Tomas zur Modellgestalt für das bei den Schiffskatastrophen dokumentierte Fehlverhalten einer egoistischen Selbstsorge anstelle eines altruistischen Einsatzes für das Wohl von Frauen und Kindern. Bis zum Lawinenabgang erscheint Tomas als das unangefochtene Familienoberhaupt. Er ist der beruflich erfolgreiche ‹Versorger› der Familie, geht in seinem Beruf auf. Ist deshalb aber auch häufig abwesend. Mit dem Skiurlaub widme er sich, wie seine Frau mit sarkastischem Unterton zu ihrer Urlaubsbekanntschaft Charlotte sagt, einmal «volle fünf Tage nur seiner Familie» (0:03:55), was darauf schließen lässt, dass er sonst sehr von seiner Arbeit absorbiert ist oder sich gerne absorbieren lässt. Seine Frau Ebba

---

17 Für einen guten einführenden Überblick vgl. https://de.wikipedia.org/wiki/Estonia_ (Schiff,_1980).

18 Es handelt sich bei der im Cannes-Presseheft gekürzt abgedruckten Studie um: Mikael Elinder / Oscar Erikson, *Every Man for Himself! Gender, Norms and Survival in Maritime Disasters*, Universität Uppsala, 10.04.2012. Vollständige Fassung unter: www.ifn.se/wfiles/wp/wp913.pdf.

kümmert sich ausschließlich um die Kinder und den Haushalt und geht offensichtlich keiner Erwerbstätigkeit nach. Aufgrund dieser ‹klassischen›, heute mehr und mehr kritisch angefragten und aufgebrochenen Rollenverteilung ist die Ehe, wie ebenfalls schon eingangs spürbar wird, zwar nicht spannungsfrei, aber das ‹Familienschiff› hält dennoch stabil Kurs. Doch mit der Lawine und dem Versagen von Tomas bekommt die mehr oder weniger ‹heile Welt› der Familie einen Sprung, der sich zu einem immer tieferen Riss verbreitert. Tomas' Flucht von der Terrasse, ohne sich um die anderen zu bekümmern, erschüttert das Vertrauensverhältnis zutiefst. Sein Weglaufen ist auch nicht einfach eine unkontrollierte Panikaktion. Bei ihren Vorwürfen weist Ebba stets darauf hin, dass ihr Mann sich noch «seine Handschuhe und sein iPhone gegriffen» (0:50:55) hat und erst dann weggerannt ist. So klar war er also noch, um ihm wichtige Gegenstände zu retten. Auch wenn er dies eher unbewusst, aus Alltagsroutine heraus getan haben sollte, so ist es eben doch bezeichnend, dass er nicht seine Kinder ‹gegriffen› und aus der Gefahrenzone geschafft hat, sondern sein iPhone, die ‹Nabelschnur› zu seinem Arbeitsleben.

Interessant an HÖHERE GEWALT ist aber weniger dieses für Östlund typische männliche Fehlverhalten in lebensgefährlichen Situationen, sondern besonders die Art und Weise, wie Tomas mit seinem Versagen umzugehen sucht und wie dieses Ereignis sein Selbstverständnis affiziert. Dies sei im Folgenden dicht entlang an der Filmerzählung rekonstruiert. Dabei müssen einige Momente aus der Handlungsübersicht nochmals aufgegriffen werden.

Als Tomas zu seiner Familie zurückkehrt, nachdem sich der Schneestaub verzogen hat, bemüht er sich, den Vorfall zu überspielen und die Stimmung wieder aufzulockern. Doch das drückende Schweigen aller beim Heimweg vom trotzdem noch unternommenen Skifahren am Nachmittag macht unmissverständlich deutlich, dass der Riss nur notdürftig überdeckt ist. Das Schweigen ist prall voll mit stillen Vorwürfen und Schuldgefühlen. Der Konflikt muss ausgetragen werden, doch Tomas und Ebba wollen ihm zunächst noch ausweichen. Der erste Ausspracheversuch am Flur beginnt und endet mit Tomas' Feststellung, dass Ebba gereizt sei, was diese lakonisch bejaht. Auch die Kinder sind am Abend nach der Lawine derart aufgewühlt – ohne bereits ihre Gründe offenzulegen –, dass es sich die Eltern gefallen lassen, von ihnen aus dem Apartment verwiesen zu werden. Eine Weile sieht es dann so aus, als könne sich mit etwas Abstand von dem durchkreuzenden Lawinen-Ereignis doch wieder ein Gleichgewicht einpendeln. Aber die Harmonie beim späteren Fliegen-Lassen der Drohne von Harry, bei dem dieser die Vorrangstellung des Vaters weiter anerkennt («nur Papa darf steuern»; 0:21:38), ist trügerisch. Beim abendlichen Drink mit Charlotte und deren Flirt brechen die Spannungen mit aller Vehemenz auf. Denn Ebba will nicht in den Plauderton einschwenken, in dem Tomas von der Lawine zu erzählen beginnt, sondern markiert dezidiert sein Versagen und klagt ihn an, er sei «so schnell wie möglich von (ihr) und den Kindern weggerannt» (0:26:00). Tomas jedoch bestreitet diese Darstellung und leugnet schlichtweg sein Fehlverhalten. Auch als ihn Ebba auf dem Hotelflur nochmals zur Rede stellt und ihm vorwirft, er verdränge die Wirklichkeit, will Tomas sich auf «unterschiedliche Wahrnehmungen» (0:30:06) herausreden. Gerne akzeptiert er aber Ebbas Vorschlag, sich auf eine «übereinstimmende Meinung» (0:30:46) zu verständigen: Sie alle hätten Angst gehabt, aber es sei gut ausgegangen. Dies schafft jedoch nur eine kleine Atempause, ohne die wachsende Kluft überbrücken zu können. Als die beiden später im Bad – jetzt und künftig ohne ihre Kinder –, ihre Zähne mit den elektrischen Zahnbürsten traktieren, wirken diese wie Waffen, die sie am liebsten aufeinander gerichtet hätten.

So wie Tomas spät am Abend des zweiten Tages allein sein will und dazu nochmals auf den Hotelflur geht, so will Ebba am dritten Skitag alleine sein und geht ohne die anderen auf die Piste. Beim abendlichen Zusammensein mit Mats und Fanni kommt es neuerlich zum Eklat, diesmal aber deutlich heftiger als am Vortag. Ziemlich genau in der Mitte des Films setzt Ebba, die sich Mut angetrunken hat, zu ihrem langen Anklagemonolog an (0:48:34 – 0:53:33), bei dem sie den Hergang des Lawinen-Vorfalls noch weiter an Dramatik steigert und das Versagen von Tomas zuspitzt (Abb. 3). Tatsächlich hatte sie auf der Terrasse nur einmal kurz nach Tomas gerufen, jetzt, vor Mats und Fanni, angeblich gleich mehrmals. Tomas schweigt zu den Vorwürfen und nimmt nicht einmal dann Stellung zu ihnen, als ihn Fanni nachdrücklich dazu auffordert. Mats versucht die Situation zu retten, indem er – als Hilfestellung für Tomas – ein Erklärungsmodell anbietet, das explizit Östlunds Recherche in Sachen Schiffskatastrophen in den Film einspielt: Man sei sich, so Mats, in solchen Situationen «nicht ganz dessen bewusst, was man tut. Da versucht man zu überleben» (0:54:52). Der Überlebenstrieb würde die sonst hochgehaltenen Werte aushebeln. Als Harry seine Drohne in die Runde der Erwachsenen lenkt, ergreift Tomas

3 Ebba vor ihrem anklagenden Monolog

4 Tomas auf der Anklagebank

dies als Gelegenheit, sich für eine Weile zu seinem Sohn zu begeben und aus der Runde der Erwachsenen zu entfernen. Aber er lauscht vom Schlafzimmer aus weiter der Argumentation von Mats, der, immer noch ganz in Östlunds Spur, explizit auf den Untergang der «Estonia» rekurriert und über die «Urkraft» des Überlebenstriebs, über instinktives Verhalten und das falsche Pathos, wenn Männer zu Helden stilisiert werden, räsoniert (0:57:50). Dies verbindet er mit einem Plädoyer für eine «größere und verzeihende Perspektive» (0:57:30). Doch Tomas nimmt die ihm von Mats zugespielten Bälle nicht auf, als er in die Runde der Erwachsenen zurückkehrt und wieder allein auf der großen Couch Platz nimmt, die jetzt wie eine Anklagebank anmutet (Abb. 4). Tomas räumt ein, dass alle wohl unter Schock gestanden hätten, versucht sich aber ein weiteres Mal auf «unterschiedliche Wahrnehmung» herauszureden und Ebbas Schilderungen als *ihre* «Interpretation» und «Meinung» hinzustellen (1:00:20).

Die Wende kommt, als Ebba ihren großen Trumpf ausspielt: Tomas habe ja alles gefilmt und das müsse man sich jetzt einfach ansehen. – Dabei muss dahingestellt bleiben, wie dieses Filmen mit der szenischen Logik vereinbar ist. Und bei der Terrassenszene war auch kein solches Filmen erkennbar. Offensichtlich nimmt Östlund diese Inkonsistenz in Kauf, weil er die Dinge ein für alle Mal klarstellen und Tomas seine Fluchtwege verbauen will. – Tomas sucht noch schwach das «Theater» mit dem Video abzuwehren, aber er entkommt ihm nicht. Der Handyfilm bestätigt zweifelsfrei die prinzipielle Richtigkeit von Ebbas Darstellung. Tomas sinkt schuldbewusst in sich zusammen und muss endlich, aller Ausreden beraubt, kleinlaut zugeben: «Ja, gut, es sieht aus, als würde ich weglaufen» (1:03:58). Das «es sieht so aus», ein letzter Nachklang seiner Leugnungsstrategie, hätte er sich sparen können. Zu evident ist der Videobeweis. Hilflos unternimmt Mats noch einen letzten Rettungsversuch: Tomas sei wahrscheinlich nur weggelaufen, um die anderen nach dem Lawinenabgang retten zu können. Doch Tomas hat resigniert und bleibt noch lange alleine im Wohnzimmer sitzen, nachdem die anderen gegangen sind. Dass er schließlich zu weinen beginnt und die Tränen seine Erschütterung und Reue unterstreichen, bekommt freilich einzig der Zuschauer mit.

Als Tomas am nächsten Tag mit Mats auf Tiefschneetour geht, rät ihm der Freund, seinen Schmerz hinauszuschreien. Aber das schafft nur momentan Erleichterung. Nach der Niederlage durch den Videobeweis erlebt Tomas – diesmal zusammen mit Mats – bei der Einkehr in einer Schneebar noch eine weitere Demütigung: Eine junge Urlauberin richtet ihnen zunächst von ihrer Freundin aus, er und Mats seien die attraktivsten Männer vor Ort. Doch wenig später kommt sie wieder und meint, sie habe sich mit ihnen vertan. – Als Tomas am Abend nicht auf das Zimmer kann und deshalb durch das Hotelareal schlendert, lässt er sich von einer ekstatischen Männermeute mitreißen, die wie eine atavistische Urhorde über das Gelände rast und anschließend in der Disco ‹abtanzt›. Halbnackt und scheinbar aller Fesseln des zivilisierten Benehmens ledig toben alle ihr Mannsein aus, als wollten sie endlich einmal ihre auf Anstand getrimmten Rollen abschütteln und ‹die Männer-Sau rauslassen›. Doch auch dieser kollektive Testosteron-Sturm bringt für Tomas keine Erleichterung. Als er ins Apartment zurückkehrt, sind die anderen bereits da, aber Ebba ignoriert ihn fast völlig. Ihre Nacktheit anschließend im Badezimmer ist bar jeder erotischen Spannung und sie lässt Tomas dann auch wortlos stehen. Sein lautes «Nein!», das er ins Leere schreit, ist ein Vorbote des heftigen Gefühlsausbruchs, der ihn später auf dem Hotelflur, auf den er sich erneut zurückzieht, überfällt. Ebba folgt ihm dorthin, während die Kinder, die bereits ihre Angst gestanden haben, die Eltern könnten sich scheiden lassen, angsterfüllt zurückbleiben. Tomas erleidet einen psychischen Zusammenbruch, doch Ebba bleibt skeptisch, distanziert und sieht fast schon herablassend zu, wie aus ihm eine Sturzflut von Selbstvorwürfen, vermischt mit einer großen Portion Selbstmitleid herausbricht (1:31:52). Aber bei seiner ganzen Litanei von Klagen über sein multiples Versagen gelingt Tomas keine echte Reue, kein Eingestehen seiner Schuld. Stattdessen unternimmt er – vielleicht unbewusst – einen weiteren Rechtfertigungs- und Verdrängungsversuch: In einem Akt der Selbst-Spaltung will er einen «anderen Menschen», ja ein «Monster» in sich ausmachen, dessen er, der ‹eigentliche› Tomas, nicht mehr Herr werde. Wenn er sich der Lüge und Untreue bezichtigt und «armselig» nennt, so meint er diesen ‹Anderen› in ihm, der Macht über ihn gewonnen habe. Indem er sich dann zusätzlich dezidiert zum «Opfer (s)einer Instinkte» (1:35:53) erklärt, will er abermals seine persönliche Verantwortung herabmodulieren. Der Heulkrampf, der ihn packt, und von dem er sich offensichtlich auch recht widerstandslos packen lässt, pausiert nur kurz, nachdem ihn die von all dem eher genervte Ebba wieder ins Zimmer geschafft hat. Als er schreiend und weinend auf dem Boden zusammenbricht, sind es die hinzukommenden Kinder, die ihn umarmen und quasi solidarisch mit ihm ebenfalls zu schluchzen beginnen. Ebba hingegen sieht

5 Die Kinder über Tomas – Ebba distanziert

dem ganzen Gefühlsaufruhr recht kühl zu (Abb. 5) und sucht die heftige Erschütterung ihres Mannes gegenüber den Kindern mit der Losung, er sei «nur ein wenig traurig», was sich aber bald wieder legen werde (1:38:35), herunterzuspielen, ja fast zu banalisieren. Erst als die Kinder, vorab Vera, vehement darauf insistieren, dass auch sie zum von ihnen über dem Vater gebildeten ‹Klageberg› kommen müsse, lässt sich Ebba dazu bewegen.

Hatte diese nächtliche Eskalation eine kathartische Kraft? Als die Familie am letzten Urlaubstag nochmals Skifahren geht, sind alle in der Seilbahn schweigsam und – wie in einem Nachklang zur finalen Szene am vergangenen Abend – steht Ebba für sich alleine, während die Kinder zu beiden Seiten des Vaters sitzen. Aber auf der Piste besitzt Tomas, der sich wieder völlig unter Kontrolle zu haben scheint, offensichtlich doch wieder die ‹Richtlinienkompetenz›. Er überzeugt die anderen, trotz des miserablen Wetters und der extrem schlechten Sichtverhältnisse eine Abfahrt zu wagen, wobei wieder er es ist, der wie am ersten Tag die Familienreihung einteilt und selbstverständlich voranfährt. Als Ebba, die erneut die Nachhut bildet, im dichten Nebel den Anschluss verliert und irgendwo strandet, ist es Tomas, der sich sogleich aufmacht, sie zu ‹retten›, und sie schließlich auf Händen zurück zu den Kindern trägt (Abb. 6). Erleichtert und gleichzeitig so als wolle er angesichts der glücklichen Rückkehr der Eltern gleich die Rettung von deren Ehe beschwören, ruft Harry bei ihrem Anblick aus «Mama und Papa» (1:43:52). Und wenn Tomas erwidert «wir haben's geschafft», dann kann dies auch Ausdruck eines Optimismus sein, der über die momentane Rettungsaktion hinaus reicht.

Obwohl Tomas diese Situation gemeistert hat, lastet das Ereignis auf der Terrasse weiterhin auf allen. Ohne ein Wort miteinander zu sprechen durchschreiten sie am Nachmittag des letzten Tages den Tunnel zum Bushalt, um die Heimreise anzutreten. An der Oberfläche haben sich die Fami-

6 Tomas trägt Ebba zurück zu den Kindern

lienverhältnisse wieder stabilisiert, aber unter dieser gärt es noch kräftig. Nicht nur das Vertrauensverhältnis zwischen den Ehepartnern ist beschädigt, sondern auch das Vertrauen der Kinder in die Verlässlichkeit der Elternbeziehung und damit in die Stabilität der Familie. Und was Tomas angeht, so sind gleichermaßen sein Selbstbild wie auch seine Rolle als Beschützer, als Vater und als liebevoller Partner derart erschüttert, dass der Fortbestand der Familie jenseits des offenen Filmendes alles andere als gesichert scheint. – In der letzten Einstellung steckt sich Tomas eine Zigarette an, die ihm ein Mitreisender angeboten hatte, offensichtlich die erste Zigarette seit vielen Jahren, und vielleicht die erste überhaupt, die ihn der darüber sehr verwunderte Harry rauchen sieht. Vielleicht ist diese kleine ‹Überschreitung› ein Zeichen dafür, dass Tomas anfängt, das Korsett der ihm zugedachten Rollen und Normierungen aufzubrechen. Das kann für die Familie gefährlich werden, aber es kann auch der Anfang einer neuen, positiven Entwicklung sein.

Ebba, die Mutter

Die durch die Lawine ausgelöste Krise bringt auch das Selbstbild, die Rolle und den Status von Ebba in Bewegung. Für Östlund ist Ebba «ebenso ein Opfer gesellschaftlicher Erwartungen wie Tomas. Ihr Verhalten verdeutlicht, dass wir in einer Ehrenkultur leben», in der Männer wie Frauen dem «Druck von Gesellschaft und Erwartungen» ausgesetzt sind.[19] Deshalb ist HÖHERE GEWALT keineswegs nur das Drama eines Mannes, als das es in der Filmkritik gerne hingestellt wurde. Denn auch Ebba durchläuft eine Ent-

---

19 Interview mit Ruben Östlund im Bonus-Material der DVD-Edition von HÖHERE GE-WALT (0:06:20).

wicklung. Diese setzt ein mit der dramatischen Anschärfung des Bewusst-
seins von ihrer Position in der Familie und führt über die Konfrontation
mit einem anderen Modell von Ehe (via Charlotte; s.u.) in eine wachsende
Krise ihres bisherigen Beziehungsmodells, ja vielleicht sogar in eine anhaltende innere Distanzierung von diesem. Bereits eingangs wird deutlich,
dass Ebba die häufige Abwesenheit ihres Mannes belastet. Auch scheint sie
Tomas zu misstrauen, ob er über sein ihm so wichtiges und vor der Lawine
gerettetes Handy nur berufliche Kontakte pflegt und nicht möglicherweise
auch solche zu anderen Frauen. Ebba ist erkennbar misstrauisch, aber sie
unterdrückt derartige Anfechtungen, um ihr Beziehungs- und Familienpro-
jekt nicht in Turbulenzen zu bringen.

Konfrontiert mit dem von ihrer Urlaubsbekanntschaft Charlotte ver-
fochtenen und von dieser aktuell mit ihrem Urlaubsflirt auch gelebten
Modell einer offenen, promisken Ehe verteidigt Ebba energisch ihr ‹klassisches› Kleinfamilien-Ideal. Sie gibt sich überzeugt, «dass eine Beziehung
zu einem anderen Menschen aufzubauen, die ein Leben lang hält, Kinder zu bekommen, heiraten, ein Haus bauen – dass das alles tausend Mal
mehr wert ist als eine Nacht mit Alberto Tomba im tollen Hotel in Frank-
reich.» (0:40:37) Dieses Credo spricht Ebba am Tag *nach* der Lawine und
insofern klingt es wie der Versuch einer Selbstbehauptung, einer Vergewisserung der Fundamente ihres Lebens. Damit sucht sie, nicht viel anders
als Tomas mit seiner Verdrängung («andere Wahrnehmung»), den Riss,
der sich aufgetan hat, zu kaschieren. Gleichwohl geht Ebba verändert aus
dem Gespräch mit Charlotte: Immer weniger sucht sie durch eine Einigung
auf eine, wie sie es nannte, «übereinstimmende Meinung» den Konflikt zu
überspielen, immer offensiver bringt sie ihre, im Kern zwar richtige, aber
doch zu Tomas' Ungunsten stilisierte Sicht der Ereignisse zur Geltung.

Ebbas Verunsicherung artikuliert sich auch in einer wachsenden
Unduldsamkeit Tomas gegenüber. Dies kulminiert in ihrer Attacke auf ihn
beim Treffen mit den Freunden Mats und Fanni und anschließend in ihrer
distanzierten, ja geradezu herablassenden Reaktion auf Tomas' Zusammenbruch: Steigerte sie gegenüber den Freunden ihr Verhalten bei der
Lawine ins Heroische, so blickt sie in der letzten Nacht fast schon veräcHt-
lich auf Tomas, als dieser wortwörtlich am Boden zerstört ist – vielleicht
auch, weil er jetzt ganz aus der ihm von der Gesellschaft und auch von
ihr als Mann zugedachten Rolle des starken Familienoberhaupts gefallen
ist. Durch Ebbas wachsende Distanziertheit wurde das eingangs des Films
noch so harmonische Tagesfinale im Badezimmer von Tag zu Tag frostiger,
ja mutet es am Ende fast wie eine feindliche Begegnung an.

Zum Ende hin kippt Ebbas Verhalten allerdings zwei Mal – jedes Mal
in eine andere Richtung: Als die Familie am letzten Urlaubstag trotz des

schlechten Wetters nochmals auf die Piste geht und Ebba im dichten Nebel ‹verloren geht›, lässt sich am glücklichen Ende dieses kleinen Dramas nicht klar entscheiden, ob Ebba dieses Malheur nicht vielleicht absichtlich inszeniert hat, um die Beschützerrolle von Tomas und damit im kleinen Format auch das traditionelle «Bild des Mannes als ‹Helden›»[20] zu restaurieren. Denn sie wird vergleichsweise schnell von ihrem Mann gefunden, und sie lässt sich von ihm auf Händen zurück zu den Kindern tragen, obwohl sie schon wenig später wieder gut zu Fuß ist. Tomas hat sich bewährt und die Beziehung scheint wieder etwas ins Lot zu kommen.

Doch das drückende Schweigen aller bei der Abreise macht unmissverständlich deutlich, dass es nach dem positiven Initial-Impuls bei der Vermissten-Aktion bis zur wirklichen Aussöhnung noch ein weiter Weg ist.

Dann kippen die Verhältnisse abermals: Als der Busfahrer von den engen Serpentinen sichtlich überfordert ist, bricht diesmal bei Ebba wilde Panik aus, nicht anders als in der Lawinen-Situation bei Tomas. Jetzt ist sie es, die nicht auf ihren Mann achtet und sich nicht um die Kinder kümmert, sondern nur fliehen will, ist sie es, die von den anderen wegstürmt, um den Fahrer zu bedrängen, dass er *sie* aussteigen lässt. Nicht anders als eingangs Tomas will jetzt auch sie ganz allein für sich der Gefahrenzone entkommen. – Als danach viele andere, so auch Tomas mit den Kindern und auch Mats und Fanni, ihrem Beispiel folgen und alle zu Fuß den Weg ins Tal antreten, spricht niemand über Ebbas Panik, so wie zunächst die Flucht von Tomas totgeschwiegen worden war. Aber die Wunde dürfte neu aufgerissen sein. Jedenfalls geht Ebba nicht an Tomas' Seite, sondern hinter ihm. Und während Tomas seinen Sohn an der Hand führt, vertraut Ebba die müde Tochter Mats an, damit er sie eine Weile trägt. Am Filmende bleibt offen, ob sich hier eine Auflösung der Familie andeutet oder ob sie wieder zusammenfinden wird, nachdem nun Ebba mit ihrer Panikattacke gewissermaßen mit Tomas gleichgezogen hat.

Die Kinder und die Freunde

In die Beziehungskrise von Tomas und Ebba sind gleichermaßen sowohl ihre Kinder als auch die Freunde Mats und Fanni involviert, natürlich auf je andere Weise, aber verbunden in dem gemeinsamen Anliegen, die Verhältnisse zu stabilisieren und die Ehe zu retten.

Mit ihrem feinen, seismographischen Sensorium haben die Kinder Vera und Harry bereits am Tag des Lawinenabgangs die tiefe Erschütterung in der Beziehung ihrer Eltern wahrgenommen, und das zu einem Zeit-

---

20 Zwischentitel, ebd., 02:59.

punkt, da sich diese selbst noch darüber hinweg zu mogeln suchen. Vera und Harry spüren, dass die gesamte Tektonik der Familie instabil geworden ist und fürchten sogleich – vielleicht im Wissen um analoge Fälle in ihrem Freundeskreis – das für sie Schlimmste: die Scheidung und den Zerfall der Familie. Die Kinder halten aber mit dieser konkreten Angst lange Zeit hinter dem Berg verhalten sich ‹nur› extrem gereizt. Gleich am Abend nach dem Lawinenvorfall werfen sie die Eltern sogar aus dem Apartment, und damit diese auch gleichsam ‹aufeinander›: in eine Konfrontation, die nicht durch Rücksichtnahmen auf ihre Anwesenheit abgepuffert ist. Als später am Abend Harry seine Drohne über das Hotelgelände fliegen lässt, sucht er – vielleicht unbewusst – mit seinem Diktum, außer ihm dürfe «nur Papa» die Drohne steuern, die Rollenverteilung in der Familie wieder etwas aufzurichten. Harry ist es auch, der am folgenden Tag seiner und seiner Schwester Bedrückung Luft macht und den Eltern lautstark entgegenschleudert: «Ich habe Angst, dass ihr euch scheiden lasst.» (0:42:14) Im weiteren Verlauf der Ereignisse treten die Kinder in den Hintergrund. Sie fehlen beim Ritual des gemeinsamen Zähneputzens und lediglich Harry sorgt mit seinen wiederholten, natürlich an den Vater als designierten Techniksachverständigen adressierten Klagen über den Ausfall des Internets für einen Hauch von Normalität. Beim Zusammenbruch des Vaters in der letzten Nacht sind die Kinder aber wieder auf dem Plan. Nachdem Ebba den aufgelösten Tomas zurück ins Apartment geschafft hat und dieser dort abermals von einem Heulkrampf gepackt wird, kommt wieder als erster Harry hinzu, dann auch Vera. Vergeblich versucht Ebba den Kindern gegenüber die krisenhafte Zuspitzung herabzuspielen. Die Kinder erkennen den Ernst der Lage und solidarisieren sich mit dem Vater, indem sie sich über ihn legen, ihn umarmen und zu trösten versuchen. Um die Familie wieder zusammenzuführen, ruft, ja kommandiert Vera lautstark, Ebba müsse ebenfalls zu ihnen kommen. – Tags darauf, am letzten Tag spürt man freilich schon während der zwar gemeinsamen, aber völlig wortlosen Fahrt mit der Liftgondel, dass das Urvertrauen der Kinder in die Stabilität der Familie schwer erschüttert ist.

Auch die Bemühungen der Freunde Mats und Fanni hatten den Konflikt nicht entschärfen können. Ihre Anwesenheit schafft zunächst den situativen Rahmen dafür, dass Ebba am Abend des dritten Skitags nochmals zu einer großen Rückschau auf die Ereignisse ausholen kann, die sich zu einer massiven Anklage an Tomas auswächst. In ‹weiblicher Solidarität› tröstet und verbündet sich Fanni mit Ebba, wogegen Mats Tomas beizuspringen sucht, indem er in mehreren Anläufen verschiedene Erklärungs- und Entschuldigungsmuster anbietet. In seinem Werben um eine «größere und verzeihende Perspektive» agiert Mats dabei teilweise wie eine Art Sprachrohr des Regisseurs. Denn wie Mats hatte auch Östlund wiederholt darauf abgehoben, dass in solch einer (hier nur scheinbaren) Katastrophensituation der wie eine «Urkraft» mächtige Überlebenstrieb regiere und dazu als Beispiel auf die Estonia-Tragödie verwiesen.

Auch am nächsten Tag, beim gemeinsamen Skifahren der Männer, fruchtet Mats' Vorschlag nicht, es würde dem niedergedrückten Tomas helfen, wenn er in einer Art «Urschrei»-Therapie seine inneren Qualen ‹wegschreie›. Dies schafft nur momentane Linderung und wird beim Vorfall in der Schneebar endgültig durch eine neuerliche Demütigung zerrieben. Sie trifft diesmal nicht nur Tomas, sondern auch Mats in seinem Mann-Sein, und er reagiert darauf ausgesprochen aggressiv. – Am Ende kann deshalb auch Mats die innere Lähmung seines besten Freundes, die sich aus dem Gefühl der Schuld und des Versagens als Mann und Vater nährt, nicht aufbrechen. Dazu ist er selbst zu sehr in eine schwierige Konstellation verstrickt: als ein «Extremsportler», als den er sich selbst bezeichnet, der allmählich in die Jahre kommt, und als jemand, der als Ehemann mit einer jungen Geliebten ein Doppelleben führt, dessen Problematik er ebenfalls zu überspielen sucht. Deshalb sind in den heftigen Turbulenzen der Ehe von Tomas und Ebba die Kinder der weitaus wirkmächtigere Stabilisierungsfaktor.

Theologische Horizonte

Ruben Östlunds HÖHERE GEWALT bietet selbstredend überaus viel Stoff für Reflexionen individual-, familien- und sozialpsychologischer Art[21] als auch für so spezielle Fragen wie dem menschlichen Verhalten in Extremsituationen. Und analog dazu empfiehlt sich der Film auch als Probebühne für soziologische und gendertheoretische Theorien und Modelle, im weiten Bogen von Themen wie Anerkennung, gesellschaftliche Konventionen oder geschlechtsspezifische Rollenzuschreibungen. Theologische Überlegungen scheinen hingegen vorderhand fern zu liegen. Denn das Familiendrama entwickelt sich in einem durch und durch säkularen Kontext, und so gut wie nie blitzt an der Erzähloberfläche der Gedanke an Glaube, Religion oder eine christlich gespurte Ethik auf. Die einzige Ausnahme ist der Moment, in dem Charlotte beim gemeinsamen Abenddrink mit Tomas und Ebba ihren Begleiter mit dem Hinweis vorstellt, er habe gesagt, dass er «sehr religiös» (0:21:55) sei, was dieser aber sogleich verschämt abwiegelt, als

---

21 Vgl. z. B.: Matthias Franz, HÖHERE GEWALT. Die Angst der Frauen vor der Angst der Männer, unter: https://www.psychologie-heute.de/home/film-und-kritik/filmarchiv/hoehere-gewalt-filmkritik-aus-psychologischer-sicht/.

sei solches ein Makel. Gleichwohl lassen sich die aufbrechenden Konflikte und der Umgang der Figuren mit ihnen durchaus auch aus der Perspektive der Theologie bedenken, zumal aus der der systematischen Theologie und der Moraltheologie. Abgesehen davon, dass Familie, Ehe und Partnerschaft schon immer einen hohen Stellenwert in Theologie und pastoraler Arbeit besitzen, geht es in HÖHERE GEWALT ja ganz zentral um Themen wie Verantwortung, Vertrauen, Versagen und Schuld, aber auch um die Möglichkeit von Verständigung, von Schuldeinsicht und Reue, von Bekennen und Versöhnung. Mit Blick auf die letztgenannten Aspekte könnte man beispielsweise überlegen, welch andere Dynamik in die Konfliktspirale gekommen wäre, hätten Tomas und auch Ebba das (nicht zuletzt auch durch Filme[22]) populäre Wort aus dem Johannesevangelium «Die Wahrheit wird euch frei machen» (Joh 8,32b[23]) beherzigt, also wie sehr ein frühes und ungeschminktes Eingestehen seines Versagens seitens Tomas die Arbeit der Versöhnung vorangebracht hätte. Dann wäre wohl auch Ebba nicht in die Spur geraten, auch ihrerseits die Ereignisse zu verzerren. Hätte Tomas sich frühzeitig zu seinem Versagen bekannt, hätte Ebba keinen Grund gehabt, die Ereignisse noch weiter zu dramatisieren und ihr Verhalten ins Heroische zu stilisieren, zumal doch bei ihrer Bus-Panik sichtbar wird, dass auch in ihr das Potenzial zu einer egozentrischen Fluchtreaktion steckt.

Die genannten (und noch andere) Themen der christlichen Ethik, die bei einer theologisch sensibilisierten Wahrnehmung von Östlunds HÖHERE GEWALT förmlich ins Auge springen, anhand dieses Films durchzubuchstabieren, wäre freilich Stoff für eine eigene Abhandlung. Ebenso wenig kann es hier darum gehen, HÖHERE GEWALT im Licht lehramtlicher Verlautbarungen zum Thema «Familie» zu beleuchten. Dabei könnte der Film durchaus als Paradigma dienen: für die Herausforderungen, mit denen sich heute die traditionelle Kleinfamilie konfrontiert sieht, etwa durch die sich ändernden Rollenbilder oder durch die rasante, auch gesellschaftlich mehr

---

22 «Die Wahrheit wird euch frei machen» ist der Schlüsselsatz von Tim Robbins' DEAD MAN WALKING (US 1995), näherhin der Nucleus der geistlichen Begleitung durch die katholischen Ordensschwester Helen Prejean (Susan Sarandon), mit dem diese den zum Tode verurteilten Mörder Matthew Poncelet (Sean Penn) zum Schuldgeständnis und damit vor seiner unabwendbaren Hinrichtung wenigstens zum Frieden mit sich selbst führen will.

23 Um es vielfältiger anwendbar zu machen, wird das Jesuswort i.d.R. verkürzt und kontextgelöst zitiert. In der ‹Kurzfassung›, in der es förmlich zum ‹Geflügelten Wort› aufgestiegen ist, wird der christologische Bezug, d.h. dass die genannte Wahrheit Jesus und seine Offenbarung ist, unterschlagen. Vgl. Joh 8,31 «Da sagte er [Jesus] zu den Juden, die an ihn glaubten: Wenn ihr in meinem Wort bleibt, seid ihr wirklich meine Jünger. 32 Dann werdet ihr die Wahrheit erkennen und die Wahrheit wird euch befreien» (Einheitsübersetzung 1980).

und mehr akzeptierte Pluralisierung der Familien- und Partnerschaftsmo-delle. Stattdessen seien im Folgenden nur zwei Momente herausgegriffen, die auf den ersten Blick vielleicht wie Details erscheinen, die aber doch von einiger Erschließungskraft sind und eine Art ‹Einlasspforte› für eine theologische Relecture des Films sein könnten. Diese Momente sind zum einen der *Filmtitel* und zum anderen die bisher in den Filmbesprechungen kaum beachtete Figur des *Hotelangestellten*, der wiederholt als Beobachter des Familiendramas eine irritierende Präsenz gewinnt.

Der Filmtitel HÖHERE GEWALT (FORCE MAJEURE)

Der Titel HÖHERE GEWALT hat, wie eingangs erwähnt, bereits bei der Premiere in Cannes den ursprünglichen, deutlich blasseren Titel TURIST abgelöst. Damit hat sich ein Titel von dezidiert interpretativer Qualität durchgesetzt, der freilich zugleich sehr deutungsoffen ist. Östlund selbst deutet ihn in verschiedenen Selbstzeugnissen zuvorderst in einem eher psychologischen Sinn: als Hinweis auf die das menschliche Handeln in seiner Freiheit eingrenzende ‹Natur›. ‹Natur› kann dabei sowohl auf die am Beispiel der Lawine evident werdende Energie der Naturgewalten bezogen werden als auch – und das insbesondere – auf tiefe, basale Momente in der *Natur* des Menschen, auf die Östlund besonders interessierenden «basic human impulses»[24], auf seine «Instinkte», hier zuvorderst auf den «Überlebensinstinkt».[25] Auf dieser Linie könnte auch das Phänomen der *Angst* als ‹Höhere Gewalt› identifiziert werden, vorab die mit dem Überlebenstrieb verschränkte Urangst, die «primal fear»[26] als eine – konträr zum Urvertrauen wirksame – Tiefenstruktur der conditio humana. An die Virulenz solcher Urkräfte erinnert Östlund beispielsweise mit der Sequenz, in der sich der ausgesperrte, temporär ‹ausgesetzte› Tomas von der rasende Männerhorde mitreißen lässt, die rauschhaft-atavistisch ihre Männlichkeit zelebriert.

Mit Blick auf die Polysemie des Titel HÖHERE GEWALT sieht der Filmkritiker Rüdiger Suchsland die am ehesten konsensfähige Deutung dahingehend, dass er als eine «Chiffre für die Ohnmacht des Menschen»[27] steht, eben für dessen gerade skizziertes Ausgeliefertsein an Urkräfte und Ins-

---

24 Zit. n. dem «Director's Statement» im Cannes-Presseheft.
25 So in der *Spiegel*-Filmkritik «Geschlechtersatire Höhere Gewalt: Ein Film, der die Scheidungsrate in die Höhe treibt» von Hannah Pilarczyk, unter: http://www.spiegel.de/kultur/kino/neu-im-kino-satire-hoehere-gewalt-von-ruben-oestlund-startet-a-1003316.html.
26 Zit. n. dem «Director's Statement» im Cannes-Presseheft
27 Rüdiger Suchsland, Filmkritik zu HÖHERE GEWALT (s. o. Anm. 15).

tinkte. Das ist es auch, worüber Tomas klagt und womit ihn sein Freund Mats zu entschuldigen sucht: Wenn sich Tomas als ein «Opfer» seiner Instinkte qualifiziert, kommt implizit eine zentrale Frage der theologischen Anthropologie ins Spiel: Die Frage nach der Freiheit des Menschen bei seinen Handlungen. Die von Ebba unterstellte Freiheit von Tomas in der Lawinensituation, die ja erst sein Schuldig-Werden begründet, wird durch ihre eigene Panikreaktion bei der Heimreise konterkariert. Die Sphäre der Freiheit beginnt erst *nach* dem von Urinstinkten (wie dem Überlebenstrieb) beherrschten Panikverhalten: sie beginnt mit der Anerkennung des eigenen Versagens, sich selbst und den anderen gegenüber. – Rüdiger Suchsland bringt aber vorsichtig noch eine ganz andere Deutungsspur ins Gespräch: HÖHERE GEWALT könne «auch Gott meinen».[28] Das sollte sicher nicht – inspiriert etwa von alttestamentlichen Erzählmustern – in dem Sinn verstanden werden, als hätte Gott die Lawine ihre gefährliche Bahn nehmen lassen, um Tomas und die Familie zu prüfen und zu läutern. Vielmehr verweist die Rede von Gott hier auf die Dimension des dem Menschen Unverfügbaren, auf die Kontingenzerfahrung, die Erfahrung des Unvorhersehbaren, des Zufälligen oder Nicht-Notwendigen als einer möglichen ‹Einbruchsstelle› des Transzendenten.[29]

Der Hotelbedienstete

Wenn Gott in der Spur der theologischen Lesart des Titels HÖHERE GEWALT eine Rolle in Östlunds Film spielen sollte, so ist er dabei natürlich kein personales Gegenüber. Allerdings hat er vielleicht eine irdische Stellvertreterfigur, die symbolisch seine Präsenz anzeigt: die in der Besetzungsliste nüchtern als «rökande mannen» («rauchender Mann») ausgewiesene Figur eines Hotelbediensteten (gespielt von dem ansonsten unbekannten Michael Breitenberger[30]), die in verschiedenen Szenen unscheinbar mit kleinen Tätigkeiten ins Bild kommt, zwei Mal aber eine sehr markante und irritierende Präsenz gewinnt. In der *ersten* dieser beiden *Szenen* (vgl. 34:02 ff) beobachtet der «rauchende Mann» in der Nacht vom zweiten auf den dritten Skitag, also nach dem Lawinenereignis, von einer Empore, wie Tomas alleine auf den tiefer gelegenen Hotelflur hinaustritt. Er beobachtet

---

28 Ebd.

29 Thomas von Aquin gründete auf die Kontingenzerfahrung sogar einen seiner fünf sog. Gottesbeweise, den «Kontingenzbeweis». Dem Aquinaten zufolge «setzt die kontingente Welt zur Erklärung ihrer Entstehung die Existenz eines notwendig existierenden Wesens voraus; dieses Wesen wird Gott genannt.» (de.wikipedia.org/wiki/Gottesbeweis#Via_III:_Kontingenzbeweis).

30 Vgl. die Infos zur Besetzung unter: www.imdb.com/title/tt2121382/?ref_=nm_knf_t.

7 Der stille Beobachter

ihn schweigend, aber ganz ungeniert, so wie es eigentlich für das Personal nicht angemessen ist (Abb. 7). Und ebenso ungeniert raucht er dabei, was in dem ansonsten in den öffentlichen Räumen streng rauchfreien Hotel sehr verwundert. Das Rauchverbot müsste eigentlich gerade von den Angestellten vorbildlich befolgt werden. Aber für den Beobachter scheint die Hausordnung nicht zu gelten, er stellt sich über das ‹Gesetz›. Angeschärft wird das Befremdliche dieses Rauchens noch dadurch, dass das Hotel gerade auf den Fluren durch eine komplette Holzvertäfelungen etwas von Skihütten-Flair zu schaffen versucht, was natürlich den Brandschutz noch dringlicher macht. Ob der rauchende Beobachter seine Position verlässt, als auch Ebba auf den Flur kommt und ihm klar macht, dass sie und Tomas allein sein wollen, wird nicht gezeigt.

Die *zweite Szene* ereignet sich in der letzten Nacht, als Tomas auf dem Hotelflur zusammenbricht und einen Heulkrampf erleidet. Der «rauchende Mann» sieht wieder von oben zu, ohne irgendwie einzugreifen, einfach als stiller, aufmerksamer Zeuge. Die erhöhte Warte, von der aus er beide Male auf das Treiben der Gäste herabblickt, wird in der traditionellen religiösen Semiotik des Raumes immer mit dem Göttlichen in Verbindung gebracht: Von ‹oben› wacht Gott über die Menschen, auch wenn er nicht eingreift. Mehr noch als seine Raumposition verleiht dem Beobachter sein befremdliches Rauchen, mit dem er die von Menschen gesetzte (Haus-)Ordnung einfach ignoriert, etwas Geheimnisvolles. Als namenlose Randfigur, als stummer Augenzeuge, der nicht in die Ereignisse eingreift, aber an entscheidenden Momenten der Handlung präsent ist und vielleicht allein dadurch, *dass* er präsent ist und dass sich sein Wahrnehmen den Wahrgenommenen mitteilt, doch auch den Gang der Ereignisse untergründig beeinflusst, erinnert Östlunds «rauchender Mann» an die mysteriöse, immer namenlose, in Gestalt und Rolle wechselnde Figur, die Artur Barcis in allen Teilen von Krzystof Kieslowskis Filmzyklus DEKALOG (PL/DE 1988–89) vorstellt. Diese auch bei Kieslowski immer am Rand von Schlüsselszenen auftauchende Figur, die bei ihm ebenfalls immer nur als stummer, aufmerksamer Zeuge gegenwärtig ist, hat viele unterschiedliche Deutungen erfahren. Weithin durchgesetzt hat sich aber die theologische Lesart, die in ihr eine Art «Engel», eine Chiffre Gottes sieht.[31] Durch ihre bloße anteilnehmenden Anwesenheit gibt die Figur einen Impuls zur Besinnung (z. B. in Form einer Aktivierung des Gewissens) oder bei der Entscheidung für oder wider ein Handeln. Auch bei Kieslowski greift diese Figur nie in das Geschehen ein, und bei einer Interpretation als Gottes-Symbol *darf* sie auch gar nicht eingreifen, da Gott die von ihm den Menschen geschenkte Freiheit respektiert. Für Marek Haltof ist diese Figur Kieslowskis der «Angel of Fate»[32], für andere eine Figuration des «malak JHWH», des «Engels des Herrn», der auch als Chiffre für die den Menschen zugewandte Seite Gottes verstanden werden kann (vgl. z. B. seine Präsenz in der Berufung des Mose in Ex 3,2 ff). Für Marek Lis, der die bis heute gründlichste theologische Analyse des DEKALOG-Zyklus vorgelegt hat, ist die Beobachter-Figur im Horizont von Kieslowskis «Kino der ‹verborgenen Religiosität›»[33] sogar eine Symbolgestalt der bleibenden Präsenz Christi.[34] So weit wird man bei der Figur des «rauchenden Mannes» in HÖHERE GEWALT sicher nicht gehen können. Aber die Parallelen zu Kieslowskis «stillem Zeugen» (Lloyd Baugh) sind kaum zu übersehen. Sie verleihen auch der Figur Östlunds einen Zug ins Numinose und öffnen damit zugleich – in Verbindung mit dem Filmtitel – die Erzählung für eine auch theologische Relecture. Behutsam wird eine solche auch angestoßen durch die in ihrer Inszenierung genau kalkulierten Zwischenspiele zwischen den einzelnen Tagen: Je neu thematisieren sie den Kontrast zwischen der Schönheit der grandiosen Bergwelt und dem Versuch des Menschen, sich diese Natur – hier mit Lawinensprengungen und Pistenraupen – zu unterwerfen. Dieser Kontrast verweist auf den sog. Ersten Schöpfungsbericht im Buch Genesis (Gen 1,1–2,4a), wo das Gutsein der Schöpfung gepriesen und der an den Menschen gerichtete Herrschaftsauftrag als Auftrag zum Bewahren und Behüten und nicht als Lizenz für eine Unterwerfung (wie hier mittels der eingesetzten Technik) bestimmt wird. Zu dieser ‹schöpfungstheologisch› transparenten Rahmung der einzelnen Tage fügt sich schließlich auch die Einbindung von Antonio Vivaldis «Vier Jahreszeiten» als musikalisches Leitmotiv, eines Werkes also, das durchaus als musikalischer Schöpfungspsalm begriffen werden kann.

31 Vgl. Lloyd Baugh, The Grace of Divine Providence: The Identity and Function of the Silent Witness in the «Decalogue»-Films of Kieslowski, in: *Gregorianum* 86/3 (2005), 523–548.

32 Marek Haltof: *The Cinema of Krzystof Kieslowski. Variations on Destiny and Chance* (Director's Cuts Series), London 2004, 82.

33 Marek Lis: *Figury Chrystusa w «Dekalogu» Krzystofa Kieślowskiego* (Seria: Opolska Biblioteka Teologiczna, 94), Opole 2007, 5.

34 Vgl. dazu eingehend: ebd. 129–162 (= Kap. IV).

Abschluss

Mit Recht meinte Bert Rebandl in seiner Filmbesprechung für die *Frankfurter Allgemeine Zeitung*, HÖHERE GEWALT zeige «die Bruchstellen der individualisierten Gesellschaft», die geprägt ist von einem spannungsvollen Mix aus «Selbstverwirklichung, Gemeinsinn, traditionellen Werten, modernen Lebensformen.»[35] Und ebenso zutreffend erkannte Rüdiger Suchsland, dass Ruben Östlund in diesem Film «anhand eines Mikrokosmos vom Ganzen erzählt.»[36] Damit heben sich diese beiden Autoren wohltuend vom Konzert der vielen Kritikerstimmen ab, die HÖHERE GEWALT primär als eine Auseinandersetzung mit männlichen Rollenbildern gewürdigt haben. So etwa Andreas Busche in der *Zeit*, wenn er als besonders bemerkenswert an Östlunds Film hervorhebt, dass «unsere Vorstellungen von Männlichkeit selten so klar seziert (wurden)»[37] wie hier. Für die verkürzte Fokussierung auf die männliche Hauptfigur ist auch Östlund selbst mitverantwortlich, da der diese wiederholt ins Zentrum seiner Anmerkungen zu HÖHERE GEWALT gestellt und Ebba, wie auch die Kinder oder die Freunde, eher abgeblendet hat. Aber der Regisseur weiß um die größere Dimensionierung seines Familiendramas. Am Ende, so meint auch er, gehe es in HÖHERE GEWALT «um existentielle Fragen», um Fragen wie: «Wer sind wir Menschen? Wie verhalten wir uns?»[38] Dass Östlund für seine Reflexion auf fundamentale Fragen des Menschseins und der menschlichen Beziehung eine traditionelle Kleinfamilie gewählt hat, und dass er uns teilhaben lässt an ihrem Ringen, diese vor dem Zerbrechen zu retten, macht implizit auch deutlich, dass eine solche Kleinfamilie keineswegs überholt ist. Auf je eigene Weise und zeitlich versetzt versagen in HÖHERE GEWALT beide Ehepartner, aber die tiefe Krise, in die sie stürzen und mit der sie ganz unterschiedlich umgehen bzw. im Falle von Tomas erst schmerzhaft umzugehen lernen müssen, kann auch eine Chance sein, die Beziehung auf eine neue, ehrlichere und festere Grundlage zu stellen und sie so auf Dauer zu stabilisieren. Ob das Tomas und Ebba gelingen wird, bleibt am Ende des Films offen. Ihre durch den Lawinenvorfall neu in Bewegung gebrachte Geschichte ist nicht abgeschlossen. Die Arbeit an ihrer Ehe und ihrer Familie muss nach der

---

35 Bert Rebandl, in: *Frankfurter Allgemeine Zeitung*, 19.11.2014; online unter: http://www.faz.net/aktuell/feuilleton/kino/video-filmkritiken/video-filmkritik-ruben-oestlunds-hoehere-gewalt-13273060.html.

36 Rüdiger Suchsland, Filmkritik zu HÖHERE GEWALT (s. Anm.15).

37 Andreas Busche, Höhere Gewalt: Der feige Mann, in: *Zeit-online*, 20.11.2014, unter: http://www.zeit.de/kultur/film/2014-11/hoehere-gewalt-film-ruben-oestlund.

38 Interview mit Ruben Östlund im Bonusmaterial der DVD-Edition von HÖHERE GEWALT: 0:30; 0:43.

Heimkehr aus den Bergen weitergehen. Durch die Enttäuschungen sind die eingeschliffenen Haltungen, Erwartungen und Rollenverteilungen aufgebrochen worden. Tomas und Ebba können sich nicht mehr über die schon länger vorhandenen Spannungen und Risse hinwegmogeln, sondern müssen sich ihnen stellen. Die im Filmprolog vom Pistenfotografen gestellte heile Familienwelt war eben von Anfang an nicht heil. Es war die Inszenierung einer glücklichen Familie, deren Zusammenhalt in Wahrheit bereits fragil war. Vielleicht kann aus der Krise eine neue Dynamik entstehen, ein echtes Miteinander anstelle eines routinierten Nebeneinanders, in dem sich Tomas ganz von seiner beruflichen Arbeit absorbieren lässt und Ebba ganz von ihrer Rolle als Mutter und Hausfrau. Weil die Kinder spüren, dass die Ehe ihrer Eltern noch eine Chance hat, kämpfen sie um den Fortbestand der Familie. Und auch Östlund rechnet nicht ironisch oder gar sarkastisch mit den Eltern ab, sondern betrachtet seine Protagonisten über all ihr Versagen hinweg doch mit Verständnis und Sympathie. Deshalb hofft auch der Zuschauer, dass sich beide nochmals neu finden, nicht nur um der Kinder willen. HÖHERE GEWALT ist deshalb sicher kein Film, «der die Scheidungsrate in die Höhe treibt», wie Östlund – wenn, dann sicher ironisch – gesagt haben soll.[39] Der Film desavouiert die Kleinfamilie nicht, legt sie nicht als überholte Lebensform ad acta. Aber er macht gleichwohl deutlich, dass diese Familienform nicht der ‹sichere Hafen› ist (oder niemals war), für den sie viele immer noch halten. Auch die Kleinfamilie ist immer eine Baustelle, die viel an Einsatz abverlangt, die aber im Wachsen des Baus auch viel geben geben kann. Illusionen braucht man sich freilich nicht zu machen: das Bauprojekt kann scheitern. Und mehr als einmal kann es auf der Kippe stehen – Ausgang ungewiss. In eben eine solche Kipp-Situation nimmt Ruben Östlund seine Zuschauer mit.

---

39 Hannah Pilarczyk, Geschlechtersatire HÖHERE GEWALT (s. Anm. 25).

Markus Leniger

Eine Sommerkomödie über Familie, Berufung und Sehnsuchtsorte

Der Film SCHWESTERN (2014) von Anne Wild

Die Regisseurin und Drehbuchautorin Anne Wild stellt in ihrem zweiten langen Spielfilm SCHWESTERN (DE 2014) ein ungewöhnliches Thema ins Zentrum. Es geht um die Berufung zum Leben im Kloster und darum, welche Wirkung eine solche Berufung in einem säkularen familiären Umfeld heute entfalten kann. Überraschenderweise wählt Sie für dieses Thema, das eher an bleischwere Dialoge im Kammerspielambiente denken lässt, das Szenario einer leichten Sommerkomödie im ländlich-bukolischen Ambiente. So zentral das Thema Berufung in SCHWESTERN ist, so sehr ist der Film zugleich auch ein Film zum Thema Familie. Im Unterschied zu den meisten der in diesem Band untersuchten Filme steht jedoch nicht eine klassische Kleinfamilie mit Vater, Mutter und ein bis drei Kinder im Fokus, sondern ein größeres Familienensemble.

Unterbrechungen und Sehnsuchtsräume – Die Bedingung der Möglichkeit von Transzendenzerfahrungen

Damit erweitert die 1967 in Bielefeld geborene Filmemacherin nicht nur das Personaltableau, sondern auch das Themenfeld ihrer bisherigen Arbeiten, in denen die Familienstrukturen nicht nur kleiner waren, sondern in deren Mittelpunkt Kinder und nicht so sehr Erwachsene standen. In den beiden Kurzfilmen BALLETT IST AUSGEFALLEN (DE 2002) und NACHMITTAG IN SIEDLISKO (DE 2003), aber auch in ihrem Langfilmdebut MEIN ERSTES WUNDER (DE 2002) waren jeweils etwa 11-jährige Mädchen Hauptpersonen (verkörpert von Henriette Confurius), die in Situation der Alltagsunterbrechung durch ihre Offenheit und Phantasie dem Zuschauer einen anderen Blick auf die Realität eröffnen. Ob es der Eissalon in BALLETT IST AUSGEFALLEN ist oder die Umgebung einer Landstraße irgendwo in der polnischen Provinz wie in NACHMITTAG IN SIEDLISKO – in der Unterbrechung der Routine des Gewöhnlichen, die durch eine Autopanne oder das Schwänzen einer Ballettstunde entsteht, ergeben sich Gelegenheiten für Transzendenzerfahrungen. Durch die Wahrnehmung der Protagonistinnen werden profane Dinge und Räume (wieder)verzaubert und zu Sehnsuchtsorten. Wild ist in ihren Filmen an diesem Geheimnis der Wiederverzauberung der Welt interessiert. Sie nimmt dabei die Perspektive von Kindern ein, die sich durch eine hohe Sensibilität für das Durchscheinen einer anderen Realität auszeichnen und offen sind für das Geheimnis hinter den Dingen. Die Protagonistinnen sind dabei immer auch Außenseiterinnen. Wie z. B. Elisa, die ihre Ballettstunde schwänzt und den Nachmittag im Eiscafé verbringt, weil sie sich ihren Schulkameradinnen nicht zugehörig fühlt. In den Arbeiten vor SCHWESTERN – neben den bereits genannten auch in der TV-Produktion HÄNSEL UND GRETEL (DE 2006) – sorgte der polnische Kameramann Wojciech Szepel für die kongenialen Filmbilder für diese Sehnsuchtsräume und Transzendenzerfahrungen. Ali Gözkaya, der Kameramann bei SCHWESTERN, setzt diese Bildsprache bruchlos fort.

Schwestern

Aus vielen Richtungen kommend, steuern die Mitglieder der Familie Kerkhoff einen Ort an, der sich zum Ende der Eröffnungssequenz des Films als ein in idyllischer Landschaft gelegenes Klosterensemble erweist. Die Eröffnungsbilder des Films führen die Familienmitglieder ein: Mutter Usch, erfolgreiche Journalistin, dirigiert noch vom Wagen aus die Geschäfte. Ihr jüngster Sohn Dirk, Familienvater und erfolgloser Verleger, erleidet zusammen mit seiner Frau Doreen und seinen beiden Kindern Marie[1] und Lena die üblichen Qualen zu langer Autofahrten. Onkel Rolle legt das höchste Tempo vor, überholt Usch forsch in seinem protzigen SUV und hat eine sehr junge, gutaussehende Freundin namens Jola. Saskia, die älteste Tochter von Usch Kerkhoff, trifft am Flughafen ein, von London kommend und mit Gepäck, das darauf hindeutet, dass sie nicht nur eine Reise absolviert, sondern dort ihre Zelte abgebrochen hat. Alle reisen an, um an der Professfeier von Kati Kerkhoff, der jüngsten Schwester von Dirk und Saskia, teilzunehmen. Sie hat sich, für alle unverständlich, zu einem Leben im Kloster entschieden. Komplettiert wird die Familie noch durch Katis Ex-Freund Jörn. Vater Günther Kerkhoff tritt erst gegen Ende des Films hinzu. Und auch Kati, die mit ihrer Entscheidung, ins Kloster einzutreten, der Grund für das Zusammenkommen der Familie ist, bleibt zunächst die große Abwesende und Unsichtbare.

---

1   Marie kann als eine Reminiszenz an die Protagonistinnen der früheren Filme gesehen werden. In ihrem Bienenkostüm und in ihrer Suche nach dem Bienenland steht sie für eine andere, phantasievolle Perspektive auf die Welt und für die Suche nach einem Sehnsuchtsraum, den ihre Tante Kati im Kloster gefunden hat.

1 Filmplakat

Als alle sich in der Klosterkirche versammelt haben und auf den Beginn des Gottesdienstes warten, kommt es zu einer überraschenden Unterbrechung. Eine der Schwestern informiert die versammelte Gemeinde darüber, dass eine der Novizinnen noch etwas Zeit braucht. Bis zum Beginn der Feier könne es daher noch etwas dauern und solange möge man sich auf dem Klostergelände die Zeit vertreiben – die Glocken werden dann läuten, sobald es weitergeht. Die unerwartete freie Zeit eröffnet im weiteren Verlauf des Films den Raum für Begegnungen zwischen den Familienmitgliedern, in denen lange Verdrängtes zur Sprache kommt. Es kommt zu beglückenden Gemeinschaftserlebnissen, zu Streit, aber auch zur Klärung offener Fragen. Sei es zwischen dem frustrierten Familienvater und Verleger Dirk und seiner Frau Doreen über seine berufliche Zukunft, sei es zwischen den beiden früher unzertrennlichen Schwestern Saskia und Kati. Ein reinigendes Gewitter, das alle bis auf die Knochen durchnässt, und die zum Gottesdienst rufenden Glocken beenden schließlich die Unterbrechung und leiten den letzten Teil des Films ein, der die Familie wieder vereint (und nach dem Gottesdienst auch um den hinzukommenden Vater komplettiert).

2 Die Regisseurin Anne Wild in der Katholischen Akademie Schwerte (v.l. P. Hasenberg, A. Wild, R. Zwick, M. Leniger

«Das Absurde und Lustige an Familie, das ich irgendwie großartig finde …»
Gespräch mit der Regisseurin Anne Wild über ihren Film Schwestern[2]

Markus Leniger: Zunächst mal möchte ich Ihnen für diesen schönen Film
danken, der uns ein bisschen aus einem Tal herausgezogen hat, das wir
in einigen Passagen der Tagung durchschritten haben. Wir haben uns
bislang ja auch z. T. schwere Kost zugemutet. Und Ihr Film hat zwei
neue, bislang noch nicht angesprochene Themen gebracht. Zum einen
das explizite Auftauchen von Religion und zum anderen, die Geschwis-
terbeziehung. Das religiöse Thema des Films ist klar durch die Schwestern im Kloster markiert, die Geschwisterthematik durch die beiden

---

2   Überarbeitete und gekürzte Schriftfassung eines Tonmitschnitts. Das Gespräch
     fand im Rahmen der Tagung «Familienbilder» am Sonntag, den 8. Mai 2016, von
     09:00 bis 10:30 Uhr im Großen Saal der Katholischen Akademie Schwerte statt.
     Anne Wilds Spielfilm Schwestern stand am Vorabend auf dem Tagungsprogramm,
     so dass alle am Gespräch Beteiligten über einen frischen Eindruck dieses Filmes
     verfügten. Die Gesprächsleitung hatte Markus Leniger, die Diskussionsbeiträge der
     Tagungsteilnehmerinnen und Teilnehmer sind – soweit es aus der Aufzeichnung zu
     rekonstruieren war – namentlich gekennzeichnet.

Schwestern Saskia und Kati. Waren das auch für Sie die zentralen Themen, die Sie uns mit «Schwestern» erzählen wollten?

Anne Wild: Ich kann nur sagen, was mich interessiert hat, war erstmal, dieser Moment der Berufung. Also der Moment, wo etwas passiert, was unerklärlich ist und dem hinterher zu gehen und dann als nächstes der Schritt, in welcher filmischen Form könnte man dieser Frage nachgehen.

Markus Leniger: Und die Geschwisterthematik, die kam dann danach?

Anne Wild: Ja, die kam dann dazu. Ich hatte aber, das habe ich interessanterweise erst hinterher festgestellt, schon mal für eine andere Filmidee ganz lange über Schwestern (ich habe auch eine Schwester) recherchiert und fand das Thema sehr interessant, diese Ambivalenz. Und ich glaube, das ist dann da auch teilweise mit reingeflossen.

Markus Leniger: Die Berufungsgeschichte, das ist ja der Einbruch des für alle anderen Unerklärlichen, konkret die für die Familie unverständliche Entscheidung Katis, ins Kloster zu gehen. In einem Interview[3] haben Sie gesagt, theoretisch hätte man die Berufungsgeschichte auch mit einer Entscheidung zum Buddhismus machen können. Warum dann aber doch diese Klosterentscheidung?

Anne Wild: Na ja, eben, ich glaube, man hätte es gerade nicht mit einer Entscheidung zum Buddhismus machen können, oder nein, hätte man natürlich, aber ich fand es interessant, weil es heutzutage absurderweise in unserer Kultur fast das Extremste ist, sich für das Kloster zu entscheiden. Buddhismus ist demgegenüber ja irgendwie «chic», entspricht im Moment auch einem Lifestyle, und wirklich in ein katholisches Kloster zu gehen, ist auf gar keinen Fall «chic». Und deswegen muss ja was anderes dahinter stecken, als dass man's jetzt macht, weil's gerade einem Trend entspricht.

Markus Leniger: Und wie kamen dann die Bienen dazu? Wir haben dieses Vergesellschaftungsmodell eines Klosters und die Entscheidung Katis, in dieser «nicht chicen», nicht modernen Form zu leben. Und Sie führen uns in den Film ein, indem Sie uns zu Beginn des Films einen «historischen» Super-8-Familienfilm über die Bienen, über deren Staatenbildung, über die Bienenkönigin zeigen. Waren Bienen eine Assoziation, die Sie bei Klöstern hatten? Die Äbtissin als Königin des Bienenstocks, diese Uniformität, die wir ja auch in einigen Klosterszenen sehen, bei der Einkleidung? Und auch an anderen Stellen des Films, wenn wir die Klosterschwestern sehen, ist auf der Tonspur ein Bienensummen zu hören.

Anne Wild: Nein, die Bienen kamen überhaupt nicht über das Kloster. Es gibt ja diese zwei Säulen. Einerseits der Glaube und andererseits die Familie

---

3   Horst Peter Koll: Interview mit Anne Wild, in: *Film-Dienst* Nr. 12/2013, 24–25.

3 Usch kümmert sich um ihre Enkelin Marie

in der Geschichte und ich habe das jetzt gar nicht so zwingend verbunden gesehen mit den Bienen, sondern das war eher ein spielerischer Ansatz. Es ging einfach darum, was für das Kind [Marie, die Tochter von Katis und Saskias Bruder Dirk, Anm. M. L.] zu finden, etwas, wohin dessen Sehnsucht geht und das hat mir dann sehr gut gefallen (Abb. 3). Und dass die Bienen dann so eine starke auch metaphorische Bedeutung haben, das hat sich dann erst im Laufe der Drehbucharbeit entwickelt.

Markus Leniger: Die Bienen als Umschreibung eines Sehnsuchtsraums für das Kind. Und dann haben wir Katis Sehnsuchtsort des Klosters. Sehnsuchtsorte sind also offensichtlich wichtig. In dem bereits erwähnten Interview haben Sie gesagt, dass Kinder die Radikalität, den unbedingten Wunsch, diesen Sehnsuchtsort zu erreichen, stärker verkörpern und deswegen seien Sie bei dem Film auch nicht ohne das Kind ausgekommen.

Anne Wild: Ja, ich glaube, dass Kinder so eine Fähigkeit oder Möglichkeit haben, bestimmte Orte, ich weiß nicht, ob es ein Sehnsuchtsort ist, aber vielleicht näher an diesem Einssein zu sein und dass der Verlust der Kindheit auch bedeutet, dass man aus dieser Einheit rausfällt und dass man später immer danach sucht, wie findet man die wieder. Ich glaube, das ist schon ein Thema, was mich sehr interessiert.

Markus Leniger: Der Bienenstaat als Bild für eine Gemeinschaft, nach der man sich sehnt? Und auf der anderen Seite die Familie als andere Form der Gemeinschaft, die man dann aber irgendwann verlassen wird? Der Ex-Freund von Kati sagt ja einmal, Kati habe mal was ganz Tolles gesagt, nämlich dass durch Gott alle Menschen mit einem unsichtbaren Band verbunden sind und irgendwie zusammengehören. Worauf Mutter Usch, die da ein bisschen pragmatischer ist, sagt: «Um Gottes Willen, bloß nicht.» Für sie ist eine ganz furchtbare Vorstellung, mit allen möglichen Leuten verbunden zu sein. Ihr reicht es im Grunde schon, dass sie mit der Familie verbunden ist, das ist ihr als Band genug. Es gibt also eine Sehnsucht nach Gemeinschaft, bei Kati möglicherweise auch eine Sehnsucht nach einer neuen Gemeinschaft, und gleichzeitig eine Wunsch nach Freiheit. Wie sehen Sie vor dem Hintergrund dieser Spannung den Gemeinschaftsaspekt?

Anne Wild: Ich würde das gar nicht werten, also soll man jetzt in einer Gemeinschaft leben oder soll man lieber versuchen, sich möglichst individuell zu verwirklichen. Das zeigt einfach nur verschiedene Modelle oder verschiedene Sehnsüchte auf, Angebote des Lebens. Und das ist natürlich eine sehr aktuelle Frage, da ja im Moment alles immer mehr auf individuelle Verwirklichung abzielt. Und wenn dann jemand sagt, ja, vielleicht geht's mir aber um was ganz Anderes, finde ich die Frage interessant, warum er das macht und warum er es machen könnte oder ob das Eine einem plötzlich nicht mehr reicht oder man eben was Anderes sucht. Das sind Fragen, die mir auch oft begegnet sind. Ich habe natürlich recherchiert und auch mit vielen jungen Frauen gesprochen, die sich schon entschieden haben oder die sich gerade entscheiden ins Kloster zu gehen und die eigentlich immer diesen Punkt angesprochen haben: irgendwie hat es mir nicht gereicht. Das fand ich total interessant, dass die immer davon gesprochen haben, ja, ich habe dann so mein Leben, aber irgendwas hat nicht gereicht und ich wollte noch was und bis sie das dann gefunden haben, dass es das war. Und das ist natürlich auch die Frage für jemanden, für den es überhaupt nicht in Frage kommt [ins Kloster zu gehen, Amm. M. L.], wie z. B. für Saskia oder für die Mehrheit junger Frauen, weil man ja immer auf der Suche ist nach etwas, was einen erfüllen könnte oder worauf es hingeht. Ich glaube, es geht um diesen Punkt der Suche. Und da gibt es verschiedene Angebote, sei es eine Gemeinschaft, eine Familie, die individuelle Selbstverwirklichung, das sind einfach so die Modelle, die aufgezeigt werden mit verschiedenen Mitteln oder in verschiedenen Übersetzungen in dem Film.

Markus Leniger: Eine Frage an die Drehbuchautorin. Sie haben zu Beginn das Thema, also die radikale Entscheidung zum Leben im Kloster, den Wunsch nach einem Mehr an Leben. Jetzt müssen Sie das Drehbuch schreiben. Allein dieser Kern-Plot reicht ja nicht. Sie müssen um ihn herum das Personal dieser Großfamilie arrangieren (Abb. 4), die größte Familie übrigens, die wir bislang in den Filmen der Tagung gesehen haben. Wie ist da der Prozess der Storyentwicklung gelaufen? Wie sind Sie da herangegangen?

Anne Wild: Na ja, also es ist zumindest bei mir beim Drehbuchschreiben auch gar nicht unbedingt so, dass am Anfang schon die Kernfrage steht oder klar ist. Die schält sich manchmal dann erst heraus, wenn man schreibt. Also es gibt meistens eher so die Idee, bei der irgendwie ein Funke überspringt. Und dann beginnt dieser Prozess des Schreibens und

4 Familie Kerkhoff vor dem Kloster

ein schlauer Mensch hat mal gesagt, Schreiben heißt, sich selber lesen [Max Frisch]. Sowas ist das, glaube ich, eher. Ich wollte schon immer auch gerne eine Familiengeschichte machen und diese Wiedererkennbarkeit und auch irgendwie das Absurde und Lustige an Familie, was ich irgendwie großartig finde. Ich erzähle auch immer total gern von meiner Familie, da gibt es so eine ganz große Erzähllust, und dann kam dieser Moment dazu, wenn einer von denen ins Kloster geht. Was bedeutet das? Dem hinterherzugehen und immer mehr darauf zu kommen, auf diesen Kern, dieser Berufung und dieses Unerklärliche, was da passiert und wie man dem nachspüren kann. Also das sind Prozesse. Und dann, wenn man mehr weiß, was man eigentlich da erzählen will, ist die Frage, welches Personal will man denn erzählen und wen braucht man wirklich. Dann gibt es vielleicht erstmal eine Fülle an Figuren und dann fallen bestimmte Figuren weg oder man sagt, das Ensemble ist zu groß, man kann so viele Figuren nicht bedienen. Der Vater bleibt mal lieber zu Hause oder kann der Vater wirklich zu Hause bleiben, fehlt uns dann zu viel? Das sind alles Sachen, die dann im Verlauf des Drehbuchschreibens überprüft werden.

Und das ist dann inspiriert aus ganz vielen Sachen, dass man eben sagt, es gibt Figuren in der eigenen Familie, die irgendwie sich super eignen würden, die man gern auf die Leinwand bringen möchte oder es gibt auch funktionale Figuren, die man braucht um bestimmte Aspekte zu erzählen. Das entwickelt sich und es gibt auch manchmal Sackgassen, wo man eben sagt, die Figur ist jetzt doch nicht dabei oder wird weniger wichtig oder so. Oder zwei Figuren werden verschmolzen zu einer, weil die sich zu ähnlich sind. Gerade in einem Ensemblefilm ist das ein wirklich wichtiger Prozess, dass man diese Figuren genau und richtig wählt und auch was für Charaktere. Die Mutter z. B. hatte am Anfang einen ganz anderen Charakter und irgendwann gab's eine ganz starke Inspiration durch eine Schauspielerin und dann plötzlich, ach, das wäre ja viel interessanter, wenn die so ist, und da hat man auch viel mehr Konfliktpotenzial oder kann bestimmte Sachen über eine andere Figur wieder erzählen, weil die beiden da aneinander geraten usw. Also das ist wirklich wie so ein Zauberwürfel, diese Familie, auch nachher mit der Besetzung, weil wenn dann die Geschwister soundso sind, dann geht die Mutter wieder grade nicht so. Der Zauberwürfel ist ein gutes Bild dafür, wie man diese Familie aufbaut.

Markus Leniger: Nochmals zurück zur Provokation der Entscheidung Katis und zu den unterschiedlichen Reaktionen in der Familie. Saskia ist ja diejenige, die diese Entscheidung bislang selber noch nicht getroffen hat und die ihre Schwester am intensivsten bedrängt. Und bei den anderen, wie sehen da diese möglicherweise kathartischen Momente aus? Erstmal sind sie ja alle nur provoziert. Die Mutter vielleicht am stärksten. Sie äußert auch ihre Ablehnung, «das läuft jetzt alles nach denen». Welche Prozesse würden Sie da benennen, die da ausgelöst werden durch die Provokation? Haben Sie sich gesagt, mir ist ganz wichtig, ich will diese unentschlossene Schwester haben, ich will die Mutter haben und am Ende sind alle irgendwie verändert? Können Sie dazu noch was sagen?

Anne Wild: Es ist natürlich ganz klar gebaut, alles, für jede Figur. Und da sind die Überlegungen, was decken die ab, also z. B. der Bruder mit der eigenen kleinen Familie (Abb. 5), was sind da die Konflikte, worum könnte es gehen, da geht's ja auch um eine Ideologie vs. Alltag, Überle-

5 Bruder Dirk mit seiner Frau Doren

ben, Geld verdienen. Und wie kann man das spiegeln und wie kann man auch die Werte, die ja jeder für sich auch überprüft, zeigen und also dann eben einen Moment, wo die vielleicht so einen Moment der Weite erleben an diesem Nachmittag oder eben etwas, was über das hinaus weist, was sie sonst im Alltag erleben und auch, womit sie hadern.

Markus Leniger: Wir haben jetzt vielleicht auch Assoziationen bei Ihnen ausgelöst für Ihre eigenen Fragen und Beiträge. Die Möglichkeit für Fragen ist eröffnet.

Franz Günther Weyrich: Eine Frage nach der Form oder nach der Gestaltung Ihres Filmes in zweierlei Richtung. Wenn ich das Stichwort «Berufung» aufgreife und assoziiere, Berufungsgeschichten, die ich kenne – auch filmischer Art – dann ist mir als erstes aufgefallen, dass die einzige Figur, die diesen Begriff nicht im Munde führt, nämlich die Figur der Schwester, die ganze Zeit über schweigt. Sie ist die einzige, die eigentlich nichts sagt, jedenfalls nicht verbal. Dahinter verbirgt sich die Frage, warum ist das eine zumindest mal verbal schweigende Figur, wenn es nicht gerade pragmatische Gründe hat, weil das immer im Kloster an dieser Stelle so ist? Die Frage hat noch eine zweite Dimension, die bezieht sich auf den «Tonfall» des Films. Was mich an dem Film beim zweiten Sehen noch stärker als beim ersten Mal sehr gepackt hat, ist der «Tonfall», ich würde es mal so nennen, der so eine Mischung aus Leichtigkeit und einer großen Ernsthaftigkeit ist, der für mich sehr realistische Aspekte hat, aber auch poetisch-fantastische Aspekte. Und da würde mich mal interessieren, wie wichtig war Ihnen das? Was ist Ihre Idee, zu sagen: «Ich erzähle diese Geschichte genau in diesem Tonfall?»

Anne Wild: Dass Kati, also die Schwester, die ins Kloster geht, schweigt, ist natürlich auch gewollt und nicht in allen Klöstern so. Das war eine Entscheidung, dass ich den Film so erzählen wollte, dass es eben nicht die Geschichte einer Nonne ist, also einer jungen Frau, die erklärt, warum sie jetzt ins Kloster geht, sondern sie ist eben das unerklärliche Phänomen und sie ist auch der Stein des Anstoßes, an dem die anderen sich abarbeiten. Ich denke, das ist interessant, dass die anderen versuchen, sie zu erklären, denn die anderen haben ja auch die ganzen Fragen. Sie hat diese Fragen hier nicht. Für sie ist es klar. Und ich fand, dass es das Stärkste ist, wenn sie sich gar nicht erklären muss, sondern es dadurch klar wird, wie sie ist, dass man ihr das einfach glauben muss und dass man spürt: Sie hat einfach diese Entscheidung getroffen, für sie gibt es gar nichts mehr zu sagen, und umso mehr können die anderen spekulieren und sich abarbeiten und umso mehr ist sie natürlich auch eine Projektionsfläche für die anderen. Das war eigentlich ja auch die Frage, der ich hinterhergehen wollte: Was bedeutet das für die Familie, wenn sie auf diese Fragen nach Werten und Glauben zurückgeworfen wird. Und zu Ihrer anderen Frage: Ja, ich wollte es in diesem Ton erzählen. Ich wollte einen leichten Sommerfilm machen, der an einigen Stellen in die Tiefe lotet. Deswegen denke ich, habe ich auch dieses Familienensemble gewählt, weil das natürlich diese Möglichkeit bot, einerseits so einen Wiedererkennungswert zu haben und so eine Leichtigkeit und auch Modernität erzählen zu können von einer ganz normalen Familie. Und andererseits, weil es natürlich auch eine tolle Möglichkeit ist, genau bei diesen Figuren nachzuspüren, wo ist der Moment für jede dieser Figuren – dass eben diese ganz modernen, mehr oder weniger verzweifelten Menschen –, Menschen auf der Suche, die in diesem Leben irgendwie rumrudern, mit völlig neuem spirituellen Gedankengut konfrontiert werden. Diese Begegnung fand ich interessant.

Eva Schütz: Ich habe eine Frage zu dem Lied, das die beiden Schwestern singen. Erstmal konnte ich leider den Text nicht verstehen, und mich würde interessieren, wo das herkommt, was die da singen, oder ob es ein Zeichen für die Verbundenheit ist, weil sie da zweistimmig singen und voller Harmonie?

Anne Wild: Ja, genau. Ich fand es nicht so wichtig, dass man es versteht, sondern dass es um diese Harmonie geht und dass man spürt, es ist ein Mundartlied, d. h. es hat etwas mit Heimat oder Wurzeln zu tun. Es ist ein alemannisches Lied, da kommen die Schwestern halt her und ich habe mir vorgestellt, dass sie das früher zusammen gesungen haben oder dass sie im Chor gesungen haben, aber das war eigentlich nicht so wichtig, sondern dieser Moment und auch, dass es ein sehr einfaches Lied ist, dass jetzt nicht die Saskia anfängt, irgendeine Arie zu singen, sondern dass sie so irgendwas wie Wurzeln mit ihrer Schwester zusammen findet (Abb. 6).

6 Die Schwestern
Saskia und Kati

Joachim Valentin: Ich wollte nochmal auf die surrealen Szenen kommen, im Zusammenhang mit der Kinderwelt und der Bienenmotivik, die Szene wo das Mädchen vom Baum fällt und Saskia sie auffängt. Das ist ja dann schon ein bisschen stark esoterisch. Die beiden Schwestern verbindet ja auch sowas unausgesprochen Telepathisches. Der gemeinsame Mantel ist dafür ein Symbol/Motiv. Vielleicht gibt's noch mehr Motive, die mir nicht aufgefallen sind. Welche Rolle spielen denn diese «metaphysischen», «überirdischen» Phänomene in dem Film? Stehen die für Sie in Verbindung mit dem Berufungsthema und dem Kloster? Ist es etwas, mit dem Sie persönlich was verbinden? Was ist das, worum es da geht? Also, geht's darum, dass es Menschen gibt, die Ahnungen haben, die über ihre Sinnesorgane hinausgehen? Es ist ja ein realistischer und kein phantastischer/Fiction-Film.

Anne Wild: Genau. Es ist ein realistischer Film, aber es gibt natürlich Momenten, die darüber hinausgehen. Wie ich vorhin gesagt habe, es geht darum, dass für diese Figuren ein Moment aufgesucht werden soll, in dem sie eine Erfahrung machen, die eben über das «Realistische» hinausgeht. Und das habe ich versucht, für die verschiedenen Figuren zu finden und darzustellen. Und ich denke, damit hängt das zusammen was Sie als «surreale Szenen» benennen.

Joachim Valentin: Gilt das auch für die anderen Figuren?

Anne Wild: Für jede ist es anders und das vermischt sich natürlich, also das kommt ja alles zusammen, sowohl mit den Bienen als auch mit diesem Moment als auch die Beziehung der Schwestern. Und ich denke durchaus, dass Filme in Überhöhung gehen dürfen und können. Also mir gefällt es auch. Ich wollte das gerne versuchen, in eine andere, auch filmisch in eine andere Ebene zu kommen.

Peter Hasenberg: Was mich fasziniert an dem Film ist auch dieser Wechsel, es sind die vielen Momente, wo die Leute diskutieren und es ist viel Hektik und sie laufen herum und dann wieder auf der anderen Seite die Momente der Ruhe. Meine Lieblingssequenz ist so ungefähr in der Mitte des Films, wo die Saskia mit Katis Ex-Freund diskutiert und ihr ganzes kaputtes Leben zur Sprache kommt, die verschiedene angefangenen Berufe, die Umzüge usw. Und dann läuft sie auf das Kloster zu. Jetzt will sie mit der Schwester sprechen und klettert über die Mauer, auch wieder ein starkes Motiv. Sie dringt in irgendeinen verwunschenen Bereich ein, über die Mauer und sie ist dann im Kloster – und da ist es plötzlich ganz still. Man hört also gar nichts mehr, dann hört man nur noch dieses Tropfen vom Brunnen, dann geht sie zu dem Brunnen auch hin, legt ihre Hand drauf und wäscht ihr Gesicht mit dem Wasser und dann beginnt dieses Musikmotiv da auf den fünf Tönen, was auf einem Klavier oder Glockenspiel gespielt wird, und dann kommt dieses Feuer, das eine Nonne mit einem Blasebalg entfacht, die zuvor Holzscheite holt. Luft, Feuer und Wasser, alles ganz archaische Symbole. Die Kamera, was ich dann sehr schön finde, diese Kamera erfasst dann Saskia an der Wand zum Kloster vom Kreuzgang und sie ist ganz klein zusammengekauert. Und dann geht die Kamera hoch und blickt sozusagen auf sie aus der göttlichen Perspektive, sage ich dann immer, und dann sieht sie, wie sie ganz da unten zusammengekauert sitzt, und dann geht die Kamera hoch, übers Dach und in den Himmel rein. Die Sache, die dann anschließend kommt, ist die Sache mit den Kühen, was ich einen wunderbaren Moment finde, der einzige Moment, wo alle zusammen in einem Glücksmoment erleben, ja, wo sozusagen die ganzen Probleme, die sie mit rumschleppen, aufgehoben sind in diesem Moment, in dem sie gemeinsam die Kühe zusammentreiben und alle lachen und sind irgendwie glücklich. Das ist so ein ganz starker Moment in dem Film. Ich habe mich gefragt, ist das der Kernpunkt des ganzen Films, auch weil es ungefähr in der Mitte des Films ist. Ich hatte den Eindruck, dass Ihnen das auch wichtig war, gerade dieser Moment mit den Kühen, ein ganz außergewöhnlicher Einfall.

Anne Wild: Ob das jetzt der zentrale Moment des Films ist, weiß ich nicht. Ich sage mal, es ist das Gebot der Stunde, dass man jetzt diese Kühe einfangen muss. Es gibt eine Dynamik, alle bewegen sich, und das sagen die ja auch, dass sie einmal so durchgepustet werden durch eine ganz konkrete Aktion. Aber ich würde gar nicht sagen, es gibt jetzt einen zentralen Moment, weil diese Szene zwischen den beiden Schwestern z. B. auch ein zentraler Moment des Films ist, wie sich beide später da in dem Klostergang begegnen. Insofern würde ich dieses Label, «das ist jetzt die zentrale Szene des Films», jetzt nicht an die Kuhjagd vergeben, aber ich mag sie auch total gerne.

Peter Hasenberg: Aber es ist da so eine Verbindung, die mal abgesehen von Saskia, die noch im Kloster ist, alle verbindet. In diesem Moment machen alle das Gleiche und erleben alle so einen großen Moment. Sonst hat jeder seine eigene Geschichte, aber da sind sie einmal alle sehr intensiv zusammen mit einem gleichen Erlebnis und wo man sich nicht entscheiden muss, sondern der Moment erfordert das und man muss da jetzt rein und kann nicht lange überlegen, was ist jetzt der Lebensentwurf. Das ist so eine für die Figuren besondere Erfahrung.

Anne Wild: Ja, das ist, warum auch immer, so ein Glücksmoment, Kühe zu jagen. Ich habe das selber erlebt, so eine Kuhjagd. Deswegen ist sie auch in dem Film. Und diese Geschwindigkeit, hinter denen her, also wirklich nur die Aufgabe zu haben, diese Kühe wieder einzutreiben.

7 Glücksmoment – Familie Kerkhoff auf der Obstwiese des Klosters

Markus Leniger: Ich glaube, das Entscheidende ist gar nicht der konkrete Auslöser. Das Wort «Glücksmoment» besteht ja aus zwei Teilen, Glück und Moment. Also es ist eben sehr kurz. Das Glück ist kein auf Dauer angelegter Zustand, den ich über zwanzig, dreißig Jahre perpetuiere, sondern ist in diesem Moment. Bei Onkel Rolle ist der dann ja auch schon relativ schnell wieder weg, als seine Freundin ins Auto steigt und abhaut. Aber das negiert nicht diesen Moment. Er ist total glücklich, gesteht (der Mutter von Saskia und Kati) Usch, dass sie die beste Frau der Welt ist, was bei ihr den Glücksmoment der Kuhjagd nochmal auf eine Spitze treibt. Sie ist geliebt von diesem Mann, ihr eigener Mann hat es ihr vielleicht länger nicht gesagt. Aber Glück ist ein Moment, kein Zustand, den man sich irgendwie einmauern kann.

Anne Wild: Ja, und es gibt halt verschiedene Ebenen. Es gibt eben Glück in so einer Leichtigkeit und es gibt Glück in einer tiefen Begegnung für einen Moment, also das sind einfach auch verschiedene Möglichkeiten, das Glück zu erleben (Abb. 7).

Reinhold Zwick: Ich wollte nochmal auf dieses Moment des Geheimnisses der Berufung zu sprechen kommen. Als ich den Film das erste Mal gesehen habe, war ich doch etwas gespannt, zumindest ein paar Andeutungen zu bekommen. Von Kati kommen sie nicht, sie schweigt durch den Regietrick des Gelübdes und sie ist glücklich, sie scheint in ihrer Entscheidung fest, was aber durch die Dramaturgie auch nochmal leicht hinterfragt wird. Denn es könnte ja auch sie diejenige sein, die die Einkleidungszeremonie verzögert und für die die Schwestern beten, dass die quasi die Berufung nochmal festigt oder entscheidet. Das bleibt ja in

8 Postulantinnen nach der Einkleidung

der Schwebe. Sie erscheint glücklich, in sich gesammelt, in sich ruhend und die Berufung, diese Sehnsucht nach mehr und nach dem, was mich erfüllt, das bleibt ja auch im Ungesagten. Es strahlt sich irgendwo aus, aber das einzige Motiv, das irgendwo so, über so eine Spiegelfigur über die Dialoge kommt ist ja eigentlich dann der Rückblick auf die Schwesterbeziehung. Dass sie als die jüngere Schwester immer in so einer gewissen Konkurrenzspannung zu Saskia gestanden ist und das ist auch ganz oft bei Geschwistern die Problematik. Die ältere Schwester bringt die super Noten nach Hause und die jüngere, die andere Begabungen hat, Kati, sucht und findet diesen ganz anderen Weg aus dieser Konkurrenzspirale. Meine Frage wäre, ob Sie vielleicht in einer früheren Phase der Drehbuchentwicklung überlegt haben, diese Berufungsmotivation in zarten Andeutungen doch irgendwie zu artikulieren? Und ich denke, das ist auch filmisch möglich, wenn ich an den polnischen Film IDA (PL 2013, Regie: Pawel Pawlikowski) denke, der ja auch das Thema der Berufung hat. Da wird vor der ewigen Profess eine junge polnische Nonne nochmal aus dem Kloster rausgeschickt, auf die Suche nach ihrer Lebensgeschichte geführt im Auftrag der Äbtissin. Sie kommt in das Heimatdorf, wo sie schwierige Kindheitsjahre hatte und sie lernt dort in diesem Dorf im Wirtshaus auch einen Jazz-Musiker kennen und verbringt mit dem eine Nacht, die erste Liebesnacht ihres Lebens, und dann ist ja auch das Überraschende und das Skandalöse, sie geht wieder ins Kloster zurück. In einem Dialog zwischen ihr und dem Jazz-Musiker wird das verbalisiert, der sagt dann zu ihr: Ja, und dann sehen wir uns an den Wochenenden, dann schaffen wir uns einen Hund an, dann heiraten wir, dann kommt ein Kind. Und sie sagt immer: Und dann? Was kommt dann? Ja, dann, dann werden wir eine glückliche Familie. Und dann? Also irgendwo, da wird diese Sehnsucht nach dem Mehr sehr stark entfaltet. In Ihrem Film, das ist auch das reizvolle, dass es so ein Geheimnis bleibt, aber haben Sie mal überlegt, gerade diese Spur, diese Sehnsucht nach Mehr doch etwas deutlicher auszudrücken oder war das von Anfang an klar?

Anne Wild: Nein. Denn ich glaube, das wäre ein anderer Film gewesen. Der Film über Kati und ihre Entscheidung, das ist ja wirklich der Film über die Familie. Es war eine ganz klare Entscheidung, dass zwar dieses Geheimnis oder dieser Moment dieser starken Entscheidung da ist (Abb. 8), aber dass ich erzählen möchte, was er für die anderen Figuren eigentlich bedeutet. Es gab noch Szenen, z. B. zwischen den Geschwistern, wo die spekulieren, woran liegt's jetzt, dass die ins Kloster geht, z. B. wir haben sie immer zu sehr unterdrückt. Also eher absurde Gedanken, die war schon immer so, aber nichts, was jetzt wirklich ernsthaft erklärt. Aber dass wirklich Kati zu Wort gekommen wäre, warum sie diese Entscheidung getroffen hat, das wird wirklich nur gespiegelt über die anderen, also z. B. auch durch den Freund, über den man ja schon so Splitter davon mitbekommt, was mit ihr war und auch über Saskia. Aber es gibt ja dieses Gespräch zwischen Saskia und dieser Schwester an der Tür, dass das ja auch sein könnte, dass Kati eben noch Zeit braucht, um sich zu entscheiden. Das wurde irgendwie lang diskutiert, darf sie das sein, muss man das sofort ausschließen, muss sich das ganz konkret auflösen, was da ist, warum sich das verzögert, und die Schwester sagt ja dann, vielleicht braucht *jemand* noch etwas Zeit. Und das hat mir eigentlich gut gefallen, dass sich herausstellt, es geht nicht um eine der drei Kandidatinnen, sondern es geht eigentlich um die Familie, die noch Zeit braucht, um das annehmen zu können oder verarbeiten zu können oder selber irgendwas spüren zu können. Ich glaube, darauf zielt der Film ab, eben dass die Familie diese Zeit bekommt und dass das das Wichtige ist, dass man über Weg, den sie gehen mit dieser Entscheidung der der jüngsten Tochter, etwas erfährt.

Christian Wessely: Ich habe eine ganz pragmatische Frage, Stichwort Kronleuchter. Saskia schleppt offensichtlich auf dem Weg, aus London den Kronleuchter mit, neben anderem Gepäck, und schleppt den auch wieder mit weg zum Flughafen. Es ist eigentlich nicht ganz seriös, die Regisseurin nach Deutungsmustern zu fragen. Aber dieser Kronleuchter macht mir zu schaffen. Wie sind Sie dazu gekommen?

Anne Wild: Ja, was denken Sie?

Christian Wessely: Im Gespräch mit dem Ex-Freund, das ja bezeichnenderweise am Friedhof stattfindet, erwähnt sie, dass sie sozusagen alle Brücken abbricht nach London, und jetzt den wahrscheinlich wirklich wertvollen Kronleuchter da mitschleppt. Okay. Aber sie schleppt ihn dann am Ende des Films wieder mit sich.

Anne Wild: Genau, aber das ist die Idee, dass sie eigentlich ihre Zelte abgebrochen hat, sie hat ja auch eine Bettdecke und so Sachen dabei, mit denen man jetzt nicht unbedingt reist. Also dass sie sozusagen ihren Hausstand, der in zwei Koffer passt, mitgebracht hat, weil's halt in London doch nichts war. Und am Schluss ist eigentlich die Entscheidung, warum nicht auch mal dableiben. Also dass sie zurückgeht nach London ist eigentlich für sie die große Entscheidung. Sie sagt nicht, jetzt fange ich wieder was Neues an, sondern jetzt bleibe ich mal bei dem.

Markus Leniger: Das ist ja vielleicht die Gelegenheit, etwas zu den Drehorten zu sagen. Das ist ja nicht *ein* Kloster, sondern Sie haben das ja zusammengebaut. Wie haben Sie dieses Kloster gefunden?

Anne Wild: Ich habe sehr viel in Siessen recherchiert bei den Franziskanerinnen, die sind relativ jung, haben viele Eintritte auch von jungen Frauen, und es gibt natürlich auch komplett überalterte Klöster, wo nur Nonnen ab 70 sind, das ist klar. Und genau – zu den Klöstern: Also dass wir natürlich in verschiedenen Klöstern gedreht haben, innen und außen, weil wir in bestimmte Klöster nicht reindurften [als Frauen, Anm. M. L.], z. B. in Beuron. Gott sei Dank hatte ich einen Kameramann, den konnte ich dann irgendwie vorschicken. Und andere Klöster, die man innen bespielen konnte, die waren dann wiederum aber nicht geeignet. In Bebenhausen haben wir innen diesen Kreuzgang gedreht für das Bild *des* Klosters.

Peter Hasenberg: Nur zum Thema Reality-Check. Ich hatte im Rahmen eines Vortrags «Ordensleben im Film» auch Ausschnitte aus dem Film gezeigt. Und diejenigen, die besonders kritisch waren, waren Ordensschwestern, die im Publikum saßen und sagten, ja, das ist alles so alt usw., da wird noch Feuer gemacht mit dem Blasebalg, das ist doch gar nicht so. Wir haben auch Computer und es ist alles modern. Die bestanden darauf, das ist nicht irgendwie ein Einsiedlerort, sehr archaisch in irgendeiner Weise, sondern sie wollten irgendwie das moderne Kloster dann abgebildet sehen und für sie ergab dann der Reality-Check, das ist nicht unsere Wirklichkeit.

Michael Schulte: Ich habe im Abspann gesehen, dass Sie Ihrer Schwester danken und auch in der Einleitung haben Sie ihre Schwester genannt. Inwieweit spielt ihre eigene Familiengeschichte, ihre eigene Gemeinschaft mit Ihrer Schwester im Film eine Rolle? Was hat das mit Ihrem eigenen persönlichen Leben zu tun?

Anne Wild: Also meine Schwester ist jetzt nicht ins Kloster gegangen und hat's auch nicht vor, aber ich glaube, es fließt immer ganz viel in den Film ein. Also dass das mit einem was zu tun hat, dass ich bestimmt diese Schwesternkonstellation gewählt habe, weil ich mich da irgendwie auskenne, weil ich eine Schwester habe, die mir sehr nahe steht, die mir sehr wichtig ist, auch überhaupt meine Familie. Meine Mutter besteht immer darauf zu sagen, dass sie aber überhaupt nicht Vorbild für diese Mutter ist, was auch absolut stimmt, das ist dann eher eine andere Anverwandte, die ich da gewählt habe für die Mutter. Es ist sehr lustig, weil meine Mutter ist eine sehr dezente, ruhige Frau. Und die Film-Mutter Usch verstört. Da brauchte man dann eher so einen Charakter oder so einen Muttertyp für diese Konstellation. Was ich vorhin schon beschrieben habe mit der Drehbucharbeit, insofern sucht man sich die Sachen zusammen, also es ist nicht eins zu eins, aber natürlich ist vieles von persönlichen Erfahrungen, Erlebnissen gespeist, aber das ist dann wie so ein großer Pool aus Selbsterlebtem, aus Gesehenem, aus Dingen, die man gelesen hat usw., die dann zur Verfügung stehen, um so einen Film zu bauen. Aber natürlich im Kern, ich glaube, man transkribiert eigene Erfahrungen da rein.

Rainer Kaps: Ich möchte nochmal zurück zu diesem Stichwort Berufung. Was mich sehr fasziniert, ist, was Sie eben sagten, dass Berufung die Frage bedeutet: Sehnsucht nach mehr. Und das kann man eigentlich ja doch für alle Personen im Film sagen. Jeder ist auf der Suche nach seinem Mehr. Und insofern haben die Leute außerhalb des Klosters genau die gleiche, ihre eigene Berufung wie die Leute im Kloster. Und das finde ich theologisch sehr spannend zu sehen, dass die Berufung nicht für das Kloster exklusiv ist.

Anne Wild: Das fand ich auch sehr interessant bei den Vorgesprächen [mit Ordensschwestern, Anm. M. L.], dass sie gesagt haben man kann ganz andere Berufungen haben. Z. B. fühlt man sich als Mutter berufen jetzt als Frau oder man fühlt sich in dem Beruf berufen, es gibt ganz viele Sachen. Was toll war, dass eigentlich mir da auch klar wurde, das Wichtige ist das Ja. Also das Ja zu einer Sache, das Ja, was auch gilt. Und das ist auch was, was eben im Moment nicht so modern ist, dass man wirklich zu einer Sache sagt: Ja, diesen Weg will ich gehen. Das ist mein Weg. Und dass es auch ein Wechselspiel ist, weil dieses Ja natürlich was Aktives ist und Berufung klingt ja immer nach etwas, was von außen an einen herangetragen wird. Also das fand ich eine interessante Dynamik, wo ich jetzt auch gar keine Antwort habe, wie es ist, aber das war ein Punkt, den ich sehr, sehr interessant fand. Dass jeder danach sucht, also ob's Berufung ist, ob's Werte sind, also diese Frage, was habe ich in meinem Leben. Einerseits, was macht mich glücklich, was möchte ich, aber gibt's da noch was mehr oder gibt's da nur mich. Also auch in beiden Aspekten. Wie, da gibt's noch andere Leute, die damit zusammenhängen, aber gibt es auch etwas, was vielleicht über das hinausweist. Und ich denke, diese Suche danach, also was Sie auch vorhin sagten, dann wird es schon sehr esoterisch oder so, dass der Versuch sozusagen, in dem realistischen Medium Film von einer anderen Realität zu erzählen oder von etwas, was darüber hinausweist, das mag hier jetzt sehr stark auch mit dem Thema zusammenhängen, weil es eben um eine religiöse Berufung geht, aber es ist grundsätzlich auch was, was mich sehr interessiert in meinen Filmen, also wie kann man da drankommen, wie kann man das vielleicht eher eben auch zwischen den Bildern oder wie auch immer aufscheinen lassen.

Irmgard Schreiner: Ich habe noch eine Frage zu dem Bienenkind. Also ich sehe da eine gewisse Verbindung zwischen diesem Kind im Bienenkostüm und der Kati. Und zwar werden beide von ihrer Umwelt nicht verstanden. Dieses Kind wird belehrt von ihrer Großmutter über das Bienenland: «Das gibt es ja gar nicht.» Auf dieses Kind wird überhaupt nicht eingegangen. Und genauso stößt ja auch die Entscheidung der Kati auf Unverständnis in der Familie. Und es ist mir, ich weiß nicht, ob es Zufall ist oder ob ich das überinterpretiere, als Kati dann eingekleidet wird, da bekommt sie ja einen neuen Namen, und sie bekommt den Namen Marie, dieses Bienenkind hieß ja auch Marie, und da dachte ich, vielleicht soll symbolisch da nochmal eine Verbindung hergestellt werden. Und als zweiten Namen Clara. Dieses Klarwerden, sich selber klar sein, nicht mehr zweifeln an ihrer Entscheidung. Das trifft vielleicht ja auch zu bei ihr.

Anne Wild: Ja. Also Maria heißen alle Schwestern, das ist immer der Name, der zuerst gegeben wird. Aber das Bienenkind heißt ja auch Marie. Also es ist sicher richtig, wie Sie das empfinden. Ich glaube, es ging mir erstmal viel einfacher nur darum, dass man diesen Ort finden kann, wenn man daran glaubt. Und dass das an bestimmten Figuren gezeigt wird oder passiert, und ich glaube, so konkret mache ich dann die Verbindung gar nicht, das bedeutet jetzt das oder der spielt den oder so, weil Saskia ja auch auf der Suche ist nach ihrem Ort z. B. Also es ist einfach etwas, was alle bewegt in diesem Film.

Manfred Langner: In dem Film wird ja viel erzählt und viel geredet, ist auch viel Gesprächsbedarf durch den Umstand, ins Kloster einzutreten. Aber mir fällt auf, zum Schluss, wenn ich das richtig noch in Erinnerung habe, der Vater kommt, hat die Blume, den Blumenstrauß in der Hand und sagt, die Vernunft fragt und das Herz antwortet. Ein Satz, der für mich ziemlich herausragt aus dem Vielen, was gesprochen wird. Und der wird ja sehr exponiert auch relativ am Ende des Films, wo sich das auflöst und alle sozusagen an ihren Ausgangspunkt zurückgehen, zweifelsohne verändert, in eine neue Weite und Freiheit bis nach London, aber der hat mich sehr berührt. Es ist natürlich ein, wenn man sich mit Berufung befasst, ein Bild, eine Metapher, das zu verstehen. Es gibt eine Ebene und die Antwort ist, die ich auf einen Beruf gebe, ist nicht unbedingt die Antwort der Vernunft, sondern da antwortet mein Herz. Ist Ihnen das ein besonders kostbarer Satz gewesen, dass Sie den relativ am Ende platzieren oder ist das einfach entstanden aus der Geschichte, in die Sie eingetaucht sind? Er ragt ja raus, finde ich.

Anne Wild: Ja, also ich glaube, der Satz ist mir begegnet, ich weiß es gar nicht mehr genau, aber jemand hat es über das Gebet gesagt. Ich glaube eine der Schwestern in Siessen. Ich fand ihn sehr schön, diesen Gedanken, dass man immer versucht, was rauszufinden. Die Antwort ist einfach auf einer anderen Ebene. Und ich finde, das hat sehr viel mit dem Christentum zu tun. Also für mich. Dass es einen Jesus gibt und der ist als Kind geboren und ist das Herz irgendwie und es ist nichts, worüber die alle diskutieren können, sondern das ist etwas Anderes. Und ich glaube, ich habe eher auch überlegt, kann der Vater diesen Satz sagen, weil er damit natürlich sehr, sehr viel versteht, und ich dachte mir aber dann, ist es vielleicht auch ganz schön, weil es vielleicht auch etwas ist, dass er dann auch wirklich so tief die Tochter versteht und was sie auch von ihm da mit reintragen kann.

Markus Leniger: Aber es ist ja etwas überraschend. Der Vater ist vorher abwesend. Wir erfahren, der wollte nicht mitkommen. Usch sagt ja: Also den verstehe ich jetzt gar nicht mehr. Da denkt man ja den ganzen Film über, der ist vielleicht der, der die größten Schwierigkeiten mit der Entscheidung hat. Am Ende kommt jetzt der Satz und der öffnet die Perspektive, dass er der Einzige ist, der verstanden hat und quasi den väterlichen Segen gibt zum Schluss. Und in der Visualisierung ist es so, dass er ja auch (wie die anderen Familienmitglieder) ziemlich durchnässt wurde, eine ähnliche «Taufe» bzw. Veränderung durchlebt hat. Oder war er am Anfang schon so klar, dass er gesagt hat, ich muss da nicht hinfahren, mein Herz hat für mich auch schon gesagt, das ist in Ordnung?

Anne Wild: Nein, nein, der hat die größten Probleme damit. Also das ist so und er versteht es überhaupt nicht. Deswegen fährt er nicht hin und es ist eigentlich nur am Schluss, dass er, ja, auch diesen Schritt gegangen ist. Da hätte man natürlich noch viel, viel mehr erzählen können, die ganze Geschichte des Vaters usw. Und das kommt jetzt nicht vor, sondern es ist dann komprimiert auf diesen Satz, auf diesen Auftritt, der ja auch viel erzählt, wie er da steht und dass er jetzt nicht vollkommen glücklich ist, das sieht man, glaube ich, auch. Also dass er da einen Weg hinter sich hat. Und vielleicht kennt er diesen Satz auch von Kati.

Rebekka Schillmüller: Für mich war in diesem Film auch ein großes Thema der Umgang mit Freiheit. Ich glaube auch, dass unsere Generation sich schon eher in der Saskia widerspiegelt, dass man sich Freiheiten nehmen muss, so wie die Mutter sagt: «Ihr seid frei, ihr könnt euch entscheiden, das ist ein großes Geschenk, macht das.» Und andererseits, wie Saskia sagt, ist das auch total die Bürde. Das ist ganz schwierig, in dieser Freiheit sich irgendwie entscheiden zu müssen, und ja, dann auch ihre Schwester beneidet, die sich quasi ein bisschen Freiheit nimmt, um Geborgenheit und Halt und auch irgendwie einen Weg zu sich zu finden, der ein bisschen vorgegebener ist als diese große Freiheit, die heutzutage so vorherrscht. Und das fand ich ein sehr schönes Thema. Ich glaube, dass das gerade für die jüngere Generation immer schwieriger wird, dass einfach Halt fehlt und z. B. sowas wie Religion, d. h. in ganz Vielem auch gar keinen Halt mehr gibt. Und da würde ich Sie einfach gern nochmal fragen, wie Sie sich dieses Thema da erarbeitet haben?

Anne Wild: Ja, genau. Ich denke, es ist so, wie Sie sagen, dass das in der jüngeren Generation oder eben auch noch in der Generation von Saskia, Glück und Bürde ist, und dass diese Freiheit halt da ist, ganz stark, und dass man aber gerade dadurch dass man so viele Optionen hat, wenn man sich für eine entscheidet, lässt man viel mehr weg und deswegen hat man ein viel größeres Verlustgefühl. Früher hatte man drei Optionen und dann hat man nur zwei weggelassen, d. h. man hat zwei verloren. Heute hat man 20, dann lässt man 19 weg. Da hat man viel mehr verloren. Fand ich interessant, dass die Psychologie so rum funktioniert. Und das andere ist, als ich mit den Schwestern gesprochen habe, dass die natürlich immer gesagt haben: Nein, nein, ich gehe in die Freiheit. Also diese Entscheidung, die hat ganz viel mit Freiheit zu tun. Und dass man das erst gar nicht so richtig versteht und dann aber, je mehr man sich auch damit beschäftigt, dass die halt wirklich sagen: Ich habe plötzlich so eine innere Freiheit. Weil auch so viel Äußeres wegfällt, also erst mal ganz pragmatisch, (auch materiell) weil ich Raum habe und natürlich, weil ich durch diese Entscheidung auch dann auf einer inneren Ebene zu einer ganz anderen Freiheit komme. Und das kommt vielleicht nochmal mit dieser Entscheidung der Berufung, also dieses Ja, dass man einfach zu etwas Ja sagt und diesen Weg gehen kann, das ist halt heutzutage, glaube ich, wahnsinnig angstbesetzt, also weil man so viele Möglichkeiten hat und dadurch auch so viel Angst, was falsch zu machen.

Reinhold Zwick: Direkt dazu. Freiheit ist, glaube ich, ganz wichtig. Ich erinnere mich an ein Radio-Interview mit Philip Gröning, den wir als ersten Gast hier bei dieser Tagung begrüßen durften, der sich ja intensiv auch ins Kloster reinbegeben hat (DIE GROSSE STILLE, DE/FR/CH 2005). Da gibt's ja so eine Schnittstelle, dieser lange Aufenthalt bei den Kartäusern, was für ihn der Nachhall dieser Begegnung ist, wie er wieder ins normale Leben nach der Dreharbeit zurückgekehrt ist. Er hat gespürt, dass in dem Kloster, das für uns so mehr als Raum des Zwangs erscheint, eine ungemeine Freiheit herrscht, so von der Grundbefindlichkeit der Menschen. Freiheit und vor allem auch eine Angstfreiheit. Und bei den Menschen, denen er dann auf der Straße begegnete, hat er immer nur das Gefühl gehabt, er begegnet Menschen, die unter Zwängen sind im Gegensatz zu dem Raum der Freiheit, den er im Kloster wahrgenommen hat. Ich kann's jetzt nicht so direkt nachvollziehen, aber das war seine ganz starke Impression.

Anne Wild: Also ich möchte schon auch nochmal eine Lanze brechen für die Freiheit unserer modernen Welt, weil ich finde es wichtig, dass man wirklich auch sieht, also z. B. auch was die Mutter sagte. Ich habe mir immer vorgestellt, Usch ist damals für das Recht der Frauen auf die Straße gegangen, also sie hat wirklich dafür gekämpft, deswegen ist es für sie auch so absurd. Ich glaube schon, dass es ganz toll ist, dass es diese Freiheit gibt und ich glaube eher, der Schritt, was man lernt, ist vielleicht ein gewisses Vertrauen, dass man vertrauen darf darin, dass man seinen Weg finden wird und dass man, wenn man wirklich das Herz öffnet, wenn man das wirklich sucht, dass man dann eben diesen Weg gehen kann, seinen Weg, und dass es irgendwie darum geht, dass man da vielleicht in einem anderen Raum oder auch in einer anderen Ruhe sowas überhaupt hören kann, Wo geht's denn für mich hin? Weil es manchmal einfach zu laut ist, um das zu hören.

Reinhold Zwick: Ich würde auch die Freiheit verteidigen, aber ich wollte nur sagen, das war die Erfahrung von Philip Gröning.

Anne Wild: Ja, ja. Das ist auch so. Wenn man denkt, im Kloster, oh Gott, und was würde man denn am meisten vermissen und man denkt ja immer, die Freiheit. Und welche Freiheit ist es denn? Und deswegen fand ich das auch so interessant, dass die gesagt haben: Nein, wir gehen in die Freiheit. Und das ist für uns ein ganz, ganz wichtiger Punkt, diese Befreiung von ganz Vielem, dass wir angstfrei und frei sind in diesem auch Getragensein. Also das ist ja das, was die Schwestern auch beschreiben, dass sie sagen, man ist genauso Mensch, der zweifelt und sucht und was weiß ich, aber es gibt jemand oder etwas, was einen trägt und das ist der große Unterschied. Und ich denke, das hat aber auch mit dieser Entscheidung zu tun, also dass die irgendwie denen auch so eine gewisse Kraft gibt.

Markus Leniger: Ich würde auch für die Freiheit plädieren und davor warnen, jetzt zu einer Idealisierung des Klosterlebens zu kommen. Das Kloster hier und die unverständliche, wunderhafte Entscheidung von Kati ist ja zunächst mal eine Projektionsfläche, ein Katalysator, etwas Unverständliches. Wie die Schwestern wirklich leben, das haben Sie in den Recherchen erfahren, aber das erfahren wir in dem Film ja nicht. Wir sehen sie in der Kirche, wir sehen sie rauf- und runtergehen. Ich glaube, es wäre ein Irrtum zu sagen, ich habe die Entscheidung fürs Klosterleben getroffen und damit bin ich jetzt dauernd in dieser Freiheit und damit bin ich aller Probleme enthoben. Im Kloster gibt es am Ende die gleichen Probleme, die es auch außerhalb des Klosters gibt. Auch da gibt es gruppendynamische Prozesse, da gibt es Auseinandersetzungen, da gibt es auch Mobbing und ähnliche Dinge. Also das nur vielleicht um anzudeuten, dass es auch nach der Entscheidung für das Kloster nicht so einfach ist. Es ist wichtig, dass diese Entscheidung getroffen wird, dass dieses Vertrauen da ist. Sie haben in für mich einer der stärksten Szenen des Films, die auch im Kreuzgang spielt, nach dieser Himmelfahrtsperspektive der Kamera, das Gespräch der beiden Schwestern, das ja eigentlich ein Monolog eigentlich ist. Saskia spricht, aber es ist unglaublich stark, was im Gesicht von Kati passiert. Das ist ja wie ein Resonanzraum, sie antwortet wortlos. Und für mich war da schon nicht der Eindruck, dass für sie die Sache erstmal einfach war, also es ist nicht so, dass sie da jetzt steht, monolithisch, wie eine Figur in einem Chorraum, sondern es spielt sich in ihr ganz viel ab. Ich meine, dass da auch mal eine Träne zu sehen ist. Also es ist schon ein schmerzhafter Prozess und der ist auch nach dieser Profess noch nicht abgeschlossen. Also vielleicht wenn Sie dazu noch ein bisschen was sagen. Nicht, dass uns jetzt die Kati hier so als der Entscheidungsübermensch erscheint.

Anne Wild: Also ich glaube, das ist ja genau der Punkt. Es geht nicht darum, jetzt das Klosterleben zu zeigen und ist es gut oder nicht oder soll man sich jetzt dafür entscheiden, sondern es ist eine Projektionsfläche und deswegen ist das Kloster auch nicht in dem Sinne realistisch, sondern es ist das, wie Kati es sieht und wie es durch die Augen der anderen gesehen wird. Also das erstmal dazu. Und dann glaube ich, dass man immer zweifelt. Kati trifft diese Entscheidung mit all ihren Zweifeln und allen Ängste, die sie hat. Und sonst wäre es auch keine tiefe Entscheidung, wenn man jetzt einfach sagen würde, ja klar, ich mache das und alles ist prima. Also das soll auf jeden Fall auch gezeigt werden, dass sie zweifelt und dass sie vielleicht sogar auch die Schwester teilweise braucht und dass die auch unbedingt dieses Gespräch nochmal braucht. Für beide Schwestern ist das ganz wichtig. Aber es ist auch klar, dass sie sich danach trotz und wegen allem dafür entscheiden wird. Und das ist, glaube ich, die Kraft und das ist auch das, was die anderen irgendwie umhaut, dass sie das wirklich macht, in aller Konsequenz.

N. N.: Ich glaube, das hat ja auch was damit zu tun, dass sie eine unglaubliche Kraft hat, Abschied zu nehmen. Das wird ja auch in dem Film sehr deutlich, dass sie Altes loslassen kann. Und das ist, glaube ich, total schwierig, dass man häufig denkt, wenn wir in Neues reingehen, könnten wir das Alte behalten.

Anne Wild: Ja, ich glaube, genau, das hängt auch mit dieser Entscheidung zusammen. Saskia sagt, du hast dich entschieden und zahlst den Preis. Das ist Freiheit. Und ich glaube, das hängt auch damit zusammen, dass man denkt, man entscheidet sich und dann muss das die beste Lösung sein, sprich es gibt keinen Preis, aber meistens ist das ja so, dass man immer einen Preis bezahlt. Also egal welche Entscheidung man trifft, es mag dann die richtige sein für einen und trotzdem gibt es Dinge, die dadurch ausgeschlossen werden oder eben das Alte muss losgelassen werden oder eben man geht durch eine Tür und macht dann die anderen zu. Und das ist es, was im modernen Leben einem irgendwie suggeriert wird, man könnte durch alle Türen gehen oder wenn man alle offen lässt, dann kann einem nichts passieren. Aber dadurch, dass man selber diese Entscheidung treffen muss, hat man halt selber diese Verantwortung dafür, dass man diesen Preis bezahlen muss.

Manfred Langner: Wir haben ja in diesen Tagen viel über Familienbilder nachgedacht, auch in aktuellen Kinofilmen. Sie sagten eben mal, der Film ist als Ensemblefilm angelegt. Ich weiß von Frauen und Männern, die sich näher kennen, die im Kloster leben und sehr gut da leben und durchaus den Film auch mögen, die sagen, also diese Klostergemeinschaft ist meine neue Familie, also die sozusagen nochmal auch diesen neuen Lebensraum mit diesem Bild versehen. Können Sie sagen, wenn sie nochmal auf das Ensemble schauen, das Sie uns gezeigt haben, welches Familienbild Ihnen vorschwebte bei dem Film oder welche Bilder. Man könnte auch sagen, das ist ein sehr bunter Haufen, sehr interessant, sich daran zu beteiligen, da mitzulaufen, mal zu gucken, vielleicht auf das eigene Ensemble zu Hause zu schauen, wo man herkommt. Ist da eine Idee, was Sie da sehr stark bewegt hat?

Anne Wild: Was meinen Sie jetzt, welches Familienbild ich hatte? Also ich weiß nicht, was für Kategorien es gibt.

Manfred Langner: Na ja, es war ja sehr bunt und sehr verschieden, wie dort Familie aufschien.

Anne Wild: Ja, auf der anderen Seite finde ich, es ist jetzt gar nicht so ext-rem. Also es ist keiner jetzt gerade todkrank oder weiß ich gar nicht, also z. B. bei den Schauspielern, die wollen ja dann immer so ganz ext-reme Figuren und das haben die gar nicht. Also die sind ja eigentlich dann doch wieder auch alle sehr normal. Also sie sind halt Individualis-ten, stark, aber ich finde die Familie nicht wahnsinnig extrem.

Manfred Langner: Durchschnitt?

Anne Wild: Ja. Also es ist natürlich eine bestimmte Schicht, ja? Also das ist ganz klar. Es ist eine –auch witzigerweise beim Casting –, es ist eine westdeutsche Mittelschicht-, Bourgeois-Familie, würde ich sagen. Und das war lustig, weil die Ursula Werner (Darstellerin der Mutter Usch Kerkhoff) ist ja ganz klar aus dem Osten und das war dann echt so die Frage, kann sie das spielen. Darüber haben wir viel gesprochen, weil ich hatte für die Schwestern auch mal jemand und es ging überhaupt nicht, also das war einfach so eine bestimmte Art von auch Arroganz, womit diese Schauspielerin totale Probleme hatte und Ursula Werner meinte dann, ja, also, wenn die jetzt nicht Dialekt sprechen muss, wenn die aus Berlin kommen kann, kann ich mir das vorstellen. Und das war eigent-lich toll, weil ich finde, sie hat sich wirklich in diese Frau verwandelt. Und sie hat auch alles mit sich machen lassen, also z. B. mit den Haa-ren, sie war total offen, es hat wunderbar funktioniert, aber es war auch interessant, darüber nachzudenken, dass es schon ein ganz bestimmtes Segment von Familie ist. Also dass ich jetzt nicht eine Arbeiterfami-lie aus dem Ruhrgebiet gewählt habe, die dahin geht. Das wären dann natürlich andere Leute gewesen oder eben aus dem Osten, dem ehe-maligen Osten. Man hätte ja vieles wählen können. Es konnotiert eine Familie schon, die Schicht, der regionale Ursprung, auch sozusagen der Status, der wirtschaftliche Status, der intellektuelle Status, sowas. Aber grundsätzlich finde ich sie nicht extrem in diesem Segment, gar nicht.

Peter Häcker: Es werden ja auch den Personen noch so Bruchstücke ihres weiteren Lebens so beigegeben in dem Film, ohne dass das weiter ange-sprochen oder aufgelöst wird, z. B. dass der Familienvater den Führer-schein verloren hat. Das wird an zwei Stellen deutlich, wird aber nicht weiter thematisiert. Oder die Mutter telefoniert und sagt dann irgend-wann: Der kriegt dann eine halbe Seite in der FAZ, ohne dass irgendwo eigentlich klar wird, worauf sich das bezieht.

Anne Wild: Ja, also das war einfach eine Entscheidung, ob man jetzt erst am Anfang alle Figuren mit allen Problemen und Berufungen und Hinter-grundwissen einführt oder ob man einfach reinspringt in den Moment und es sich sozusagen zusammensetzt und man mehr oder weniger verstehen kann, aber es auch jetzt nicht so wichtig ist. Es ist einfach klar, dass die Mutter einen verantwortungsvollen Job hat, wo sie noch Sachen zu regeln hat. Also sie soll Wirtschaftsjournalistin sein, aber es war dann die Entscheidung, dass das nicht so wichtig ist, dass das so dezidiert eingeführt und erklärt wird. Von daher kommen diese Splitter. Es wird so viel geredet in dem Film. Und manchmal ist es auch einfach wie Musik.

Markus Leniger: Zum Schluss noch mal zwei Fragen, die ein bisschen wegführen vom inhaltlichen und nochmal das Handwerk des Filmemachens betreffen, also diese unbedingte Sehnsucht nach einem anderen, nach dem «Bienenland», diese Energie, die dahintersteckt. Braucht man die auch als Filmemacherin bei einem solchen Projekt? Dieser Film hat ja eine enorm lange, mit Schwierigkeiten gepflasterte Produktionsgeschichte. Sind Sie sich da auch manchmal so vorgekommen, dass Sie diesen Film so unbedingt erreichen wollten, wie Marie ihr Bienenland? Und die zweite Frage zur Visualisierung, das ist mehrfach schon angeklungen, dieser Versuch, das Transzendente darzustellen, z. B. in diesem «Wunder» als Marie vom Baum stürzt und ihre Tante Saskia sie auffängt. Joachim Valentin hat von diesem esoterischen Bild gesprochen. Spielen da Einflüsse des osteuropäischen Kinos, wie Sie es durch Ihren Aufenthalt an der Andrej Wajda Master School in Warschau erlebt haben, eine Rolle? Gibt es in der Tradition z. B. des polnischen Kinos einen leichteren Zugang für einen Versuch, Bilder für das Transzendente zu finden?

Anne Wild: Gut, also die erste Frage, ja. Also ich habe noch nie die Parallele zu dem Kind im Bienenland gezogen, aber sie ist sehr wahr. So ist es. Wenn man da nicht unbedingt hin will, dann kommt man nicht hin, zum Film. Und von dieser anderen Realität zu erzählen, ist sicher ein Anliegen, das ich einfach habe und das mich interessiert und ich glaube schon, dass gerade in der Bildsprache Osteuropas einfach eine große Kraft liegt und die Fähigkeit oder auch der Mut, in großen, auch schönen Bildern zu erzählen, und dass das was ist, was mich sicher sehr anspricht und dass da auch eine große Offenheit dafür da ist, ja.

Franz Günther Weyrich

Family Shots – Familienbilder im Kurz(spiel)film

Familie im Kurzfilm – geht das überhaupt? Familienbeziehungen, oft viel komplexer als klassische Paarbeziehungen, Familien, die (in der Regel) auf Dauer angelegt sind, als Beziehungsprägungen ein Leben lang spürbar sind, über entscheidende Lebenswenden hin von der Kindheit an bis ins Erwachsenenalter reichen – nicht umsonst setzt Richards Linklaters Spielfilm BOYHOOD (US 2014) als Langzeitbeobachtung bei einer Familie an – und der Kurzfilm mit eine Länge von vielleicht einer Viertelstunde: kann das überhaupt funktionieren? Und wenn ja, was wird hier über die Familie in den Blick kommen (können), was nicht? Welche Familienbilder zeigt bzw. diskutiert der Film? Gibt es Familien und Familienprobleme, die besonders «kurzfilmtauglich» sind?

Das Genre Kurz(spiel)film

Hilmar Hoffmann unterscheidet in seiner schmalen Untersuchung «Zur Entwicklung der Sprache des (Kurz-)Films am Beispiel der Westdeutschen Kurzfilmtage bis 1970» vier Gattungen des Kurzfilms: den dokumentarischen Kurzfilm, dem er das größte Augenmerk widmet, den Kurzspielfilm, den Experimentalfilm und den Trickfilm[1] (heute eher Animationsfilm genannt), dessen Untergattungen Puppentrickfilm und Zeichentrickfilm heute durch den computeranimierten Film vielleicht die größten Erweiterungen erfahren haben. Kathrin Heinrich erweitert Hoffmanns vier Gattungen noch um die des Found Footage Films, in dem zumindest teilweise fremdes, vorgefundenes Material verwendet wird.[2] Ich beschränke mich hier auf das Genre des Kurzspielfilms, das in erster Annäherung durch seine beiden Begriffsbestandteile bestimmt ist: Wir reden hier also von

1 Hilmar Hoffmann: Zur Entwicklung der Sprache des (Kurz-)Films am Beispiel der Westdeutschen Kurzfilmtage bis 1970, in: Johannes Horstmann (Hg.), *Sprache des Kurzfilms. Beispiel: 25 Jahre Westdeutsche Kurzfilmtage Oberhausen*, Paderborn/München/Wien/Zürich 1981, 11–96.

2 Kathrin Heinrich: *Der Kurzfilm: Geschichte, Gattungen, Narrativik*, Alfeld/Leine 1997, 26.

einem Spielfilm als einem Film mit einer «fiktiven Spielhandlung, die je nachdem mit Schauspielern oder Laien zu einer erfundenen Wirklichkeit inszeniert»[3] ist und sich nur hinsichtlich seiner Filmdauer vom langen Spielfilm unterscheidet. Was nun die Laufzeit eines Kurz(spiel)films anbelangt, gibt es allerdings keine einheitliche bzw. verbindliche Spanne. So untersuchte etwa die Kurzfilmstudie «Kurzfilm in Deutschland – Studie zur Situation des kurzen Films»[4] aus dem Jahr 2006 Filme mit einer Lauflänge von max. 45 Minuten. Auf Kurzfilmfestivals sind häufig nur Kurzfilme mit einer Länge von bis zu 15 Minuten zugelassen, die nach der erwähnten Studie für die Produktionsjahre 2003–2004 etwa 75 % aller produzierten Kurzfilme ausmachten[5]. Für den Bereich des Kurzspielfilms sind aber auch die 30-Minuten-Grenze bzw. eine Lauflänge von unter 60 Minuten als Bezeichnung eines Kurzspielfilms vorzufinden. Auf der anderen Seite ließe sich auch fragen, was als Mindestlaufzeit anzusehen ist, und ob nicht Filme unter 5 Minuten, erst rechte solche mit Lauflängen von 1 bis 2 Minuten, eher als Filmclips denn als Kurzspielfilme bezeichnet werden sollten. Mit Blick auf die im Bereich der Bildungsarbeit zur Verfügung stehenden Filme scheint mir eine Laufzeit-Spanne von bis zu 30 Minuten eine realistische Größe zu sein, mit der auch der überwiegende Teil der aktuellen Kurzspielfilmproduktion abgedeckt ist, soweit sie im Festivalbereich wie auch im öffentlich-rechtlichen Fernsehen wahrzunehmen ist. Filme mit Laufzeiten über 30 Minuten nähern sich in ihrer Dramaturgie eher langen Spielfilmen an und werden in Absetzung von beiden oft als «kurze Spielfilme» bezeichnet[6]. Damit ist die Frage einer inhaltlichen bzw. ästhetischen Bestimmung des Kurzspielfilms angesprochen, die über den Aspekt der Dauer und der Fiktionalität hinaus Eigenheiten des Genres ausmachen will.

«Ich weiß nicht, was ein Kurzfilm ist. Was ein Kurzfilm ist, das sagt mir die Uhr.»[7] Dieses Zitat des Leiters der Oberhausener Kurzfilmtage Lars Hendrik Gass lässt sich auch auf den Kurzspielfilm beziehen. Was als Ablehnung jeglicher Definitions- und Kategorisierungsversuche (jenseits der Länge) zum Genre verstanden werden kann, zielt indes eher auf eine grundsätzliche Skepsis einer klaren Einordnung, Bestimmung und Eingren-

---

3   Hoffmann, Sprache des (Kurz-)Films, 54 (s. Anm. 1).

4   Michael Jahn, Christina Kaminski, Reinhard W. Wolf (Hg.), *Kurzfilm in Deutschland – Studie zur Situation des kurzen Films,* Dresden (AG Kurzfilm e.V.) 2006.

5   Ebd., 7

6   «Der Kurz-Spielfilm ist ein völlig anderes Genre als der kurze Spielfilm», der «in den letzten 15 Jahren […] originäre Ausdrucksformen und genrespezifische Stile ausgebildet hat […].» Hoffmann, Sprache des (Kurz-)Films, 54 (s. Anm. 1).

7   Lars Hendrik Gass, zitiert nach Klaus Gronenborn: Blick zurück nach vorn. Kurzfilmtage Oberhausen. In: *epd-film* 6/98, 16–17.

zung eines Filmgenres wie das des Kurzfilms, das so unglaublich vielfältig und wandlungsfähig ist. In Bezug auf den Kurzspielfilm soll im Folgenden aber in sehr groben Zügen und in Abgrenzung zu Dramaturgie und Ästhetik gerade des langen Spielfilms das Genre des Kurzspielfilms etwas näher charakterisiert werden. Als Einstieg mögen zwei sehr einfache Feststellungen dienen. Die erste: Den Kurzspielfilm gibt es seit Anbeginn der Filmgeschichte. Sie verweist darauf, dass der kurze Film am Anfang der Filmgeschichte steht, sei es in dokumentarischer Ausprägung wie in den Filmen der Brüder Lumiére oder in fiktionaler Ausprägung, für die die Filme des Franzosen Georges Méliès stehen. Aus diesem kurzen Filmerzählungen heraus hat sich schon sehr bald eine immer weiter differenzierte und ausgeprägte Filmsprache entwickelt, die parallel mit der technischen Weiterentwicklung auch zu immer längeren Filmen führte. Dieses heute sehr ausgeprägte und immer noch Weiterentwicklungen und Innovationen unterworfene filmsprachliche Vokabular steht heute natürlich auch den Filmemachern von Kurzspielfilmen zur Verfügung, d. h. der kurze Spielfilm am Anfang der Filmgeschichte ist ein gänzlich anderer als der Kurzspielfilm von heute. Daher (noch einmal) die zweite Feststellung: Der Kurzspielfilm ist kein kurzer Spielfilm. Oder anders gesagt: die Kürze des Films bedingt eine andere Erzählweise und bietet zugleich andere Möglichkeiten als ein (langer) Spielfilm.

Für Kathrin Heinrich entspricht der äußeren Kürze dieser Filme eine innere,[8] die sie auf verschiedenen Ebenen der Narration eines Kurzspielfilms bestimmt.[9] Legt man das einfachste Muster eine Filmnarration zu Grunde, so besteht eine Kurzfilmerzählung aus einer *Anfangssituation*, die eine *Veränderung* erfährt und in einer *Endsituation* mündet.[10] Für den Kurzspielfilm charakteristisch ist, dass die Anfangssituation sehr nahe, meist direkt an der Handlung des gesamten Films angeknüpft, das heißt es gibt keine langen Vorgeschichten, keine breiten Expositionen: was der Zuschauer zum Verständnis der Handlung und der Figuren wissen muss,

8   Heinrich, *Kurzfilm*, 54f. (s. Anm. 2).
9   Die folgenden Überlegungen schließen an Kathrin Heinrich, *Kurzfilm* (s. Anm. 2) an, eine der wenigen deutschsprachigen Veröffentlichungen zum Thema, die zwar bereits 20 Jahre alt ist, aber auch zu den aktuellen Kurzspielfilmen einen wesentlichen Beitrag liefern kann. Heinrich verarbeitet dabei neben deutschsprachigem auch Material aus dem englischsprachigen Raum, wobei sie sich in weiten Teilen auch auf literaturwissenschaftliche Beiträge stützt. Schon Hilmar Hoffmann wies in seinem Beitrag auf die Bedeutung literaturwissenschaftliche Kategorien für die Beschreibung des Filmgenres hin [Hoffmann, Sprache des (Kurz-)Films, 54f. (s. Anm. 1)]. Ob und inwieweit das in dieser Breite für ein Filmgenre angemessen und sinnvoll ist, sei an dieser Stelle dahingestellt.
10 Für Heinrich die «Minimalnarration». Vgl. Heinrich, *Kurzfilm*, 46 (s. Anm. 2).

hat sich direkt im Einstieg in die Handlung zu ereignen.[11] Was den Hauptteil der Erzählung anbelangt, so zeichnet den Kurzspielfilm aus, dass sich die Darstellung der Veränderung zumeist auf eine Figur, oft auch auf einen Aspekt konzentriert. Größere Verwicklungen, Nebenhandlungen etc. treten im Kurzfilm deutlich zurück und sind – wenn überhaupt vorhanden – in der Regel auf den zentralen Konflikt bzw. die Hauptfigur bezogen.[12] In der Regel münden Filme am Ende in einem Kontrast zur Ausgangssituation: eine Entscheidung ist gefallen, ein Konflikt zur einen oder anderen Seite hin entschieden etc. Neben dieser geschlossenen Form, die gerade bei langen Spielfilmen die mit Abstand gängigste ist, findet sich im Kurzspielfilm häufig auch die offene Form[13]: der Film endet mit einer Frage, vor der Lösung oder der Entscheidung eines Konflikts, und damit oft an einem Höhepunkt der Erzählung.[14] Neben solchen offenen Enden sind es darüber hinaus auch überraschende Pointen, trick endings, die einen Kurzspielfim beschließen können – ein klassisches Beispiel dafür ist etwa Pepe Danquarts SCHWARZFAHRER (DE 1992, 12 Min.). Solche Schlusspointen eröffnen eine neue, unerwartete Perspektive über den Schluss hinaus, irritieren oder verdutzen den Zuschauer, selbst wenn sie keine ausgesprochenen *twist endings* darstellen, die die Perspektive auf den bislang gesehenen Film komplett verändern.[15]

Eine weitere Dimension der Narration einer (Film-)Erzählung ist das Verhältnis von *Erzählzeit* zu *erzählter Zeit*.[16] Ist die Erzählzeit (des Films) kürzer als die Zeit, die die Erzählung umfasst, spricht man von Raffung. Ist die Erzählzeit länger als die Zeit der Handlung, spricht man von Zeitdehnung. In aller Regel raffen Filme ihre Erzählung, jedenfalls was das Gesamt der Geschichte bzw. des Films anbelangt. Dehnungen lassen sich zwar durchaus in einzelnen Filmsequenzen ausmachen, in der Regel aber nicht über einen gesamten Film. Was im Bereich des Kurzspielfilms deutlich häufiger als im langen Spielfilm zu erkennen ist, ist eine Annäherung

11 Vgl. ebd., 63 ff

12 Vgl. ebd., 70.

13 Vgl. ebd., 67 f.

14 Im Bereich des Langfilms wäre hier etwa LIMBO – WENN DER NEBEL SICH LICHTET (US 1999, Regie: John Sayles) zu nennen, in dem der Zuschauer auf die Rettung der auf einer Insel gestrandeten Protagonisten hofft, wobei das Spannungsmoment darin besteht, dass unklar ist, ob nun es nun «die Guten» oder «die Bösen» sind, die im Rettungsflugzeug sitzen. Der Film endet abrupt und für den Zuschauer völlig überraschend mit dem Blick auf das anfliegende Flugzeug, ohne dass deren Personen zu identifizieren wären.

15 Als klassisches Beispiel für *twist endings* im Langfilm sei hier M. Night Shyamalans THE SIXTH SENSE (US 1999) genannt.

16 Cf. Heinrich, *Kurzfilm*, 49 ff (s. Anm. 2).

von Erzählzeit an die erzählte Zeit.[17] Das heißt: nicht selten liegt die Dauer eines Films sehr nahe an der Zeit, die die Geschichte umfasst. Als klassisches Beispiel solcher Echtzeitfilme aus dem Bereich der Serienfilme gilt die amerikanische TV-Serie 24 (US 2001–2010), darüber hinaus und gerade auch im Bereich der langen Spielfilme sind vergleichbare Beispiele – im Unterschied zum Kurzspielfilm – aber kaum zu finden.

Eine wesentliche Dimension einer Erzählung ist die *Charakterisierung ihrer Figuren.* Für den Film grundsätzlich charakteristisch ist, dass er (im Unterschied zur Literatur) seine Figuren nur über das Außen, über ihre Handlungen und ihre Dialoge den Zuschauer vermitteln kann. Das gilt im Besonderen auch für den Kurzspielfilm, die wenigen Ausnahmen wie etwa innere Monologe bzw. Off-Erzählungen sind hier noch seltener. Da die Zeit, die ein Kurzfilm dafür zur Verfügung hat, deutlich kürzer als im Langfilm ist, muss er entweder auf der Ebene von Handlung und Dialog stärker das Moment der Figurencharakterisierung mit einbeziehen oder aber auf Typisierungen zurückgreifen,[18] bzw. die Figuren so (offen aber doch greifbar) gestalten, dass der Zuschauer im Rezeptionsprozess aus seiner eigenen Erfahrung das Moment der Individualität bzw. Glaubwürdigkeit einer Figur in sie hineinlegen kann.[19]

Zum Bereich der *visuellen Gestaltung* lässt sich im Bezug auf den Kurzspielfilm weniger Spezifisches ausmachen.[20] So zentral Montage bzw. *Miséen-scène* für jeden Spielfilm sind, so sind langer und kurzer Spielfilm hier vielleicht nicht grundsätzlich unterschiedlich.[21] Es gilt aber auch hier, dass der Kurzspielfilm aufgrund seiner geringen Dauer visuell deutlich genauer und ausgefeilter gearbeitet sein muss. Dies zeigt sich für Heinrich vor allem im Aufbau einer Atmosphäre des Films, in einer Montage, die die Möglichkeit eines Echtzeiteindrucks vermittelt, und in einer Betonung des visuellen Erzählens, das zu einer Verknappung der Dialoge bis hin zu einem gänzlichen Fehlen führt. Ergänzend sei hier auch die besondere Präsenz

---

17 «Es ist die Übereinstimmung von Erzählzeit und erzählter Zeit, die eine besondere Möglichkeit zur Charakterisierung des Kurzspielfilms darstellt.» (ebd., 77).

18 Vgl. ebd., 90.

19 Vgl. ebd., 87 f.

20 Der Beitrag von Heinrich bleibt, was die Frage des spezifisch Filmischen anbelangt (bezeichnenderweise wir es hier unter «visuelle Aspekt und Dialog» abgehandelt [Heinrich, *Kurzfilm*, S. 99–114 (s. Anm. 2)]), etwas zurückhaltend. Das mag mit der Anlage der Arbeit zusammenhängen, die sich eben auch starkt auf literarische Kategorien stützt.

21 Vgl. ebd., 101 f.: «Aber auch, wenn der Kurzspielfilm auf ein eigenes Handlungsgerüst zurückgreifen kann, auch wenn er den Zuschauer mit außergewöhnlichen visuellen Charakteristika konfrontiert, im Bereich der grundlegenden visuellen Filmsprache, der Montage, gelten für ihn die gleichen Regeln wie für den Langspielfilm […].»

von filmischen Symbolen und Bildmotiven hingewiesen, die im Besonderen den Kurzspielfilm kennzeichnet.

Dort, wo der Kurzspielfilm diese Stärken entfalten kann, macht sich das auch beim Zuschauer und im *Rezeptionsprozess* bemerkbar: nicht zuletzt die Filme mit offenem Ende beschäftigen den Zuschauer oft nachhaltiger und länger, als dies manche langen Spielfilme tun können. Zur inneren Kürze gehört auch eine intensivere Rezeption, eine stärkere Involviertheit des Zuschauers[22] trotz und zugleich wegen der Kürze der Erzählung.

Abschließend noch ein kurzer Blick auf unterschiedliche Typen des Kurzspielfilms. Als «Kategorien des Kurzspielfilms»[23] identifiziert Heinrich zum einen Filme, die sich anderen Kurzfilmen annähern, wie beispielsweise den dokumentarischen oder experimentellen Kurzfilm. Im Hinblick auf klassische Filmgenres unterscheidet sie nur dramatische (klassisches bzw. moralisches Kurzfilmdrama) und komische Formen (Slapstick, klassische Komödie, Satire, Mockumentary). In der Tat finden sich im Kurzfilm weniger ausgeprägte klassische Genres, als sich das im langen Spielfilm ausmachen lässt. Als eine vielleicht besonders typische Kurzfilm-Kategorie sei darüber hinaus hier noch der «assoziative Kurzspielfilm»[24] benannt, worunter Filme zu verstehen sind, die nach Art einer Parabel oder Allegorie weniger Geschichten mit individuellen Figuren erzählen; vielmehr dienen Figuren und Motive hier in der Regel dazu, vom Zuschauer mit Abstraktionen und außerfilmischen Bedeutungen gefüllt zu werden.[25]

Der assoziative Kurzspielfilm: Familie als Motiv

Aufgrund seiner Anlage ist der assoziative Kurzspielfilm für die Frage nach Familienbildern bzw. Familienkonstruktionen im Film weniger relevant, da es ihm nicht um Abbildung sozialer Wirklichkeit und um Authentizität geht. Familie erscheint hier weniger als Thema denn als (gelegentliches) Motiv – so beispielsweise in dem parabelhaft angelegten Kurzspielfilm GOTTES BESUCH (D 1998, Regie: Damir Lucacevic, 11 Min.): Im Mittelpunkt steht die Familie Deutschmann, die einen ungewöhnlichen Besucher empfängt. Gott selbst klingelt an der Haustür und eröffnet der überraschten

---

22 Vgl. ebd., 57.
23 Ebd., 136 ff
24 Ebd., 145.
25 Als Beispiel könnte man etwa DANGLE (DE/GB 2003, Regie: Philip Traill, 6 Min.) oder BY A THREAT – AM SEIDENEN FADEN (ES 2005, Regie: Juan Carlos Romera, 9 Min.) anführen.

1 Die unheilige Familie
(GOTTES BESUCH)

Familie, dass es für sie derzeit aussichtslos sei, in den Himmel zu kommen, weil es ihnen am wahren Glauben fehle (Abb. 1). Die darauf folgende Auseinandersetzung um die Möglichkeit, diese betrüblichen eschatologischen Aussichten doch noch zu korrigieren (Gott bietet hier nur das Isaak-Opfer an), mündet zunächst in einem Unfall (Gott wird durch einen herabfallenden Globus bewusstlos), am Ende schließlich wird Gott von der Familie erschlagen und im Feld mehr oder weniger stilvoll beerdigt.

Das Bild der Familie im Film ist das einer eher biederen, den sechziger oder siebziger Jahren entstammenden bürgerlichen Kleinfamilie mit einem etwas «moderneren» Sohn. Sie steht hier für eine Gesellschaft (Familienname «Deutschmann»), die den christlichen Glauben bestenfalls als eine vage Tradition, als oberflächliches «Accessoire», nicht aber als Sinngebung oder Lebensorientierung versteht. Die Familie, deren Bedeutung gerade für die Weitergabe des Glaubens theologisch ja immer besonders betont wird, ist hier eine, die diese Aufgabe bestenfalls als lästige Pflichtübung sieht. Am ehesten ist es noch die Mutter, die, wenn sie ihrem Sohn aus der Bibel vorliest, noch so etwas wie Frömmigkeit, wenn auch eine sehr veräußerliche, erkennen lässt. Zugegeben: die «andere Seite» kommt auch nicht besser weg. Gott ist hier als ein kalter Behördenvertreter inszeniert, der sich nur nach Vorgaben und seinen Unterlagen richtet und weder Flexibilität noch Mitgefühl zeigt. Für die Frage des Familienbildes interessant erscheint mir der Rekurs auf die klassische Kleinfamilie (Vater, Mutter, Kind) in einer irritierenden Mischung von antiquiert und (noch) aktuell, die hier dezidiert als Bild für die Krise der Religion in der (Post-)Moderne gewählt wird. Dies hat sicher etwas mit der Entstehungszeit des Filmes zu tun (er ist mit 20 Jahren der mit Abstand älteste), lässt sich aber auch dem Genre des assoziativen Kurzfilms entsprechend mit Bedeutung aufladen.

2 Wasp: Im Spannungsfeld von Verantwortung...

Der dramatische Kurzspielfilm I: Entfaltungen

Als ein Klassiker kann der im Jahr 2003 entstandene Kurzfilm WASP (GB 2003, 25 Min.) der britischen Regisseurin Andrea Arnold gelten, die inzwischen auch mit langen Spielfilmen in Erscheinung getreten ist. Die angeführte Lauflänge macht schon deutlich, dass sich dieser Film hinsichtlich Erzählweise und Dramaturgie dem langen Spielfilm annähert. Im Mittelpunkt des Films steht eine alleinerziehende Mutter mit ihren vier Kindern, die in sehr einfachen Verhältnissen lebt und nur mit Mühe über die Runden kommt. Die Grundspannung der Frau, die der Film in mehreren Szenen entfaltet, ist die zwischen eigenen Bedürfnissen und Verantwortung für die Kinder. Die erste Szene zeigt eine Mutter, die ihre Kinder verteidigt, auch mit körperlichem Einsatz, gegen Gewalt, die diese von anderen Kindern bzw. deren Eltern erfahren. Und auch wenn ihr Körpereinsatz sie nicht als Siegerin dieser Auseinandersetzung davon gehen lässt, hat sie damit jedoch allen anderen gegenüber das Signal gesetzt, dass ihre Kinder unter ihrem Schutz stehen (Abb. 2). Ein Schnitt, ein Zeitsprung: ein Mann fährt an der Gruppe vorbei, spricht die Frau aus seinem Wagen an, man verabredet sich zum Abend im Pub, wobei die Frau ihre Kinder dem Mann gegenüber verleugnet. Später in der Wohnung der Familie: die Frau versorgt notdürftig ihre Kinder mit Essen, das zum Teil sogar schon verschimmelt ist, während sie ihre Freundin anruft und ihr erzählt, dass sie froh sei am Abend einmal rauszukommen und ihren Schulfreund zu treffen. Die Tochter: «Wirst du mit ihm schlafen?» Am Abend: die Frau hat sich heraus-

3 ...und eigenen
Bedürfnissen (Wasp)

geputzt und läuft mit ihren vier Kindern zum Pub, während sie versucht, die müden Kinder irgendwie zu unterhalten und fröhlich zu stimmen. Als sie den Pub erreichen, befiehlt sie ihren Kindern draußen zu bleiben. Sie geht alleine in den Pub, wo sie ihren Freund mit einem Bier versorgt und mit dem noch verbleibenden Geld ihren Kindern Cola und Chips kauft. Die Kinder, die auf Pommes gehofft hatten, müssen sich draußen damit zufrieden geben. Im Pub wird Billard gespielt und beide unterhalten sich, wobei der Schulfreund der Frau ganz offensichtliche Komplimente über ihr Aussehen macht. Währenddessen bleiben die Kinder draußen alleine, und nur die Älteste der vier übernimmt die Aufgabe der Mutter und kümmert sich um ihre Geschwister. Als der Pub schließt und die Frau den Mann nicht zu sich nach Hause lassen will oder kann, trifft man sich zu zweit im Auto (Abb. 3). Während die beiden sich dort näher kommen, haben sich die Kinder am Parkplatz in eine Ecke zurückgezogen. Die Älteste hebt ein Stück weggeworfenes Essen auf und verteilt es an die Geschwister. Als das Ketchup des Essens eine Wespe anlockt und sie in den Mund des schlafenden Jungen kriecht, beginnen die anderen Kinder in Panik zu schreien. Die Mutter schreckt auf, reißt sich vom Freund los und läuft zu ihren Kindern, die sie um sich schart und in den Arm nimmt. Nur mühsam beruhigen sich die verschreckten Kinder wie auch die Mutter, während der Schulfreund der Mutter deren Situation realisiert. Die Schlussszene: der Freund hat offenbar Essen für alle besorgt und fährt die Familie in seinem Wagen nach Hause. Der Mutter bietet er an, zuhause über alles zu reden.

Im sozialrealistischen Stil der britischen «Arbeiter-Filme» gedreht – die Vorbilder Ken Loach oder Mike Leigh sind unverkennbar – nimmt sich der Film gemessen an seiner Länge sehr viel Zeit für seine Figuren und auch für deren Situierung. Die Umstände, unter denen diese Familie zu leben hat, sind sehr präsent und für das eigentliche Drama auch wichtig. Charakteristisch – auch das verbindet ihn mit den genannten «Arbeiter-Filmen» – sind dabei zum einen ein dokumentarischer Gestus, zum anderen aber auch eine mitfühlende Haltung zu den Figuren, die im Film durchaus ambivalent dargestellt werden: So wie den Zuschauer die Verwahrlosung der Kinder befremden mag, so ist andererseits der Wunsch der Mutter nach kleinen «egoistischen» Glücksmomenten durchaus nachvollziehbar. Und so wie die Mutter ihren Kindern verschimmeltes Brot gibt, so prügelt sie sich auch für sie. Nicht anders der Freund: wirkt er am Anfang nur wie ein Mann, der auf ein sexuelles Abenteuer aus ist, so deutet sich am Ende an, dass er bereit sein könnte, für sie und auch ihre Kinder mehr zu empfinden, vielleicht sogar Verantwortung zu übernehmen, obwohl er nicht der leibliche Vater ist. Auch wenn der Film ein offenes Ende hat, bleibt dies zumindest im Bereich des Möglichen. Familie wird hier im Spannungsfeld von individuellen Bedürfnissen und Verantwortung füreinander definiert, im Kern also aus einem sozialen bzw. ethischen Kontext heraus betrachtet.

Der dramatische Kurzspielfilm II: Momentaufnahmen

GESCHWISTER (DE 2012, Regie: Joya Thome, 8 Min.) ist einer der wenigen Filme, die nicht nur mit einer einzigen knappen Situation auskommen, sondern diesen kurzen Moment auch noch zeitlich dehnen. Eine Familie (Eltern, Tochter, älterer und jüngerer Sohn) am Abendbrottisch, die Situation ist angespannt, eine wichtige Eröffnung steht an, alle schauen ernst (Abb. 4). Nach längerem Zögern dann die Nachricht, dass ihr Vater vielleicht ausziehen wird. Er hat «einen Fehler» begangen, wie die Mutter es nennt. Der Vater selber gesteht, er habe sich «in eine andere Frau verliebt». Es gibt wenig Nachfragen, nur betroffenes Schweigen bzw. ein Gespräch über die Schulaufgaben. «Das heißt aber jetzt nicht, dass wir keine Familie mehr sind. Es bleibt alles beim Alten, fast alles.» Am Ende der Kamerablick von oben auf den Tisch: man isst, die Mutter rückt eine Schale zurecht (Abb. 5). In diese Tischszene eingeschnitten sind drei Szenen, die

4 Das Ende einer Familie (GESCHWISTER)

5 GESCHWISTER:
Ordnungsversuche einer
Familie

als Erinnerungen, Gedanken, Reaktionen der einzelnen Kinder gelesen werden können. Es ist die Momentaufnahme einer Familie, die in ihrer bisherigen Form wohl gerade auseinanderbricht, zumindest aber in eine Krise geraten ist. Während die Eltern, die sich mit dieser Situation bereits auseinandergesetzt haben, also vorbereitet sind, von außen betrachtet werden, setzt die Filmemacherin das Innenleben der von dieser Nachricht betroffenen Kinder ins Bild. Dabei können diese *Flashs* als Assoziationen der Kinder zum Gesagten verstanden werden: Auf das Geständnis des Vaters hin sieht man die zarte Berührung des älteren Sohnes mit einem jungen Mädchen. Die noch ältere Tochter erinnert sich, wie sie (telefonisch) versetzt wurde von einem/ihrem (?) Freund und einen Gesprächsfetzen mit ihrer Freundin (die sie trösten will?), in dem es um Wünsche und deren Erfüllung geht. Der jüngste Sohn baut in diesen *Flashs* um sich herum Domino-Kreise auf. Am Ende sind in einem solchen *Flash* die spielenden Kinder gemeinsam und ohne ihre Eltern zu sehen. Die Super8-Kamera, mit der der älteste Sohn spielt und deren Bilder seine *Flashs* darstellen, kann dabei vielleicht als als Bild gelesen werden für eine (familiäre) Vergangenheit, die nur noch auf Zelluloid festhalten werden kann, als Bild möglicherweise auch für die Vergänglichkeit von Glück bzw. von Kindheit, wozu die Familienszene am Tisch in deutlichem Kontrast steht u. a. m.

Der Film zeigt eine Familie an einem Wendepunkt – oder ist es Endpunkt, ein Endpunkt zumindest dieser (Form von) Familie? Ist der Satz der Mutter «Das heißt aber jetzt nicht, dass wir keine Familie mehr sind. Es bleibt alles beim Alten, fast alles.» nur eine Ausflucht, ein «Trost» für die Kinder, ein Selbstbetrug? Oder ist Familie eben immer auch solchen gravierenden Veränderungen unterworfen – erst recht in unserer Zeit und Gesellschaft? Ist das klassische Modell mit klarer Rollenverteilung für ein ganzes Leben nicht längst bestenfalls eines unter vielen? Und die Frage, welche Auswirkungen haben Beziehungskrisen/Scheidungen der Eltern auf die Kinder, welche Vorstellungen und Funktionen von Familie stehen hier in Frage? Die Momentaufnahme des Films zeigt die Traurigkeit der Kinder in den Gesichtern, und sie zeigt die Kinder am Ende allein. Ihre Bilder sind sicher vieldeutig: Die Dominosteine, die der Jüngste um sich baut, als Bild für eine Schutzmauer oder für einen Wiederaufbau von etwas, was zusammengebrochen ist – die Super8-Filme des älteren Bruders, die den (möglichen und offenen) Anfang einer Beziehung zeigen, jenseits von Zeit und familiärer Verantwortung – die Bilder der Ältesten, die Verlusterfahrungen bereits gemacht hat und dem kindlichen Glauben, dass das Wünschen noch helfen kann, entwachsen ist. Sie spiegeln sowohl die Bedeutung von Familie wie auch deren Fragilität, und sind zugleich vielleicht aber auch ein Ausdruck für die Zuversicht, dass in solchen Brüchen nicht alles zerbricht.

Dem retrospektiven Blick von GESCHWISTER entgegengesetzt ist der gleichsam prospektive des Films KANN JA NOCH KOMMEN (DE 2013, Regie: Philipp Döring, 15 Min.): Werden wir Familie? Welche Familie wollen wir sein? Dörings Kurzspielfilm ist ein Film, an dem sich viele der eingangs genannten Merkmale des Genres erkennen lassen. Es ist ein Film nahezu in Echtzeit, der eine einzige Situation umfasst. Demzufolge werden die Figuren direkt mit der zentralen Handlung eingeführt. Am Ende ist eine klare Entscheidung gefallen, die Situation hat sich geklärt, und zugleich gibt es noch eine überraschende Schlusswendung, die die Perspektive noch einmal verändert. Die Situation, um die es geht, ist die einer Adoption. Die sehr junge Mutter des Kindes, Nadja, trifft vor der Adoptionsstelle auf ihren nicht viel älteren Ex-Freund Mirko. Die Spannung zwischen beiden ist unverkennbar: sie zweifelt, ob er seine Lehrstelle tatsächlich aus eigenem Bemühen herausbekommen hat; er zweifelt, dass es nur eine normale Zigarette ist, an der sie gerade zieht. Im Büro der Adoptionsstelle sind die neuen, deutlich älteren und offenbar gut situierten Adoptiveltern, die Nadjas und Mirkos Kind bereits zur Pflege hatten. Das schlafende Baby wird in den Nebenraum gebracht, und die Leiterin erläutert den Kindseltern den Vertrag über die endgültige Adoption, die Übertragung aller Rechte und Pflichten an die neuen Eltern. Während Nadja zwar keineswegs erleichtert oder gar glücklich wirkt, aber dennoch entschieden scheint, den Vertrag zu unterzeichnen, erweist sich Mirko als zögerlich (Abb. 6). Er stellt Rückfragen, ob er das Kind denn später auch noch sehen dürfe, worauf Nadja erbost reagiert: «Du hast es die ganze Zeit nicht sehen wollen, selbst im Kreißsaal war ich allein!» Mirko antwortete nur lapidar: «Kann ja noch kommen.» Als Mirko den Raum verlässt, um eine Zigarette zu rauchen, unterschreibt Nadja, während der künftige Adoptivvater nach draußen geht, um mit Mirko zu reden. Dort geht er sehr direkt auf Mirkos Vorschlag einer finanziellen Regelung ein, den Mirko aber gar nicht ernst gemeint hat. Zwischen beiden entwickelt sich im Gespräch

6 KANN JA NOCH KOMMEN:
Gescheiterte Familien-
konstruktionen

eine vorsichtige Annäherung: Mirko erzählt von den Problemen in seiner Beziehung zu Nadja, und umgekehrt wird der werdende Vater seine Zeugungsunfähigkeit beschreiben, vom unbedingten Kinderwunsch des Paares erzählen und letztlich auch eingestehen, dass sie an weiteren Kontakten zu den leiblichen Eltern kein Interesse haben. Im Inneren des Gebäudes sind die Angestellten und die Adoptionsmutter im Nebenraum mit dem aufgewachten und unruhigen Kind beschäftigt. Als Nadja dazukommt mit der Bitte, es noch einmal nehmen zu dürfen, wehrt die Adoptivmutter ab: «Ich hab es gerade so schön!» (Abb. 7) Als alle wieder im Büro versammelt sind, zieht Mirko ein selbstgebautes Mobile aus der Tasche und drückt es seinem Baby in die Hand, das sofort damit zu spielen beginnt (Abb. 8). Die Mutter versteht es als Geschenk an das Kind, das sie ihm über das Bett hängen möchte. Doch Mirko wehrt ab – «Das tut ihr doch nicht.» – und nimmt es dem Kind wieder aus der Hand. Der Vertrag ist unterzeichnet, Nadja verlässt das Gebäude und beobachtet Mirko, wie er von seiner neuen Freundin, die mit dem Auto auf ihn gewartet hat, mit einem Kuss begrüßt wird. Als sie sich zur Seite dreht, erkennt man, dass sie hochschwanger ist.

7 … und die konstruierte
Familie (KANN JA NOCH
KOMMEN)

8 Mit Kindern spielen
(KANN JA NOCH KOMMEN)

Kann ja noch kommen ist ein ungemein konzentrierter, trotz seiner ausgiebigen Dialogpassagen aber auch ein leiser, langsamer und bildstarker Film, der dem Zuschauer viel Raum lässt, das Innenleben der Figuren zu füllen. Was sind Mirkos Motive? Wie geht es Nadja dabei? Es sind diese beiden Figuren, die den wohl größten Raum für durchaus auch unterschiedliche Bewertungen lassen. Für unser Thema ist der Film dabei in mehrfacher Hinsicht interessant. Zum einen stellt er in den beiden Paaren zwei Familienmodelle bzw. Situationen gegenüber, wie sie unterschiedlicher kaum gedacht werden können: das Adoptivelternpaar lebt offenbar in gesicherten und wohlhabenden Verhältnissen, ihre Beziehung erscheint spannungsfrei, nur von einem unerfüllten Kinderwunsch belastet. Durch die Adoption eröffnet sich Ihnen die Möglichkeit, nicht nur ein Paar sondern eine Familie zu werden. Dagegen stehen Nadja und Mirko, beide mehr noch Jugendliche als Erwachsene, sie leben in eher prekären Verhältnissen (zumindest Mirko hat mit Mühe inzwischen eine Lehrstelle gefunden), ihre Beziehung ist längst gescheitert. Dabei bleibt offen, welche Rolle dabei ein möglicher Drogenmissbrauch der Mutter, das fehlende Engagement des Vaters, die Überforderung beider durch ein neugeborenes Kind oder die schwierige wirtschaftliche und berufliche Situation der beiden gespielt haben kann. Darüber hinaus zeichnet der Film auch sehr unterschiedliche Einstellungen der Figuren zum Kind: die Adoptivmutter scheint emotional sehr betroffen und auf das Kind als «ihr Kind» fixiert, während ihr Mann offenbar weniger emotional beteiligt als pragmatisch orientiert die Adoptionsfrage zu ihren Gunsten lösen will. Beim anderen Paar lassen sich Haltungen nicht so eindeutig ausmachen: hier wirkt zunächst Nadja als die am wenigsten Betroffene, dafür aber zur Adoption Entschiedene, während Mirko zumindest anfänglich den Eindruck erweckt, mehr Interesse an seinem Kind zu haben als er zuvor offenbar gezeigt hat. Dies verschiebt sich im Verlauf des Films: immer stärker tritt die emotionale Betroffenheit der jungen Frau zu Tage, sie scheint nur auf ein Signal zu erwarten, dass ihr Exfreund an Ihrem Kind Interesse zeigt und Verantwortung für es (und für sie beide) übernehmen will, um ihre Entscheidung vielleicht noch einmal zu überdenken. Doch Mirko hat daran wohl offenbar kein Interesse, sein Blick auf das Kind ist ein distanziert-neugieriger, kein väterlich-naher. Das Spielzeug, das er seinem Kind zunächst gab, entreißt er ihm. Eine fast brutale Geste – ein Bild vielleicht auch für das Spiel mit Gefühlen und ein Sinnbild für das Adoptivkind als Spielball unterschiedlicher Interessen. Damit sind zwei weitere Themen des Films ins Spiel gebracht: die Frage nach Verantwortung für eine Partnerschaft und erst recht für ein gemeinsames Kind, und zum anderen das Thema der Adoption und der Rolle des betroffenen Kindes in einer solchen Situation: die unterschiedlichen Emotionen bei allen Beteiligten, die hier eine Rolle spielen, im Kontrast zu einem juristisch-vertraglichen Verfahren, das das Kind eben auch zu einem «Verhandlungsgegenstand» macht. Deutlich wird dies in einem ganz unauffälligen Moment des Films, wenn eine Angestellte, die das Baby im Nebenzimmer zu betreuen hatte, ins Büro kommt und darum bittet, dass sich jetzt jemand das Kind kümmere, weil es aufgewacht sei. Ihr Blick wandert dabei immer wieder zwischen den beiden Müttern hin und her: sie weiß nicht, wer ist hier die Mutter, wer ist hier «zuständig», wer fühlt sich betroffen, angesprochen?

Am Ende scheinen die Verhältnisse geklärt: Das Paar wird eine Familie, so wie beide es sich wünschen, die junge leibliche Mutter verzichtet auf ihr Kind, weil ihr Exfreund offenbar weder willens noch fähig ist zur Gründung einer Familie, zumindest nicht mit *ihr*, zumindest nicht mit *diesem* Kind, dies scheint die bittere «Pointe» am Ende des Films nahezulegen. Oder ist Mirko nur ein Mensch, der nicht gelernt hat, nicht lernen will, was Vatersein bedeutet?

Der komische Kurzspielfilm: Ironie und Utopie

Nach den – jedenfalls dem Anspruch nach – sehr sozialrealistischen dramatischen Filmen bleibt die Frage, wie in ausgesprochenen Komödien Familie präsent ist. Zu erwarten wäre jedenfalls, dass wenn dann vor allem hier die eingangs erwähnte Typisierung stärker zum Tragen kommt. Dazu zwei Beispiele:

MEINE ELTERN (DE 2003 Regie: Neele Leana Vollmar, 19 Min.) präsentiert eine Familie im fortgeschrittenen Alter. Die Eltern der gerade erwachsenen Marie sehen sich mit der Unzufriedenheit ihrer Tochter konfrontiert, die sich nicht traut ihre «spießigen» Eltern ihrem neuen Freund zu präsentieren, dem sie sie eigentlich ganz anders beschrieben hatte: Sie liebten sich immer noch «heiß und innig», seien «cool» und würden immer noch «dauernd übereinander herfallen» (Abb. 9). Nach anfänglichem Schock über

9 MEINE ELTERN:
Wenn das Ideal…

diese Eröffnung kommt Maries Mutter aber auf die Idee, für Maries Freund diese Eltern wenigstens zu spielen. Das Schauspiel führt nun aber dazu, dass sich das Elternpaar mit dem Zustand ihrer Beziehung, ihren Wünschen und Träumen und ihren eigenen Lebenslügen auseinandersetzt und sich ihrem Ideal wieder anzunähern beginnt. Zugleich wird aus der anfänglichen peinlichen Berührtheit ihrer Tochter ein Beziehungsoptimismus sowohl im Blick auf ihre Eltern als auch im Blick auf ihren neuen Freund.

Der Film ist im Kern eine klassische Wandlungsgeschichte in ebenso klassischer Anlage: die Ausgangslage, eine erstarrte Familienbeziehung, kommt durch ein Ereignis (Besuch von Maries Freund) plötzlich in Bewegung und mündet in einer völlig veränderten Ausgangssituation mit klarem Happy End. Zu sehen ist am Beginn eine Kleinfamilie, die sich eingerichtet hat in ihren erstarrten Rollen, sich abgefunden hat mit dem Verlust von Nähe, Zärtlichkeit, Liebe. Als Katalysator diese Erstarrung aufzubrechen dient die Tochter, ihre Anfrage an das Ideal einer dauerhaften glücklichen Beziehung, einer «ewigen Liebe», die durch eine neue Beziehung plötzlich aufgeworfen wird. Tatsächlich finden sich im Film verstärkt Typisierungen (vor allem in den Eltern- und Kind-Rollen) und auch Klischees (Reihenhaus-Biederkeit, der *Summer of Love* u. a. m.). Der realistische und für den Zuschauer nachvollziehbare Kern der Erzählung aber liegt m. E. in der Erfahrung der allmählichen Erstarrung einer Beziehung, in der schleichend Routine die Emotionen ersetzt, in der um die jeweiligen Rollen nicht mehr gerungen wird, noch dass sie je infrage gestellt werden, in der eine (Liebes-)Beziehung am Ende scheint, ohne beendet zu werden (Abb. 10). Und nicht weniger realistisch erscheint mir, dass innerhalb einer Familie gerade die gegenteilige Erfahrung eines jungen heranwachsenden Menschen ein Spannungsfeld darstellt, das entweder in offene und ausgetragene Konflikte mündet oder aber in Verdrängung bzw. im Verschweigen bleibt. So (relativ) «realistisch» die Grundkonflikte in der Familiensituation noch angelegt sein mögen, so idealistisch, um nicht zu sagen utopisch erscheint dagegen ihre Lösung. Zugleich wirkt sie im Kontext der

10 ... auf die Wirklichkeit trifft (Meine Eltern)

11 DER AUFREISSER:
Begegnung mit einer
anderen Welt…

Erzählung durchaus nicht aufgesetzt. Dies liegt m. E. zum einen daran, dass in der komödienhaften Anlage des Films ein «märchenhafter» Schluss für den Zuschauer durchaus nachvollziehbar ist. Zum anderen bleibt – theologisch gesprochen – das Ideal immer hinter der Wirklichkeit zurück, und dass der Film das Ideal einer gelingenden lebenslangen Paar- bzw. Familienbeziehung im Happyend des Films etablieren kann, wird der Zuschauer mit seinen Erfahrungen durchaus in Beziehung setzen und damit auch als Ideal oder Utopie im genannten Sinne begreifen können.

Ganz am anderen Ende einer Familiengeschichte ist der Film DER AUFREISSER (DE 2006, Regie: Steffen Weinert, 13 Min.) angesiedelt. Die Ausgangssituation: Eine junger Mann und eine junge Frau in wildem Gerangel im Bett. Am Morgen der Liebesnacht: der Liebhaber schleicht sich leise aus dem Schlafzimmer, wo ihn überraschenderweise die etwa fünfjährige Tochter seines One-Night-Stands beim Anziehen aufhält und ihn in ein Gespräch verwickelt (Abb. 11). Auf die arglos direkten Fragen des Kindes («Bist du Mamas neuer Freund?» «Ich? Nein!» «Warum nicht, gefällt sie dir nicht?» «Doooch» «Aber?» «Nun ja, ich kenne sie ja kaum.» «Und was machst du dann in ihrem Schlafzimmer?»), die ihn als Frauenhelden, als «Aufreißer» entlarven, der seine Eroberungen nach einem Punktesystem bewertet und im Notizbuch festhält, kann er oft nur mit Ausflüchten oder gar Lügen antworten. Als er schlussendlich, mit der Hand in einer Kloschüssel gefangen, hilflos mit ansehen muss, wie die Tochter arglos die Telefonnummern in seinem Notizbuch für ein Telefonat mit der Adressatin bzw. deren Mann verwendet (Abb. 12), gibt er endlich ihrem Drängen nach und bleibt doch zum Frühstück. In diese Situation platzt die Mutter, die das Notizbuch findet und zwar zunächst konsterniert, dann aber (und nach Lesen ihrer «Bewertung») doch versöhnlich mit dem verhinderten Macho umgehen kann. Die Schlussszene: der Mann und die Frau sind ein Paar und in einzelnen Statements bestätigen sie, wie gut sie sich verstehen – «nicht

12 ...aus der es kein
Entkommen gibt.
(DER AUFREISSER)

nur sexuell, sondern auch spirituell». Dies zeigt der Mann auch dadurch, dass er sich von der Tochter beim Indianerspielen an einen Baum hat fesseln lassen. Seinen Wunsch nun endlich befreit zu werden gibt sie hingegen nicht nach, sondern zündet den Holzstapel vor seinen Füßen an – mit echten Streichhölzern.

Auch hier eine klassische Dreiteilung: der kurzen Ausgangssituation am Anfang, der Liebesnacht im Bett, folgt ein dialogbetonter Hauptteil als Kammerspiel nahezu in Echtzeit. Der Schluss nach einem deutlichen Zeitsprung, zeigt die geänderte Situation: der Mann und die Frau haben zueinander und der Frauenheld noch dazu in eine Vaterrolle hineingefunden. Ähnlich wie in MEINE ELTERN spiegelt auch DER AUFREIßER realistische Familiensituationen: hier aber sind es zerbrochene Beziehungen, alleinerziehende Mütter, Fragen und Traurigkeiten vaterloser Kinder, Wünsche nach ausgelebter Sexualität und nach gelingender Partnerschaft unter den Bedingungen der Verantwortung für bereits vorhandene Kinder. Das klassische Familienbild, wie es in MEINE ELTERN zwar angefragt aber zumindest formal noch etabliert war, ist hier zunächst bestenfalls Vergangenheit. Hier wie dort erscheint die Lösung allzu märchenhaft. Hinzu kommt, dass – in erster Wahrnehmung zumindest – der Blick auf Frau und Mann am Filmende einem allzu konservativen, ja restaurativ-bürgerlichen Familienbild entspricht, oder aber dem Frauen- und Männer-Bild seines männlichen Protagonisten nachgebildet sein mag: Der oberflächliche Macho, den *frau* spätestens nach Entdeckung des Notizbuches aus dem Hause werfen und von der Tochter fernhalten sollte, wird nicht nur der Lebenspartner, sondern übernimmt auch noch Vaterrolle für die eigene Tochter. Und das geschieht noch dazu nach einem verständnisvollen Lächeln über eine positive Bewertung ihrer sexuellen Leistung durch den Frauenheld! So mag das Filmende durchaus kontrovers diskutiert werden. Im Film selber lassen sich am Ende allerdings schon Signale finden, die die oben genannte Wahrnehmung zumindest brechen können: der «verbale Gleichklang» in der

13 Zwischen Konferenz
und Kinderkrippe
(KRIPPENWAHN)

Beschreibung ihrer Beziehung entbehrt sicher nicht einer gewissen Ironie. Und am Ende erscheinen die beiden weiblichen Figuren als die letztendlich starken, während der gefesselte Mann hilflos nach seiner Freundin ruft.

Nur knapp erwähnt werden soll noch der Film KRIPPENWAHN (DE 2015, Regie: Satu Siegemund, 15 Min.), der eher als Satire angelegt ist, und in dem ein junges berufstätiges Ehepaar angesichts der Schwangerschaft der Frau mit der Frage der Vereinbarkeit von Beruf und Elternschaft konfrontiert ist. Auf der nahezu hoffnungslosen Suche nach einem Krippenplatz im großstädtischen Bereich. begegnen sie den skurrilsten Angeboten: von frühkindlichen Hochleistungs-Krippen über politische oder ökologische bis hin zu esoterischen Alternativkrippen (Abb. 13), nicht zu vergessen das bezahlbare Angebot direkt an der viel befahrenen Straße u. a. m., was auch die Beziehung der beiden in die Krise führt. Am Ende ist es eine zufällige Begegnung im beruflichen Umfeld der Frau, die zu einer überraschenden Wende und zum beruflichen Aufstieg führt.

Ganz dezidiert greift der Film die aktuelle Situation besonders im städtischen Milieu auf und fokussiert die familiäre Konfliktlage auf die Problematik der Verbindung von Beruf und Familie, mithin auch auf die Frage der Rollenverteilung innerhalb einer Familie: Wer verzichtet auf Beruf, Gehalt, Karrierechancen? Welche Kriterien, welche Lebensplanungen spielen hier eine Rolle? Wer trägt welche Verantwortung? u. a. m. Im Unterschied zu den bisher angeführten Filmkomödien ist hier kein mehr oder weniger klar definiertes Familienbild erkennbar, sondern im Gegenteil, es wird deutlich, wie sehr unter den heutigen gesellschaftlichen Bedingungen Familie in Auseinandersetzung sowohl mit den unterschiedlichen Wertvorstellungen der Beteiligten als auch innerhalb der konkreten ökonomisch-politisch-gesellschaftlichen Rahmenbedingungen erst konstruiert und konstituiert werden muss.

Resümee

Bei allen Beschränkungen, denen der Kurzfilm unterliegt im Blick auf die Darstellung von Familien- und Entwicklungsgeschichten, gelingen ihm m. E. sowohl präzise Zustandsbeschreibungen als auch wesentliche Anfragen an das Verständnis der Familie im Heute. Indem er sich nicht selten auf zentrale Ereignisse innerhalb einer Familiengeschichte konzentriert, eröffnete er dem Zuschauer größere (Zeit-)Räume, die Figuren mit eigenen Erfahrungen zu füllen oder zu kontrastieren. Im (allerdings nicht repräsentativen) Querschnitt der Filme zeigen vor allem die dramatisch angelegten Kurzspielfilme eine große Affinität zu aktuellen Familienkonstruktionen. Dabei kommen unterschiedliche soziale bzw. familiäre Realitäten in den Blick, wobei vor allem ihre Gefährdungen und ethische Problemlagen thematisiert werden.

Die traditionellen Familienbilder, die im Drama seltener und wenn dann als zerbrochene oder jedenfalls in Frage gestellte Realitäten ins Bild kommen, sind am ehesten noch in der Filmkomödie präsent. Hier erscheinen sie – bei aller genrebedingten Überzeichnung – aber entweder in ironischer Brechung oder als Ideal, das an eine Wirklichkeit zwar grundsätzlich angelegt, aber nicht von ihr eingeholt werden kann.

Peter Hasenberg

Eine einfachere Welt?

Familienbilder und gesellschaftlicher Wandel in der britischen TV-Serie DOWNTON ABBEY

«Ich empfinde Sehnsucht nach einer einfacheren Welt. Ist das ein Verbrechen?» (1:3, 00:22:10).[1] Diesen Wunsch nach Ordnung und Überschaubarkeit äußert eine ältere Dame, Violet Crawley, die Mutter des 7. Earl of Grantham, in der englischen TV-Serie DOWNTON ABBEY.[2] Man schreibt das Jahr 1912. Beim gepflegten Dinner diskutiert man im Familienkreis über das Dienstmädchen Gwen, das den in Lady Violets Augen unverständlichen Wunsch hat, Sekretärin zu werden. Eine «einfachere Welt» ist für die streng konservative adelige Dame eine Welt, in der Frauen noch keine Ambitionen hatten, selbstständig zu sein. Die Konversation bei Tisch dreht sich nicht nur an dem betreffenden Abend um den Wandel der Gesellschaft und wie die Familie des Earl davon betroffen ist. Das ist zugleich das Hauptthema der vom Sender ITV produzierten Serie, die von 2010 bis 2015 in sechs Staffeln mit insgesamt 52 Folgen ausgestrahlt wurde. Im Mittelpunkt stehen die englische Adelsfamilie Crawley und ihre Dienerschaft, die auf dem titelgebenden Familiensitz in der Grafschaft Yorkshire leben. Die Handlung umfasst die Zeitspanne von 1912 bis 1926. Die Geschichten entfalten nicht nur persönliche Schicksale der Bewohner von Downton Abbey, sondern spiegeln in den Individualgeschichten Umbrüche der Gesellschaft vor und nach dem Ersten Weltkrieg.

Die Sehnsucht nach einer einfacheren Welt, einer konservativen Ordnung der Gesellschaft, in der jedes Individuum seinen festen Platz hat

---

1 Für die Analyse wurde die in Deutschland vertriebene DVD-Fassung der Universal Pictures Germany GmbH benutzt (Staffel 1: 2010, Staffel 2: 2011, Staffel 3: 2012, Staffel 4: 2013, Staffel 5: 2015, Staffel 6: 2015). Bei Hinweisen auf Szenen und Dialogpassagen werden im Folgenden jeweils die Staffel und die Folge in arabischen Ziffern angegeben sowie bei Bedarf der Timecode zur Identifizierung der entsprechenden Stelle angegeben.

2 Violet Crawley trägt den Titel «Dowager Countess of Grantham», was in der deutschen Synchronfassung mit «Countess von Dowager» wiedergegeben wird. Dowager ist aber kein Ort, sondern die Bezeichnung für eine (adelige) Witwe, d. h. «Gräfinwitwe» wäre die passende Übersetzung. Vgl. Art. «Downton Abbey», in: https://de.wikipedia.org/wiki/Downton_Abbey [01.02.2018]

und denen, die politische Macht haben, vertraut, wird von Kritikern der Serie auch den Zuschauerinnen und Zuschauern unterstellt, die der Produktion zu ihrem überwältigenden Erfolg verholfen haben. Die Ideologiekritiker unterstellen, dass eine Wohlfühlwelt vermittelt wird: «[...] a feelgood sense of an ordered and secure world where your loyalty to your employer is rewarded by his care and concern for you, and in which he uses his power for your benefit.»[3] Entwickelt wurde die Serie von einem bekennenden Konservativen, dem Schauspieler, Autor und Produzenten Julian Fellowes, der selbst 2011 in den Adelsstand erhoben wurde und als Baron Fellowes of West Stafford seinen Sitz im britischen Oberhaus hat. War das nicht Hinweis genug auf die unterschwellige Absicht, die Klassengesellschaft der Vergangenheit zu verklären? DOWNTON ABBEY mit seiner wohlgeordneten Welt wurde sogar als Blaupause für David Camerons konservative Regierung angesehen, der man das Etikett «Downton Abbey government» angeheftet hat.[4] Und die Erhebung von Julian Fellowes in den Adelsstand wurde als Geste des Dankes für «services to coalition cabinet fantasy» angesehen.[5] Der Umstand, dass David Cameron dem chinesischen Ministerpräsidenten Li Keqiang bei seinem Besuch in Großbritannien 2014 ein vom Autor Julian Fellowes signiertes Exemplar des Drehbuches der ersten Episode überreichte, passte da wunderbar ins Bild.[6] Das Geschenk war aber nicht einfach eine Visitenkarte David Camerons, die seine Idealvorstellung einer Gesellschaftsordnung zum Ausdruck bringen sollte, sondern kam dem Interesse des chinesischen Premiers entgegen. Denn nicht nur er interessierte sich für DOWNTON ABBEY, sondern eine Riesenfangemeinde in China, den USA und in fast jedem Land der Erde, also vielfach in Ländern, die eine völlig andere Geschichte und ein völlig anderes Gesellschaftssys-

---

3   Katherine Byrne: New Developments in Heritage. The Recent Dark Side of Downton «Downer» Abbey, in: James Leggot / Julie AnneTaddeo (Hg.): *Upstairs and Downstairs: British Costume Drama Television from ‹The Forsyte Saga’ to ‹Downton Abbey›*, Lanham /Boulder/New York/London 2015, 177–188, hier: 179.

4   Deborah Orr: Why the Tories want us all to live in Downton Abbey. David Cameron hankers for a society in which everyone knows their place, in: *The Guardian*, 10.02.2011, unter: https://www.theguardian.com/commentisfree/2011/feb/10/britain-one-big-downton-abbey [02.02.2018]; Jonathan Freedland: David Cameron's Downton Abbey government, in: *The Guardian*, 26.03.2012, unter: https://www.theguardian.com/politics/shortcuts/2012/mar/26/david-cameron-downton-abbey-government [02.02.2018].

5   DeborahOrr(s.Anm.4).Vgl.auch:https://www.theguardian.com/politics/2010/nov/19/julian-fellowes-downton-abbey-lords [02.02.2018].

6   Patrick Brzeski: David Cameron Gives Chinese Premier Signed ‹Downton Abbey› Script, in: *The Hollywood Reporter*, 19.06.2014, unter: http://www.hollywoodreporter.com/news/david-cameron-gives-chinese-premier-713049 [03.02.2018].

tem haben. Die These des nationalen Eskapismus (FAZ-Schlagzeile: «Eine Nation flüchtet in die Vergangenheit»[7]) greift als Erklärung für den Erfolg zu kurz.[8] Die Sehnsucht nach der Herrschaft des britischen Adels oder die Interessen einer Tory-Regierung, ein Gesellschaftsideal vergangener Zeiten als Mittel zur Bewältigung aktueller Krisen zu propagieren, kann für den Großteil des globalen Publikums kein Motiv gewesen sein. Was steckt also hinter dem Erfolg? Es liegt nahe zu vermuten, dass die Serie Themen anspricht, die von allgemeingültiger Natur und unabhängig vom spezifischen kulturellen Kontext sind.

Ausgehend von der Genrezuordnung wird im Folgenden die These entwickelt, dass die Attraktivität der Serie wesentlich von der Behandlung des Themas der Familie herrührt, das in allen Kulturen anschlussfähig sind. Dabei wird sich zeigen, dass die Serie durchaus komplexer angelegt ist, als der erste Eindruck nahelegt. Gerade die Vielschichtigkeit der Familienthemen macht die Serie zu einem regelrechten Kompendium zum Thema Familie, das ungeahnt viele Facetten aufweist und weniger einseitig ist, als manche linke Kritiker es haben sehen wollen.

Das Genre der *Heritage Films*

Was mediale Familienbilder angeht, fällt auf, dass Filme und Serien nicht nur das Thema Familie in der Gegenwart spiegeln, sondern auch dann eine große Attraktivität besitzen, wenn sie längst nicht mehr aktuelle Familienmodelle, z. B. Großfamilien mit patriarchalischen Strukturen, aufleben lassen. DOWNTON ABBEY ist vielleicht das eindrucksvollste, aber nicht das einzige Beispiel. Die Serie gehört zu einem in Großbritannien gepflegten Genre, für das sich der Begriff des *Heritage Film* eingebürgert hat.[9] Andrew

---

7   Gina Thomas: Eine Nation flüchtet in die Vergangenheit, in: *Frankfurter Allgemeine Zeitung*, 22.09.2013, unter: http://www.faz.net/aktuell/feuilleton/medien/fernsehserie-downton-abbey-iv-eine-nation-fluechtet-in-die-vergangenheit-12583246.html [31.01. 2018].

8   Der US-Historiker Simon Schama hat die Eskapismus-These auch für die amerikanische Zuschauerschaft ins Spiel gebracht. Überzeugend ist das letztlich nicht, wenn man nicht auf einer ganz allgemeinen Ebene Eskapismus ohnehin als Motiv für Unterhaltung sieht. Vgl. Simon Schama: Why Americans Have Fallen for Snobby ‹Downton Abbey›, in: *Newsweek*, 16.01.2012, unter: http://www.newsweek.com/why-americans-have-fallen-snobby-downton-abbey-64157 [01.02.2018].

9   Vgl. «Heritage Films», in: *Schirmer Encyclopedia of Film*, unter: https://www.encyclopedia.com/arts/encyclopedias-almanacs-transcripts-and-maps/heritage-films [20.01.2018]. Belen Vidal: *Heritage Film: Nation, Genre, and Representation*, London/New York 2012.

Higson, der den Trend zu prestigeträchtigen Kostümdramen in den 1980er- und 1990er-Jahren ausgemacht hat, beschreibt den Ansatz der Filme wie folgt: «In various ways, these films engage with subject-matter and discourses that have traditionally played a major part in determining how the heritage and identity of England and Englishness have been understood.»[10]

Zu den Erfolgszutaten des *Heritage Cinema* gehören Kostüme, prächtige Herrensitze, die archtypischen englischen Landschaften und das literarische Erbe:

> These films are set in the past, telling stories of the manners and proprieties, but also the often transgressive romantic entanglements of the upper- and upper middle-class English, in carefully detailed and visually splendid period reconstructions. The luxurious country-house settings, the picturesque rolling green landscapes of southern England, the pleasures of period costume, and the canonical literary reference points are among the more frequently noted attractions of such films.[11]

Heritage Films, nicht zu Unrecht als «the most Bristish of all television genres» eingestuft,[12] stellen ausdrücklich den Bezug zur englischen Tradition und nationalen Identität in den Mittelpunkt, verstehen sich – wie der Begriff andeutet – im Dienst an einem kulturellen Erbe. Dabei spielt die Marktfähigkeit eine zentrale Rolle, sie zielen nicht nur auf ein britisches Publikum, sondern auf eine weltweite Zuschauerschaft, an die man die Filme mit ihrem «transnational appeal»[13] als Markenprodukt typischer *Britishness* verkaufen kann. Die ökonomischen Auswirkungen sind nicht nur an den Gewinnen der Produktionsfirmen abzulesen, die ihre Produkte in zahllose Länder verkaufen können, sondern auch am Aufschwung einer Tourismusindustrie, die Busladungen von Fans zu den Schauplätzen befördert. Highclere Castle im Norden der englischen Grafschaft Hampshire, das den Schauplatz für Downton Abbey abgab, ist durch die Serie zu einer vielbesuchten Touristenattraktion geworden.[14]

10 Andrew Higson: *English Heritage, English Cinema: Costume Drama since* 1980, Oxford 2003, 1.
11 Ebd.
12 Jerome de Groot: Foreword, in: Leggott/Tadeo, (Hg.): *Upstairs and Downstairs*, ix – xii, hier: ix (s. Anm. 3).
13 Higson: *English Heritage*, 259 (s. Anm. 10).
14 Die Verbindung von *Heritage Cinema* und Tourismus ist ein Phänomen, das schon Higson für die Filme der 1980er- und 1990er Jahre beschreibt. Vgl. Higson: *English Heritage,* 56–63 (s. Anm. 10). Nicht nur das reale Anwesen wurde zum Zielort pilgernder Downton Abbey-Fans, die die Verankerung der Fiktion durch Bestätigung

Inspiration und Vorläufer

DOWNTON ABBEY ist nur das jüngste erfolgreiche Beispiel des britischen *Heritage Cinema*. Keine Serie war in den Jahren erfolgreicher und hat in vergleichbarer Weise das öffentliche Bewusstsein und die Populärkultur dominiert.[15] Die Serie wurde mehrfach mit Preisen ausgezeichnet, u. a. mit vier Emmys, einer davon für den Erfinder der Serie und Drehbuchautor Julian Fellowes. Dieser war schon 2002 mit einem Oscar für das beste Originaldrehbuch zu Robert Altmans Film GOSFORD PARK ausgezeichnet worden, ein Film, der in gewisser Weise als Vorstudie für die Serie gelten kann. Das Thema ist identisch: GOSFORD PARK ist ebenfalls ein Abgesang auf den englischen Adel und mit Dame Maggie Smith als eine der Hauptdarstellerinnen ist eine direkte Verbindung zu DOWNTON ABBEY gegeben. Vorlage für GOSFORD PARK wiederum war der Roman THE SHOOTING PARTY von Isabel Colegate, bzw. die erste Verfilmung des Romans von 1985 unter der Regie von Alan Bridges.[16]

Vorläufer von DOWNTON ABBEY sind auch erfolgreiche Fernsehserien über Adelsfamilien nach Romanen der englischen Literatur wie DIE FORSYTE SAGA (GB 1967–1969) nach dem Roman von John Galsworthy oder WIEDERSEHEN MIT BRIDESHEAD (GB 1981) nach dem Roman von Evelyn Waugh. Ohne literarische Vorlage entstand die Serie DAS HAUS AM EATON PLACE (GB 1971–1975), die das Muster der Parallelisierung des Lebens von Herrschaft und Dienerschaft (Originaltitel: UPSTAIRS, DOWNSTAIRS) vorweggenommen hat. Interessanterweise lief fast zeitgleich mit dem Start von DOWNTON ABBEY eine Fortsetzung dieser Erfolgsserie aus den 1970er Jahren. Speziell die Edwardian Era, die Zeit nach dem Ende der Herrschaft von Königin Victoria von der Thronbesteigung Eduards VII. im Jahre 1901 bis zum Ausbruch des Ersten Weltkriegs 1914 hat das Interesse der Produzenten auf sich gezogen.[17] Als anspruchsvolleres Gegenstück zu DOWNTON ABBEY gilt die fünf-

im Realen suchen. Im Dezember 2017 wurde in New York eine Ausstellung der Kulissen der Serie eine Attraktion (vgl. Christian Zaschke: Reich und schön, in: *Süddeutsche Zeitung*, Nr. 289, 16./17.12.2017, 44.)

15   Byrne: New Developments, 177 (s. Anm. 3).

16   Vgl. Beulah Maud Devaney: Tracing Downton Abbey's lineage: the novel that inspired a TV hit, in: *The Guardian*, 11.11.2013, unter: https://www.theguardian.com/books/booksblog/2013/nov/11/downton-abbey-novel-tv-isabel-colegate-shooting-party [08.08.2017]

17   Katherine Byrne sieht die Fixierung auf die Edwardian Era als «one of the most popular and influential trends in contemporary television». Katherine Byrne: *Edwardians on Screen. From ‹Downton Abbey› to ‹Parade's End›*, Houndmills, Basingstoke 2015, 1.

teilige Serie Parade's End – Der letzte Gentleman (GB/USA 2012), eine von dem angesehenen Dramatiker Tom Stoppard adaptierte Roman-Tetra-logie von Ford Madox Ford, die sich aber auf die Figur eines Landedelmanns und eine Dreiecksbeziehung konzentriert und nicht die Dienerschaft in die Handlung einbezieht.

Als Vorbild dienten nicht nur Serien, die den Weg von der großen Zeit des Britischen Weltreichs bis zum Ersten Weltkrieg thematisieren, sondern auch die zum *Heritage*-Genre zählenden Produktionen, die fast ein eigenes Subgenre ausmachen: die Filme und Serien nach den Romanen von Jane Austen. Der Jane-Austen-Boom ist ein ganz eigenes Phänomen der Popu-lärkultur. Die 200 Jahre alten Romane einer unverheirateten alten Jungfer aus dem Stand der *Gentry*, des niederen Landadels, drehen sich vorwiegend um Erbschaften und Hochzeiten. Dennoch ist Jane Austen keineswegs nur eine Autorin für Frauen. In der Literaturwissenschaft genießt Jane Austen wegen der nüchternen, ironisch gebrochenen Analyse einer Gesellschafts-schicht, ihrer Rituale und ökonomischen wie ideellen Lebensgrundlagen ein hohes Ansehen. Bis heute gewinnt Jane Austen nicht nur immer neue Leserschichten, sondern stellt sich als «a true pop-cultural phenomenon»[18] dar und das weltweit und medienübergreifend. Die filmischen Bearbeitun-gen haben zur Popularität einen wesentlichen Beitrag geleistet.[19] Es gibt eine regelrechte Jane-Austen-Industrie. Obwohl sich ihr Werk im Wesent-lichen auf sechs Romane und einige unvollendete Entwürfe beschränkt, ist die Präsenz im Filmmarkt enorm. Gerade *Stolz und Vorurteil* (1813) ist das Werk Jane Austens, das die Phantasie am meisten angeregt hat und zum Kult geworden ist.[20] Der Roman wird bis heute von anderen Autoren fortgeschrieben,[21] im Bereich der Fan Fiction steht er ganz vorne, ebenso bei den Verfilmungen. Es gibt nicht nur die originalgetreuen Verfilmun-gen, sondern eine Vielzahl von Bearbeitungen: die Geschichte von Elizabeth Bennet und Mr. Darcy gibt es als Bollywood-Film, als Zombie-Film, als Zeit-reise-Abenteuer oder in moderner freier Übertragung.[22] Gerade die Zeitrei-

18 Marion Gymnich: 200 Years of Reading Jane Austen's *Pride and Prejudice*, or Where the Literary Canon Meets popular Culture, in: Hanne Birk / Marion Gymnich (Hg.): *Pride and Prejudice 2.0. Interpretations, Adaptations and Transformations of Jane Austen's Classic*, Representations & Reflections: Studies in Anglophone Literatures and Cultures, vol. 11, Göttingen 2015, 11–31, hier: 11.

19 Ebd., 182.

20 Devoney Looser: The Cult of Pride and Prejudice and its Author, in: Janet Todd (Hg.): *The Cambridge Companion to Pride and Prejudice*, Cambridge 2013, 174–185, hier: 174.

21 Auf einem Portal, das Leseempfehlungen gibt, werden allein 455 Titel vorgeschlagen. (http://www.goodreads.com/list/show/405.Best_Jane_Austen_FanFiction [20.01.2018])

22 Beispiele aus den letzten 15 Jahren sind u. a.: Pride & Prejudice 2003 (US 2003, Regie: Andrew Black), Liebe lieber indisch (GB 2004, Regie: Gurinder Chadha),

se-Geschichte, die die ITV-Produktion Lost in Austen (GB 2008) präsentiert, stellt die Frage, was Jane Austen einer jungen Frau von heute, die in die Romanwelt versetzt wird, sagen kann. Interessanterweise ist in dieser Produktion die Rolle des Vaters Mr. Bennet mit Hugh Bonneville besetzt, der in Downton Abbey Lord Grantham verkörpert. Die Ausgangssituation von Downton Abbey – ein Adeliger mit drei Töchtern im heiratsfähigen Alter und das Problem des fehlenden männlichen Erben – erinnert auffällig an die Grundkonstellation in *Stolz und Vorurteil*.[23] Im Audiokommentar zur ersten Folge stellen die Macher jedoch klar, dass sie sich dezidiert von der Jane-Austen-Welt absetzen wollten und mit Hinweisen auf Eisenbahn und Telegraph in den Anfangsbildern den Anspruch auf eine größere Nähe zum Heute untermauern: «Immediately an audience should know that it wasn't Jane Austen, not something from a long time ago.» (1:1, Audiokommentar: 00:00:34). Der Autor Julian Fellowes unterstreicht das Bemühen um Modernität: «We didn't want it to be an unrecognizable experience. These were people with motor cars, trains, telephones. So it was essentially modern.» (1:1, Audiokommentar: 00:01:14).

Downton Abbey vereint thematische Elemente mehrerer Romane/ Filme/Serien: Die Geschichte einer Adelsfamilie und die Veränderungen durch den Krieg wie in Wiedersehen mit Brideshead, Geschichten um den Erhalt des Erbes und die Liebesgeschichten mehrerer Töchter wie in Jane Austens Romanen, die Gegenüberstellung von zwei «Welten», die der Herrschaften und die der Diener, wie in Das Haus am Eaton Place.[24] Die Eignung zum Kultphänomen hat Downton Abbey auch bewiesen. Fanartikel vom T-Shirt mit Aussprüchen der scharfzüngigen Dowager Countess bis zu Nachbildungen der Klingel im Dienertrakt bedienen die Seriensüchtigen.[25] Die Produktion ist zwar nach sechs Staffeln abgeschlossen worden, aber damit muss das Ende nicht erreicht sein. Der Autor arbeitet bereits an einer Kinoversion des Stoffes.[26]

Stolz und Vorurteil (GB/US 2005, Regie: Joe Wright), Lost in Austen (GB 2008, Regie: Dan Zeff), Stolz und Vorurteil & Zombies (US/GB 2015, Regie: Burr Steers).

23 Ginger Monette: Is Downton Abbey a Copycat of «Pride and Prejudice»? (18.12.2016), unter: http://austenauthors.net/is-downton-abbey-a-copycat-of-pride-and-prejudice-from-guest-author-ginger-monette/ [27.03.2017]. Zum Jane-Austen-Bezug siehe auch: Matthew Miller: Downton Abbey as a Jane Austen Style Tragedy, 12.02.2013, unter: https://mereorthodoxy.com/downton-abbey-as-a-jane-austen-style-tragedy/ [27.03.2018].

24 Auch *Stolz und Vorurteil* wurde in jüngster Vergangenheit neu aus der Dienerperspektive erzählt, und zwar in dem Roman *Longbourn* (2013, dt. *Im Hause Longbourn*, 2014) der britischen Autorin Jo Baker.

25 Zu Fanartikeln siehe; www.giftsforfansofdowntonabbey.com/ [20.01.2018].

26 Lydia Willgress: Julian Fellowes reveals he has started working on a film version

Ein Kompendium von Familienthemen

Familie wird nicht allein dadurch zu einem zentralen Thema, dass die Hauptfiguren alle zu einer Familie gehören. Wesentlich ist, welche Rolle die Interessen und Werte der Familie im Handeln der einzelnen Mitglieder spielen. Jede Figur könnte auch eigene Interessen verfolgen, die denen der Familie nicht entsprechen. In DOWNTON ABBEY kreisen die Kernthemen immer um die Familie als Ganzes. Es geht zentral um die rechtlichen Rahmenbedingungen, konkret: die Erbfolgeregelung. Die Handlung beginnt mit einer diesbezüglichen Schreckensnachricht für die Familie (Abb. 1): die in der Erbfolge an Platz 1 und 2 stehenden Cousins des Earl sind beim Untergang der «Titanic» gestorben, so dass nun der dritte in der Rangfolge, der Rechtsanwalt Matthew Crawley, zum designierten Erben wird.

Damit verbunden sind Fragen der genetischen Reproduktion: aus Ehen gehen Kinder hervor, die die Erbfolge wieder verändern können. So ist die Erbregelung wieder offen, als Cora, die Ehefrau von Lord Grantham, schwanger wird, und die Geburt eines Sohnes alles ändern könnte. Der Verlust des Kindes durch einen Sturz der schwangeren Cora im Bad, den die intrigante Kammerzofe O'Brien verursacht hat, setzt Matthew wieder in sein Recht. Dass Lady Mary nach anfänglicher Ablehnung doch den designierten Erben heiratet, scheint die Zukunft zu sichern. Aber alles ist wieder in Frage gestellt, als Matthew aus dem Ersten Weltkrieg mit einer Rückenmarksverletzung zurückkehrt und seine Zeugungsfähigkeit zunächst in Frage steht, so dass die Regelung der weiteren Nachkommenschaft wieder offen ist. Der ersehnte Stammhalter wird dann geboren, aber auf dem Höhepunkt des Glücks stirbt Matthew, was die Frage aufwirft, wer nun die Verwaltung

of Downton Abbey, 27.01.2017, http://www.telegraph.co.uk/news/2017/01/27/julian-fellowes-reveals-has-started-working-film-version-downton/ [28.03.2017].

des Erbes übernimmt. Die ökonomische Dimension der Familie ist eine weitere Ebene, die ausführlich behandelt wird. Es geht nicht nur darum, den Zusammenhalt der Familie durch genetische Nachkommen zu sichern, sondern auch das Vermögen zu erhalten. Das Herrenhaus und die Ländereien sind die wesentlichen ökonomischen Werte, die die Familie Crawley definieren. Falsche unternehmerische und finanztechnische Entscheidungen können den Besitz gefährden. Nicht weniger wichtig als die ökonomischen Werte ist die Reputation in der Gesellschaft. Es ist nicht nur für Lady Mary, sondern für die ganze Familie eine Katastrophe, dass ein Attaché der türkischen Botschaft bei einem nächtlichen Liebesrendezvous in Lady Marys Bett unerwartet stirbt (1:3). Der Skandal muss vertuscht werden, nicht nur um Lady Marys Wert auf dem Heiratsmarkt nicht zu schmälern, sondern um den Ruf der Familie zu sichern. Das uneheliche Kind von Lady Edith oder die Affäre der Cousine Lady Rose mit einem farbigen Jazzmusiker sind weitere Fälle, die ein Handeln im Interesse der Familie erfordern.

Die Serie legt großen Wert auf die Darstellung der wiederkehrenden Rituale, die das Leben der Familie prägen: Empfänge, Bälle, Dinner. Dabei geht es darum, Wert und Identität der Familie durch die Qualität des Lebensstils darzustellen. Hier kommt die Dienerschaft ins Spiel. Die Anzahl der Diener und die die Qualität des Service sind Messwerte für den gesellschaftlichen Rang des Hauses. Die Aufrechterhaltung des Lebensstils ist z. B. gefährdet durch den Verlust an Personal, zuerst wegen der Einberufung von Dienstboten im Krieg, später wegen der Sparerfordernisse auf Grund ökonomischer Engpässe. Natürlich gibt es auch die Ebene der persönlichen, emotional geprägten Beziehungen, die Anteilnahme am Schicksal der Blutsverwandten und die Bereitschaft, ihnen in schwierigen Situationen beizustehen.

Es gibt einen Kern, die Familie von Robert Crawley mit seiner Frau und seinen drei Töchtern im heiratsfähigen Alter. Um diesen Kern herum gruppieren sich weitere Familien bzw. familienähnliche Beziehungen. Das ergibt geradezu ein Kompendium von Familienthemen, ein thematisches Geflecht von verschiedenen Sichtweisen auf das Phänomen Familie.

Die Kernfamilie

Robert Crawley, der Earl of Grantham, lebt mit seiner Frau Cora und seinen drei Töchtern, Mary, Edith und Sybil auf Downton Abbey. Die Familie ist definiert über die Blutsverwandtschaft und das Zusammenleben als Hausgemeinschaft, was enge emotionale Bindungen beinhaltet. Zur erweiterten Familie gehört die Mutter des Earl, Violet Crawley, die einen eigenen Wohnsitz im Dower House hat, aber zum Dinner und zu offiziellen Anläs-

2 Begrüßungskomitee für Matthew und seine Mutter Isobel

sen immer im Hause anwesend ist. Die sich wiederholenden abendlichen Tischrunden sind das zentrale Familienritual und man kann an der Zusammensetzung der am Tisch Versammelten die Änderungen in Bezug auf die Familie ablesen, denn sie ändert sich im Laufe der Serie ständig. Gleich zu Anfang löst die Nachricht vom Tod der Erben beim Untergang der «Titanic» eine gravierende Veränderung aus. Der entfernte Cousin Matthew Crawley, Wirtschaftsanwalt aus Manchester, zieht als designierter Erbe mit seiner Mutter Isobel nach Downton (Abb. 2) und ist fortan als Blutsverwandter in der Hausgemeinschaft immer präsent.

Zeitweise ist Coras Mutter, Martha Levinson, aus Amerika anwesend und erweitert die Tischgemeinschaft, so dass die ältere Generation durch drei Mütter – Violet, Isobel und Martha – repräsentiert ist. Eine noch tiefer greifende Veränderung verursacht die Heirat der jüngsten Tochter Sybil mit dem irischen Chauffeur Tom Branson. Mit Matthew hatte die Familie einen Blutsverwandten aufgenommen, obwohl er für alle auf Grund der entfernten Verwandtschaftsbeziehungen ein Fremder war. Mit dem Chauffeur kommt jemand in die Familie, der nicht auf Grund seiner Abstammung, sondern nur aufgrund der Heirat seinen Platz in der Familie begründet. Da Sybil bei der Geburt ihrer Tochter stirbt, bleibt Tom mit dem Kind zwar Teil der Familie und ist ständig im Hause, aber er fühlt sich nach dem Verlust seiner Frau als Fremdkörper. Als Person wird er zwar von den Crawleys geschätzt und freundlich behandelt, aber es gibt immer wieder Konflikte. Die erste gravierende Auseinandersetzung entsteht, als Tom seine Tochter Sybbie katholisch taufen lassen will (3:6). Lord Grantham ist vehement dagegen. Die Crawleys waren immer Anglikaner, zudem gibt es in der Familie traditionell eine stark antikatholische Haltung. Aber Tom setzt sich durch und so wird Sybbie die erste katholische Crawley (3:7).

Familie als Dynastie

Familie ist in Downton Abbey nicht nur die Lebensgemeinschaft der unter einem Dach wohnenden und durch Blutsverwandtschaft oder Einheirat verbundenen Personen, sondern sie wird – da es sich um eine Adelsfamilie handelt – auch aus einer diachronen Perspektive als die Abfolge von Generationen gesehen. Die Beziehungen sind geregelt durch eine gesetzlich festgelegte Erbfolge. Sie wurde von einer früheren Generation festgelegt und bestimmt über zukünftige Generationen. Für Lord Grantham ist dies nicht nur eine abstrakte Regelung auf dem Papier, sondern eine stets präsente Verpflichtung. Er sieht seine Familie in der dynastischen Perspektive als Teil einer historischen Reihe mit den Familien, die vor ihm kamen, und den zukünftigen Familien, die das Erbe übernehmen werden. In der ersten Staffel geht es zentral um die Nachfolgefrage. Während Lord Grantham sich strikt an die rechtlichen Regelungen der Erbfolge, die Frauen ausschließt, gebunden fühlt, sind die Frauen in seiner Familie einheitlich der Auffassung, man müsse Wege finden, damit die älteste Tochter Mary das Erbe antreten kann. Lord Grantham erläutert Mary seine Sichtweise (Abb. 3):

> Wenn ich ein eigenes Vermögen erworben und Downton selbst gekauft hätte, dann wäre es ohne Frage deins. Aber das habe ich nicht getan. Mein Vermögen ist das Werk von anderen, die einmal eine große Dynastie schufen. Habe ich das Recht, dieses Werk zu zerstören? Oder Armut einziehen zu lassen? Ich bin ein Verwalter, mein Schatz, und nicht der Besitzer. Ich muss mich der Aufgabe würdig erweisen, die man mir gestellt hat. *(1:4, 00:29:25 ff)*

3 Nur ein Verwalter

Die dynastische Perspektive bedingt, dass sich die Familie im Sinne der Lebensgemeinschaft unter dem Dach des Herrensitzes ständig ändert, weil die Zukunftsperspektive eine starke Bedeutung bekommt. So ist für Matthew Crawley die Anwesenheit auf Downton Abbey nicht nur eine Veränderung seiner aktuellen Lebenssituation, sondern auch eine Zeit der Vorbereitung auf eine zukünftige Situation, wenn ihm das Erbe eines Tages zufällt.

Das Haus als Familie

Nicht zu Unrecht trägt die Serie im Titel nicht den Namen der Familie um die es geht, sondern den Namen des Herrensitzes, auf dem sie lebt. Downton Abbey ist nicht nur ein Schauplatz, sondern hat geradezu den Status eines zentralen Akteurs. Im Haus konkretisiert sich das, wofür die Familie steht. Der Reichtum, der sich in der erlesenen Ausstattung widerspiegelt, sowie der diesem Ambiente angemessene Lebensstil, der durch eine ganze Armee von Bediensteten gewährleistet wird, ist ein Symbol für die Familie schlechthin. Das Haus wird geradezu vermenschlicht. In der der ersten Folge erlebt man, wie das Haus zum Leben ‹erwacht›. Dienstboten eilen durch die Gänge, Vorhänge werden aufgezogen, Feuer entfacht, Möbel abgestaubt. Es wirkt gerade so, als fließe das Blut durch die Adern. Die Drahtverbindungen vom Herrentrakt zum Dienertrakt, die die Kommunikation zwischen den Teilen des Hauses ermöglichen und einen Wunsch der Herrschaften durch ein Klingeln eines entsprechenden Glöckchens sichtbar machen, erscheinen wie die Nervenbahnen eines Lebewesens. Die Personifizierung des Hauses ist auch die Sichtweise der Bewohner. Auf die Frage seiner Mutter, ob ihm Downton Abbey so wenig bedeute, dass er bereit sei, es einem Fremden zu überlassen, antwortet Robert: «Ich habe Downton mein Leben gewidmet. Ich bin hier geboren und ich hoffe, hier zu sterben. Ich möchte nichts anderes als das Haus und den Grundbesitz zu unterhalten. Es ist mein drittes Elternteil und mein viertes Kind.» (1:1, 00:34:00) Der Krieg wirkt sich unmittelbar auf das Haus aus. Er befällt das Haus geradezu wie eine Krankheit. Das Anwesen wird in ein Rehabilitationszentrum für verletzte Offiziere verwandelt. Die ‹Invasion› der Kriegsopfer schränkt den Lebensraum der Familie sichtbar ein.

Die Dienerschaft als erweiterte Familie

Die Dienerschaft, die zum Haus gehört und für die reibungslose Organisation des Tagesablaufs sorgt, ist ein unverzichtbarer Teil der Lebensfunktionen des Hauses und in zweifacher Hinsicht den Familienthemen zugeordnet. Zum einen wird die Dienerschaft als eine Art erweiterter Familie dargestellt, zum anderen ist sie auch eine eigene Lebensgemeinschaft, die in ihren Strukturen die Familie widerspiegelt. Ihre große Bedeutung wird beim ersten Besuch des Erben Matthew Crawley und seiner Mutter deutlich. Aufgereiht stehen die Angehörigen der Familie Crawley und die Dienerschaft bereit. Lord Grantham stellt dann den Butler Carson als erste und wichtigste Person vor: «Das ist Carson. Ohne ihn wären wir alle verloren.» (1:2, 00:06:28). Die Ablehnung des neuen Erben, dieses «Burschen aus Manchester», wie Butler Carson (1:1, 00:00:24) ihn gegenüber der Hausdame Mrs. Hughes bezeichnet, ist in der Dienerschaft noch stärker als bei den Crawleys. Carson erklärt, er nehme die Sache persönlich: «Ich kann nicht ruhig dabei zusehen, wie unsere Familie [sic!] alles verliert, was ihr lieb und teuer ist.» (1:1, 00:24:00) Lord Granthams Kammerdiener, Mr. Bates, ist bereit «sich in ein Schwert zu stürzen» (Lord Grantham), um das Ansehen der Familie zu retten. Er verlässt Downton Abbey, weil seine Ehefrau ihn erpresst mit der Drohung, einen Skandal der Familie zu enthüllen (2:1). Wenn in der Dienerschaft von ‹der Familie› die Rede ist, ist in der Regel die Familie Crawley gemeint. Aber aus Sicht der Bediensteten gibt es auch die Wahrnehmung feiner Unterschiede in der Zugehörigkeit zur Familie. Als das Kindermädchen dem ersten Hausdiener Thomas einen Auftrag geben will, weist er sie brüsk zurück, sie habe ihm gar nichts zu befehlen. Das Küchenmädchen Daisy erklärt, sie könnte selbst nie eine Nanny sein: «Man gehört nicht zur Familie und auch nicht zu uns.» (4:1, 00:08:15)

Die repräsentative Funktion der Dienerschaft drückt Butler Carson aus. Carson tadelt William wegen seiner Nachlässigkeit, eine offene Naht an seiner Livree nicht sofort geflickt zu haben. Er ermahnt ihn, nie wieder in einem «unangezogenen» Zustand zu erscheinen und erklärt, «dass ein guter Diener jederzeit einen Sinn für Würde und Stolz entwickeln sollte, der gleichermaßen die Würde und den Stolz der Familie widerspiegelt, in deren Diensten er steht.» (1:2, 0:09:55; Abb. 4)

4 Butler Carson fordert einen Sinn für Würde und Stolz

Innerhalb der Dienerschaft gibt es deutliche Unterschiede im Hinblick auf die persönlichen Beziehungen zur Familie Crawley. Unter den Männern herrscht generell eine größere Distanz. Eine größere Nähe und Vertrautheit gibt es eher auf der Ebene der Frauen. Cora oder Mary besprechen mit ihren Kammerzofen Dinge, die sie mit dem Familienoberhaupt nicht besprechen. Die deutlichste Gegenposition zu der Selbstwahrnehmung, dass man auch als Bediensteter zur Familie gehört, artikuliert Lady Coras Kammerzofe, die intrigante Sarah O'Brien: «Wir sind Dienerinnen. Wir tun, was sie sagen und werden bezahlt, sonst nichts.» (1:2, 00:18:50)

Die Crawleys sehen sich in der Pflicht, für das Wohlergehen ihrer Dienerschaft zu sorgen. So wird in Krankheitsfällen geholfen. Lord Grantham bezahlt die Augenoperation für die Köchin Mrs. Patmore. Als der Krieg ausbricht, setzt sich Lady Violet dafür ein, dass Molesley und William durch den Arzt des örtlichen Krankenhauses für untauglich erklärt werden. Die Sorge um die Bediensteten ist aber nicht völlig uneigennützig, denn Ausfälle in der Dienerschaft wirken sich direkt auf das Leben im Haus aus. Im Falle des Kammerdieners von Lord Grantham, Mr. Bates, rührt die Verpflichtung noch aus der gemeinsamen Zeit im Burenkrieg her, in dem Bates der Offiziersbursche war.

Die Diener sind vollkommen von den Herrschaften abhängig. Mit dem Tod von Matthew Crawley verliert Molesley seine Rolle als Kammerdiener. Weder Lord Grantham noch Carson räumen ihm in Downton eine Existenzmöglichkeit ein, weil bestimmte Funktionen besetzt sind und weil Molesley für Aufgaben wie die eines einfachen Footman zu qualifiziert ist. Immerhin ist es in seinem Fall Lady Violet, die einen Versuch startet, ihn bei einer Bekannten als Butler unterzubringen. (4:1)

Die engen Beziehungen zwischen der Adelsfamilie und den Bediensteten machen deutlich, dass das Haus als eine Einheit gesehen wird. Der Begriff «Familie», der sich aus dem lateinischen Wort *famulus* (Diener, Knecht) ableitet, meinte im alten Rom nicht die Kernfamilie, sondern die Hausgemeinschaft mit Dienern, in der der *pater familias* die Rolle des Herrschers innehatte.[27] An dieses Modell erinnert die Familie als Hausgemeinschaft in Downton Abbey.

Für die Dienerschaft bildet der Bezug zur Herrschaftsfamilie eine zentrale Dimension ihres täglichen Lebens und ihrer Lebensplanung. Es gibt aber auch innerhalb der Dienerschaft eigene Familiengeschichten, die teilweise nur am Rande aufscheinen, weil davon berichtet wird. Von zentraler Bedeutung auf der Ebene der Dienerschaft ist die Beziehung von Anna

---

27 Vgl. *DUDEN – Das Herkunftswörterbuch. Etymologie der deutschen Sprache*, 5. Aufl. Berlin 2014, 271.

und Mr. Bates, die von der ersten bis zur letzten Folge entwickelt wird, die Geschichte einer Familiengründung mit Hindernissen. Der Wunsch, eine eigene Familie zu gründen, wird lange vereitelt durch die Noch-Ehefrau von Mr. Bates. Die melodramatische Gestaltung der Geschichte von Anna und Mr. Bates führt beide durch ein tiefes Tal des Leidens – Bates landet als zu Unrecht Beschuldigter im Gefängnis, Anna wird Opfer einer brutalen Vergewaltigung – bis sie heiraten können und in der letzten Folge die Familie durch die Geburt eines Kindes vollständig wird.

Das Dorf als erweiterte Familie

Nicht nur die Dienerschaft, auch das Dorf, das den gleichen Namen trägt wie der Herrschaftssitz ist mit der Familie eng verbunden. Der Familie Crawley gehört das halbe Dorf und dessen Einwohner nehmen sich in ihrer Abhängigkeit von der Familie wahr. Gleich in der ersten Szene entfährt der Telegraphistin ein Ausruf des Entsetzens, als sie das Telegramm erhält, das den Tod der beiden Erben mitteilt. Sie weiß, dass das Dorf vom Schicksal der Familie unmittelbar betroffen sein wird. Die Familie ist in vielfältiger Weise im Dorf präsent. Ihr Wirken wird u. a. sichtbar im örtlichen Krankenhaus, das der Vater des aktuellen Lord Grantham gestiftet hat. Lady Violet hat im Stiftungsrat den Vorsitz, den sie sich später mit Isobel Crawley, der Mutter des Erben Matthew, teilen muss. Bei Festivitäten begegnen sich die Familie Crawley und die Dorfbewohner: bei der Kirmes, der Flower Show, bei einem Sommerfest (Abb. 5) oder einem Cricket-Match.

5 Sommerfest mit Dorfbewohnern

Die Verantwortung, die Lord Grantham für sich als Verwalter des ererbten Anwesens annimmt, erstreckt sich in besonderem Maße auf die Pächter. Auch da geht es wieder um den Erhalt von Familien.

Familie als Funktionszusammenhang

Die natürliche Familie, die über Verwandtschaftsbeziehungen verbunden ist, stellt nur die eine Seite dar. Familie wird auch bestimmt über die Funktionen der einzelnen Mitglieder. Die Dienerschaft ist eine Art Funktionsfamilie. Die Verhältnisse im Dienertrakt sind in gewissem Sinn ein Spiegelbild der Verhältnisse in der Adelsfamilie (Abb. 6a–b). Es gibt einen Familienvorstand, der durch den Butler Carson und die Hausdame Mrs. Hughes gebildet wird. Aus dem engen freundschaftlichen Verhältnis der beiden wird in der sechsten Staffel dann auch folgerichtig ein Ehebündnis, allerdings erst zu einem Zeitpunkt, wo sie die Verantwortung im Haus abgeben.

Die Dienerinnen und Diener haben die Funktion von Kindern, da gibt es gut erzogene und solche, die über die Stränge schlagen und zur Ordnung gerufen werden müssen. Innerhalb der Gruppe gibt es Einzelbeziehungen mit familienähnlichen Funktionen. So hat die Köchin Mrs. Patmore die junge Küchenhilfe Daisy unter ihre Fittiche genommen und kümmert

6a–b Tischgemeinschaft oben und unten

sich um sie, wie es eine Mutter nicht besser tun könnte. Es bilden sich auch Familienbeziehungen, die eher funktional bestimmt sind. So kommt Daisy zu einer Ehe, die sie eigentlich gar nicht wollte. Sie verspricht William die Ehe am Vorabend, bevor er in den Krieg zieht. Er kehrt verletzt aus dem Krieg zurück und Daisy kann dem Todkranken den Wunsch, sie zu heiraten, nicht abschlagen. Nach dem Tod von William, mit dem sie die Ehe eigentlich nie vollzogen hat, fällt ihr plötzlich ein Schwiegervater zu, der sich für sie verantwortlich fühlt und sie für die Zukunft seines Hofes einplant.

Funktionale Familienbeziehungen gibt es auch im Sinne einer Neubewertung realer Verwandtschaftsverhältnisse. Mary beklagt sich, dass Lord Grantham zu Matthew eine zunehmend enge Beziehung aufbaut, die nicht mehr der zu einem entfernten Cousin entspricht: «Er hat jetzt einen Sohn. Er hat jetzt, was er immer wollte.» (1.4. 00:37:00) Lord Grantham bestätigt das an anderer Stelle gegenüber seinem Kammerdiener Mr. Bates: «Ich liebe ihn [i.e. Matthew] wie einen Sohn.» (2:4, 00:31:00)

Butler Carson lässt keinen Zweifel daran, dass ihm Lady Mary, die er schon als Kind gekannt hat, besonders ans Herz gewachsen ist. Er ist eine Art zweiter Vater und hat eine engere Bindung zu ihr als ihr leiblicher Vater (Abb. 7). So merkt er deutlicher, dass sie nach dem Tod von Matthew in Depressionen zu versinken droht und ergreift die Initiative, um ihr zu helfen. Er gibt ihr einen Rat, sich wieder den Lebenden zuzuwenden, und übt die Funktion aus, die eigentlich ihrem leiblichen Vater zukäme. Mary reagiert ungewohnt schroff und weist seine Einmischung als Überschreitung der Grenze zwischen Diener und Herrschaften zurück, um im Nachhinein aber einzusehen, dass er Recht hatte (4:1).

Das Thema der Ersatzfamilie beschränkt sich nicht nur auf funktionale Äquivalenzen, wenn es um die mittlere Schwester Edith geht. Sie hat ein Problem, weil sie ein uneheliches Kind bekommt, das geheim gehalten werden muss und somit nicht in die Familie zu integrieren ist. Die Lösung, die sie findet, ist eine Pflegefamilie. Der Farmer Drewe und seine Frau übernehmen das Kind. Es kommt zu einer Konkurrenzsituation zwischen der leib-

7 Carson als Lady Marys
«Ersatzvater»

8 Dienstmädchen Ethel und die Familie Bryant

lichen Mutter, die das Kind besuchen will, und der Pflegemutter. Eine Parallelgeschichte dazu ist die des Dienstmädchens Ethel, die sich mit Major Bryant, einem der Offiziere, einlässt, fristlos entlassen wird (2:4) und danach den schlimmsten Abstieg erlebt. Sie wird schwanger (2:4) und ihr Geliebter fällt im Krieg, ohne von seinem Sohn zu wissen (2:6), später kann sie mit Unterstützung von Mrs. Hughes Kontakt zu den Großeltern aufnehmen, die nach anfänglicher Zurückweisung das Kind annehmen (2:7; Abb. 8).

Die Crawleys sind für die Diener eine Ersatzfamilie. Als Carson mit Mrs. Hughes über die Erbfolge-Problematik spricht und von der Katastrophe für «die Familie» spricht, entgegnet ihm Mrs, Hughes: «Sie sind doch nicht unsere Familie.» Aber Carson beharrt auf seiner Sicht: «Sie sind die ganze Familie, die ich besitze.» (1:1, 00:24:10) Die größere Distanz zur Familie wird auch gegen Ende deutlich, als Mrs. Hughes darauf besteht, dass sie ihre Hochzeit mit Carson nicht, wie die Familie angeboten hat, auf Downton Abbey feiert. Letztlich gilt auch für Mrs. Hughes, dass sie eine Ersatzfamilie gefunden hat, denn sie hat auf eine eigene Familie verzichtet. Es gibt bei Mrs. Hughes wie bei Carson eine Art ‹Phantomfamilie›, die nicht zustande gekommen ist und der Schmerz dieses Verlustes tritt immer wieder mal zutage. Beide hatten Ehepartner in Aussicht und hätten ein Familienleben haben können. Sie sprechen darüber, dass sie manchmal wünschen, sie hätten einen anderen Weg gewählt, würden in einer Fabrik oder einem Geschäft arbeiten und hätten Kinder. (1:1, 00:24:40) Carson hat sich von dem Traum verabschiedet, weil die Liebe seines Lebens sich für seinen besten Freund entschieden hat, und muss erst später erfahren, dass sie diese Entscheidung bereut hat. Mrs. Hughes hat einen Antrag abgelehnt und sich ganz der Karriere als Hausdame gewidmet, aber die Option einer Ehe eröffnet sich für sie sogar ein zweites Mal, als ihr Verehrer von einst nach dem Tod seiner Frau den Antrag erneuert.

Familie als Gesellschaftsbild

Wie die vorangehenden Ausführungen gezeigt haben, ist die Vorstellung von Familie in verschiedenen Sinnkontexten verankert. Der umfassendste Kontext, in dem der Familienbegriff eine rein metaphorische Bedeutung erhält, ist die Einordnung in die nationale Geschichte: «[...] the Abbey itself functions as a microcosm for the state [...].[28] Am Beispiel der Crawleys und aller, die zu der ‚großen Familie› von Downton Abbey gehören, wird die Nationalgeschichte reflektiert. Im Haus und seiner Umgebung sind Menschen aus unterschiedlichsten Schichten und mit unterschiedlichsten Biographien vertreten. Mrs. Hughes spricht mit schottischem Akzent, Thomas Barrow, der erste Footman, mit einem Akzent aus der Arbeiterschicht von Manchester, Tom Branson, der Chauffeur, ist Ire. Zusammen genommen repräsentieren sie die Breite der Gesellschaft. Teilweise stehen sie auch für Aspekte der Nationalgeschichte wie Tom Branson, der mit dem irischen Kampf für Unabhängigkeit verbunden ist. Im Haus werden von der Adelsfamilie Crawley Gäste aus unterschiedlichen Schichten empfangen: andere Adlige, ein anglikanischer Erzbischof, Gesandte der türkischen Botschaft, Offiziere, eine amerikanische Operndiva oder eine realhistorische Figur wie Neville Chamberlain, der Gesundheitsminister und spätere Premier.

Wandel der Gesellschaft

Das zentrale Thema in DOWNTON ABBEY ist die Bewältigung des gesellschaftlichen Wandels. Auf eine (scheinbar) geordnete Welt, in der jeder seine klar definierte Rolle und Aufgabe hat, treffen Entwicklungen, die das Gesamtgefüge verändern. Das Leben auf Downton Abbey ist eine in sich geschlossene Welt.[29] Der Vorspann, der – abgesehen von den ersten Folgen der Staffeln – die einzelnen Folgen eröffnet, signalisiert eher Idylle und Stillstand. Der Akzent liegt auf der gediegenen musealen Rekonstruktion der Vergangenheit, die über die Erlesenheit des Dekors definiert wird. In

28 Byrne: *Edwardians on Screen*, 70 (s. Anm. 17).
29 Das wird Matthew in den Schützengräben an der Somme 1916 besonders deutlich: das Leben in Downton Abbey erscheint «wie eine andere Welt» (2:1, 0:01:40).

9a–e Serienvorspann: Museale
Rekonstruktion

einer Folge von Detailaufnahmen werden Teile der Einrichtung – Teller, Vasen, Kronleuchter – wie kostbare Preziosen präsentiert. Das größte Ausmaß an Bewegung ist ein wedelnder Schwanz des Hundes von Lord Grantham oder ein Rosenblatt, das in Zeitlupe auf die Kommode fällt (Abb. 9a–e). Dies kann man als emblematischen Hinweis auf den von Jöran Klatt beschriebenen Vorrang der Ästhetik über die Handlung deuten.[30]

Die ersten Einstellungen der Auftaktfolge vermitteln jedoch ein anderes Bild. Sie thematisieren Einflüsse, die von außen kommen. Es ist der 12. April 1912. Telegraph und Eisenbahn sind in den ersten Bildern präsent, sie stehen für technische Innovationen, die eine wichtige Rolle spielen werden. Sie stellen nach dem Willen der Macher, den Bezug zur modernen Welt des Zuschauers her. Brian Percival, der Regisseur setzt mit den ersten Bildern bewusst auf die Information, dass die Geschichte von Downton Abbey, dem Haus der Familie von Robert Crawley, und dem angeschlossenen Dorf Downton, in einen größeren gesellschaftlichen Kontext eingebettet ist: «We're going from a wider landscape into this small village.» (1:1, Audiokommentar: 00:00:34)

Der gesellschaftliche Wandel wird in vielen Facetten thema-

---

30 Jöran Klatt: Konservative Zeit. Ästhetik und Kapitalismus in «Downton Abbey», in: *INDES*, 2016-3, 138–143, hier: 138.

tisiert. Anspielungen auf historische Ereignisse, Medien, Technik, Mode, Musik gibt es durchgängig.[31] Diesen Themen kann an dieser Stelle nicht in allen Einzelheiten nachgegangen werden. Vielmehr soll es im Folgenden um die großen Linien der Veränderung gehen, die die Familie betreffen, aber auch exemplarisch für den Wandel der Gesellschaft stehen.

Es gibt hier immer zwei Gruppen, sowohl auf der Ebene der Adelsfamilie wie auf der Ebene der Bediensteten. Auf der einen Seite stehen die Verteidiger des Status Quo, auf der anderen Seite die Befürworter des Wandels.[32] Die Gruppe der Konservativen ist eher klein: Lord Grantham und seine Mutter, Lady Violet, auf der Seite des Adels, dazu Carson auf der Seite der Dienerschaft. Die Gruppe der Progressiven sind vor allem Personen, die von außen kommen wie Matthew Crawley und seine Mutter Isobel sowie Tom Branson. Sie gewinnen aber Einfluss auf die Personen innerhalb der Familie, vor allem die Frauen, die sich zunehmend emanzipieren.

Aus Carsons Sicht ist ein wesentlicher Nachweis des Rangs der Familie die Aufrechterhaltung von Standards im Hinblick auf die Ausstattung mit Bediensteten und die Qualität der Arbeit dieser Dienstboten. Deshalb leidet er darunter, dass es im Krieg Einschränkungen gibt, weil Männer fehlen. Dass Kammerzofen beim Bedienen der Herrschaften bei Tisch aushelfen müssen, ist für ihn ein schmerzhafter Verfall der Sitten. Für ihn ist es eine geradezu patriotische Pflicht, die Standards aufrechtzuerhalten, was in seinen Augen eine «Botschaft an die Deutschen» ist: «Den Anspruch hoch

---

31 Zu den Veränderungen, die das Leben auf Downton Abbey umkrempeln, gehören die technischen Innovationen. Eisenbahn und Telegraph verweisen in der ersten Sequenz auf Veränderungen in den Bereichen Mobilität und Kommunikation. Das setzt sich fort: das erste Auto kommt mit Mr. Strallen nach Downton (1:7). Das hat nicht nur oberflächliche Konsequenzen für die Familie. Lady Edith lernt das Autofahren, für sie ein erster Schritt in eine neue Welt außerhalb Downtons. Sie lernt auch Traktorfahren und hilft bei einem Farmer aus. Matthew Crawley begeistert sich für Autos, aber er wird auch ein Opfer der Technik. Ein tödlicher Autounfall beendet nicht nur sein Leben, sondern auch die Hoffnungen der Familie. Lady Mary lernt später Henry Talbot kennen, der Autorennen fährt (6:7). Mit ihm eröffnet Tom Branson am Ende einen Autohandel. Die neuen Kommunikationsmittel werden in Downton etabliert. Ein Telefon wird installiert (1:7). Das Radio hält seinen Einzug, wobei die Ankündigung, dass der König von England selbst eine Rede in diesem neuen Medium halten wird, für Lord Grantham ein wesentliches Argument für die Anschaffung ist (5:2). Elektrisches Licht, neue Küchengeräte vom Mixer bis zum Kühlschrank: Was von den einen begrüßt wird, sehen die anderen mit Skepsis. Der Wandel der Mode oder des Musikgeschmacks sind weitere Elemente der Veränderung.

32 Vgl. John V. Karavitis: Finding One's Place and Being Useful, in: Adam Barkman / Robert Arp (Hg.): *Downton Abbey and Philosophy*, Popular Culture and Philosophy Bd. 95, Chicago, Illinois 2016, 35–47, hier: 36, 42f.

zu halten, ist das Einzige, um den Deutschen zu zeigen, dass sie uns nicht besiegen können.» (2:1, 00:07:35)

Für Carson ist es ein Zeichen des Niedergangs, wenn beim Besuch des Duke of Crowborough Mr. Bates als Diener bei Tisch ausfällt und Dienstmädchen bedienen müssen. (1:1, 00:45:10) Mrs. Hughes, die Haushälterin, ist da fortschrittlicher. «Die Welt dreht sich nicht um den Stil eines Dinner.», sagt sie. «Meine Welt schon», entgegnet Carson (2:1; Abb. 10). An anderer Stelle zitiert er den Schriftsteller Samuel Johnson: «Wer keinen Stil hat, hat kein Leben.» (3:2).

Der Film präsentiert neben den Befürwortern der Tradition immer auch Personen, die die Bedeutung relativieren. Coras Mutter hält ohnehin nichts viel von den Regeln, denen das Leben der Familie Crawley unterworfen ist. Nur durch ihre unkonventionelle Art kann sie einen Abend retten: Als der Küchenherd ausfällt und den geladenen Gästen keine warmen Speisen serviert werden können, organisiert sie ein Picknick mit kalten Speisen, das viel Anklang findet (3:2).

Die großen Entwicklungslinien betreffen den zunehmenden Machtverlust des Patriarchen, die Einflüsse eines bürgerlichen Arbeitsethos und eines Lebenskonzepts der Selbstverwirklichung, schließlich als Konsequenz die Emanzipationsbestrebungen, die vor allem bei den Frauen verortet und mit Bildungsprozessen verbunden sind.

Abdankung des Patriarchen

Mit dem Beginn des Films zerbricht die geordnete Welt von Lord Grantham. Er versucht immer wieder die Rolle des Patriarchen zu spielen, der alles zu entscheiden hat. Aber er trifft nur noch gute Entscheidungen in kleinen Dingen, wenn er Carson vor einer Erpressung schützt, Mrs. Patmores Augenoperation bezahlt oder einem Pächter Zahlungsaufschub gewährt. Keine Frage, Lord Grantham ist durchweg ein sympathischer Charakter, aber von der ersten Folge an wird seine Kompetenz auch in Frage gestellt. Gerade in den wichtigen Fragen versagt er regelmäßig. Der Tod der Erben beim Untergang der «Titanic» ist nicht die erste Bedrohung. Schon in den 1880er-Jahren musste Downton Abbey gerettet werden, indem Lord Grantham eine reiche amerikanische Erbin jüdischer Herkunft heiratete, weil er nur durch diese finanzielle Spritze überleben konnte. Die festgelegte Erbfolgeregelung, die die Frauen ausschließt, wird von seiner Frau und den Töchtern für absolut unzeitgemäß im 20. Jahrhundert angesehen. Sie suchen nach Wegen, den Erbvertrag zu umgehen, er sieht keine andere Möglichkeit, als in buchstabengetreu zu erfüllen, was ihn in den Augen der Zuschauerinnen wie Zuschauer als unzeitgemäß erscheinen lässt. Bei seinen Töchtern werden Ambitionen erkennbar, die nicht in den für sie vorgegebenen Gleisen der Tradition zu erfüllen sind. Von der ersten Staffel an wird zunehmend klar, dass Lord Grantham mit dem Erhalt seines Anwesens überfordert ist. Seine Finanzstrategie führt zu einem Debakel, weil er sich mit Aktien einer Eisenbahngesellschaft verspekuliert hat. Eine kompetente Verwaltung des Anwesens und eine moderne Landwirtschaft kann er nur mit der fachkompetenten Hilfe seiner Schwiegersöhne umsetzen. Er meint es immer gut, aber er ist alles andere als ein überlegener Patriarch, der immer die richtigen Entscheidungen trifft. Wenn er sich einmal durchsetzt, hat seine Entscheidung katastrophale Folgen. Als seine Tochter Sybil ein Kind bekommt, entscheidet er sich dafür, Sir Philip Tapsell als Arzt zu holen, weil dieser von Adel ist und in seiner Klasse einen guten Ruf hat. Aber der arrogante adelige Doktor stellt eine falsche Diagnose, weil er nicht auf den Hausarzt des örtlichen Krankenhauses hören will. So stirbt Sybil an Eklampsie (3:5).

Zunehmend wird deutlich, dass er rückständige Ansichten vertritt und auch sein Ansehen in der Bevölkerung sinkt. Als die Dorfbewohner 1924 ein Denkmal für die Gefallenen des Krieges errichten wollen, erwartet Lord Grantham wie selbstverständlich, dass man ihn bitten werde, den Vorsitz des Komitees zu übernehmen. Die Dorfbewohner sprechen bei ihm vor, aber

11 Das Ende des
   Patriarchen

sie wollen für das Komitee Butler Carson als Vorsitzenden (5:1). Dieser kann die peinliche Schmach für den Patriarchen nur noch abmildern, indem er zur Bedingung macht, dass Lord Grantham zum Schirmherrn ernannt wird.

Das Ende seiner Herrschaft wird durch seine Krankheit besiegelt. Ein Magengeschwür bricht durch. Das passiert ausgerechnet beim ‹heiligen› Ritual des abendlichen Dinners in Anwesenheit des Gesundheitsministers Neville Chamberlain. Wie in einem Splatter-Film schießt eine regelrechte Blutfontäne aus dem Munde des Earl über den ganzen Tisch. Er erholt sich zwar, aber sein Ende als Patriarch ist besiegelt (Abb. 11). Die Verwaltung des Anwesens geht an Mary.

Verbürgerlichung des Adels

Eine unübersehbar deutliche Tendenz des gesellschaftlichen Wandels ist eine Verbürgerlichung des Adels. Das betrifft vor allem das Arbeitsethos und die ökonomische sowie verwaltungstechnische Kompetenz. Mit dem Eintreffen des Erben Matthew Crawley wird deutlich, dass es hier eine große Kluft gibt. Lord Grantham erwartet, dass Matthew als künftiger Erbe seinen Anwaltsberuf aufgibt. Matthew erklärt aber unumwunden, dass er nicht daran denke, seinen Beruf aufzugeben, auch wenn er in die Verwaltung des Anwesens einbezogen werden soll. Auf die Frage, wie er das alles bewältigen wolle, erklärt er, es gebe ja auch noch die Wochenenden. Das wiederum provoziert die sichtlich irritierte Lady Violet zu der Frage: «Was ist ein Wochenende?»[33] (1:2, 00:08:25) Hier geht es aber nicht darum, den Zuschauer über die verblüffende Unwissenheit der alten Lady schmunzeln zu lassen. Vielmehr wird in der knappen Rückfrage der Unterschied zweier (Zeit-)Erfahrungs- und Wertewelten sichtbar gemacht. Die Adelsfamilie hat bisher ein Leben ohne Wochenenden geführt, ohne eine Zeiteinteilung, die einen Rhythmus von Arbeits- und Freizeit vorsieht. Die besondere Pointe in der Situation ist, dass Matthew dabei ist, die ihm selbstverständliche Trennung von Arbeits- und Freizeit seinerseits aufzuheben, da er das Wochenende für die Arbeit nutzen will. Damit würde auch für ihn das Wochenende als besondere Zeit der Regeneration wegfallen. Lord Granthams ökonomische Inkompetenz bei der Aktienspekulation mit dem Vermögen seiner Frau (3:1) bekräftigt nur, dass die Rettung der Familie nur erreicht werden kann, indem Matthew die Verwaltung übernimmt, immer mehr unterstützt von Tom Branson. Matthew verteidigt gegenüber Lord Grantham die

---

33 «What is a Weekend?» ist wohl die meistzitierte, auf Fan-Artikeln wie T-Shirts oder Tassen verewigte Äußerung von Lady Violet. Die deutsche Synchronfassung übersetzt sie weniger prägnant mit «Ich weiß nicht, was ein Wochenende ist.»

12 Matthew verteidigt
die Werte des
Mittelstandes.

Werte des Mittelstands: «Der Mittelstand hat seine Tugenden und Spar-
samkeit ist eine davon.» (3:5, 00:09:20) Und Mary wächst in die Rolle der
Managerin des Familienbesitzes, indem sie sich die ihr von Matthew ver-
mittelten Fähigkeiten zu eigen macht (Abb. 12).

Mit den neuen Familienmitgliedern wie Matthew, der sich selbst als
middle-class einstuft und Branson, der der Unterklasse angehört, kommt
ein neues Arbeitsethos und eine neue Form der Vorstellung von Selbstverwirklichung in die Familie. Der Wert des Lebens wird daran gemessen, wie
nützlich man für die Gesellschaft ist.

Emanzipation durch Bildung

Von Anfang an haben die Frauen eine Stärke, die den gängigen Rollener-
wartungen widerspricht. Sie haben nicht nur eine eigene Meinung, was
gleich zu Anfang deutlich wird, wenn sie sich nicht mit der gesetzlichen
Erbfolge abfinden wollen. Es gibt auch eine besondere Solidarität unter den
Frauen. Diese zeigt sich in heiklen Situationen. Als der türkische Attaché
Mr. Pamuk im Bett von Lady Mary stirbt, beseitigen sie das Problem mit
vereinten Kräften. Lady Mary, ihre Mutter und die Kammerzofe Anna bringen Mr. Pamuks Leiche in sein eigenes Zimmer zurück. Auch bei dem Problem mit Ediths unehelichem Kind sorgen die Frauen dafür, dass sie das
Kind in der Schweiz zur Welt bringt. Die Männer ahnen davon nichts. Lord
Grantham ist der letzte, der von den Vorfällen erfährt. Mit scharfer Ironie wird die Blauäugigkeit der Männer zur Schau gestellt: Lord Grantham
spricht mit Carson darüber, dass man die Frauen über den Tod des Attachés
nicht zu genau informieren solle, da sie zu zartbesaitet seien (1:3, 00:36:40).
Die Zuschauerinnen und Zuschauer haben da aber längst miterlebt, wie
die zartbesaiteten Damen das Problem mit pragmatischer Zielstrebigkeit
gelöst haben. Die Frauen treffen sich auch wenn nötig untereinander, um
Absprachen zu treffen, die die Männer nicht hören sollen (Abb. 13).

13 «Kriegsrat» der Frauen

Mit dem Untergang des Patriarchen und der Übernahme eines bürgerlichen Arbeitsethos und der Vorstellung von Selbstverwirklichung durch
Arbeit verbinden sich Emanzipationsbewegungen, die vor allem die Frauen
betreffen. Um neue Aufgaben übernehmen zu können, müssen sich die
Frauen bilden. Den Vorreiter stellt hier das Dienstmädchen Gwen dar, um
die sich die zu Anfang dieses Beitrages erwähnte Diskussion drehte. Gwen
hat sich über Fernkurse Maschineschreiben und Stenographie beigebracht
und sucht eine Arbeit im Büro. Lady Sybil ist davon begeistert und unterstützt sie bei der Stellensuche. Obwohl Gwen nur eine Nebenfigur ist, wird
sie im Rahmen der Thematik der Emanzipation durch Bildung zu einer Leit-
figur. Sie kehrt gegen Ende der Serie nach Downton Abbey zurück. Sie leitet
nun ein Bildungsinstitut für junge Frauen und sucht dafür Unterstützung
(6:4). Die Erfüllung des Lebens in einem sinnvollen beruflichen Engagement zu suchen verkörpert neben Matthew seine Mutter Isobel, die als
Frau eines Arztes medizinische Fachkenntnisse erworben hat, die sie in
ihre Arbeit im Krankenhaus einbringt. Dabei stellt sie mit ihren Kenntnis-
sen moderner Behandlungsmethoden sogar den Leiter des Krankenhauses
in den Schatten.

Die radikal konservative Ansicht über Frauen und deren Eigenständigkeit artikuliert Lady Violet, wenn sie in der Diskussion über die Frage, ob
Sybil, die als Suffragette für das Frauenwahlrecht eintritt, das Recht auf
eine eigene Meinung haben dürfe, unverblümt äußert: «Nein, das hat sie
nicht, bis sie verheiratet ist. Und dann wird ihr ihr Ehemann sagen, wie
ihre Meinung zu sein hat.» (1:6, 00:06:25) Diese Replik, die alle zusammen-

14 Lady Sybil und der
Revolutionär Tom

zucken lässt, wird jedoch aus Sicht der Zuschauerschaft dadurch relativiert, dass Lady Violet in der Serie als eine Frau auftritt, die sich von niemandem den Mund verbieten lässt. Ihr Auftreten gegenüber ihrem Sohn lässt keinen Zweifel daran, dass sie auch in der Vergangenheit wohl niemals eine Frau war, die sich ihrer eigenen Forderung entsprechend eine Meinung hat vorschreiben lassen.

Sybil Crawley ist in der Familie die politisch Interessierte. Sie findet in Tom Branson, dem irischen Sozialisten, einen Partner im Geist (Abb. 14). Sie wird selbst Suffragette und setzt sich für das Frauenwahlrecht ein. Mit ihrem Wunsch, sich im Dienst an der Gesellschaft nützlich zu machen, setzt sie sich gegen den Widerstand ihres Vaters durch und macht eine Ausbildung als Krankenschwester. Welch eine Veränderung das für sie bedeutet, wird in einer amüsanten Episode erzählt. Um für den Krankenschwesterkurs wenigsten Grundfertigkeiten zu erwerben, geht sie bei Mrs. Patmore in die Lehre, die ihr selbst die einfachsten Dinge beibringen muss. Einen Kessel für Teewasser aufzusetzen ist für Lady Sybil schon eine große Hürde.

Edith beginnt ihre Emanzipation, indem sie sich von Tom das Autofahren beibringen lässt. Auch das Traktorfahren macht ihr Spaß und so kann sie bei einem Farmer in der Not aushelfen, was ihr eine große Befriedigung bringt. Über einen Leserbrief, in dem sie ihre Meinung zum Erbrecht kundtut, erhält sie die Chance, als Kolumnistin zu arbeiten. So beginnt ihre publizistische Karriere, die sie später zur Verlegerin einer Zeitschrift macht.

Die Emanzipation der Frauen in der Familie Crawley, deren Benachteiligung schon durch ein auf männliche Nachfolger fixiertes Erbrecht festgezimmert scheint, bietet überzeugende Beispiele für die überlegene weibliche Kompetenz. Wenn es um die Frage geht, was die Serie bewirkt hat, kann man gerade an dieser Stelle darauf verweisen, dass sie ganz konkret an der etablierten Ordnung gerüttelt hat. Im Jahr 2014 wurde im Oberhaus ein Gesetzentwurf mit dem Titel «Equality (Titles) Bill» eingebracht, der umgangssprachlich als «Downton Abbey Law» bezeichnet wurde und genau das umsetzen sollte, was die Serie durch die Betonung der Stärke der Frauen unübersehbar fordert: das Erbrecht zu ändern und auch Frauen zuzulassen.[34] Das Gesetz wurde zwar im Oberhaus nicht weiter verfolgt, aber es beweist, dass von der Serie zumindest ein starker gesellschaftlicher Impuls zum Wandel ausging, die Wirklichkeit aber letztendlich konservativer war als die Fiktion.

Die Emanzipation der Frauen verändert das Wertesystem. Das Ziel eines gelungenen Lebens wird nicht mehr durch die Familie vorgegeben. Die Frauen entwickeln eigene Vorstellungen von ihrer Selbstverwirklichung, wobei es auch zu Konflikten mit Wertvorstellungen der Familie kommt. Deutlich wird das im Gespräch zwischen Lady Violet mit Edith, in dem sie ihr nahelegt, ihren Liebhaber Michael Gregson aufzugeben. Violet betont: «Ich würde dir nie etwas nahelegen, das nicht in deinem ureigenen Interesse liegt.» «In meinem Interesse? Oder dem der Familie?», fragt Edith. Für Lady Violet ist die Antwort klar: «Für mich ist das dasselbe.» Doch Edith kann diese Gleichsetzung nicht mehr teilen: «In diesem Punkt unterscheiden wir uns.» (5:4, 0:27:00)

Eine besondere Emanzipationsgeschichte auf der Ebene der Dienerschaft ist die Entwicklung der Küchenhilfe Daisy. Zu Beginn der Serie steht sie auf der untersten Stufe selbst unter der Dienerschaft, was ihre Kompetenz und ihr Selbstbewusstsein angeht. Nach dem Tod ihres Mannes William, den sie gar nicht aus Liebe, sondern aus Gutmütigkeit geheiratet hatte, kommt sie an einen Schwiegervater Mr. Mason, der sie als «seine Tochter» in die Verwaltung des Hofes einbezieht. Durch Lesen bildet sie sich weiter, so dass sie in der letzten Staffel eine politisch bewusste, charakterstarke junge Frau ist. Keine Figur hat innerhalb der Serie eine stärkere Wandlung durchgemacht.

Anzumerken bleibt, dass die Emanzipation auch in anderer Richtung geht. Diener Alfred hat die Ambition, Koch zu werden, was eigentlich als Frauenberuf gilt. Mrs. Patmore und Daisy helfen ihm, sich auf die Prüfung im Ritz vorzubereiten.

Mr. Molesley, der nach dem frühen Tod seines Herrn Matthew Crawley seine Stellung verliert und verzweifelt eine seinen Fähigkeiten angemessene Stellung sucht, findet am Ende seine Bestimmung als Schullehrer, wo er sein profundes Wissen, das er als Bediensteter nie nutzen konnte, einbringen kann.

---

34 Vgl. Angela Barandun: Das Downton-Gesetz, in: *Tagesanzeiger*, 01.01.2014, unter: https://www.tagesanzeiger.ch/ausland/europa/Das-DowntonGesetz/story/24444269 [27.01.2018]. Susanne Kippenberger: Lady-Krach, in: *Tagesspiegel*, 22.06.2015, unter: http://www.tagesspiegel.de/weltspiegel/sonntag/englische-adelige-kaempfen-fuer-die-gleichberechtigung-lady-krach/11942956.html [27.01.2018]. Vgl. auch die entsprechenden Informationen über die «Equality (Titles) Bill» auf der Webseite des britischen Parlaments: https://services.parliament.uk/bills/2013-14/equalitytitles.html [22.01.2018].

Fazit: Falsche Vergangenheit? Verführung zum Konservatismus?

Abschließend sei noch einmal auf die Kritik an der Serie eingegangen. Die wesentlichen Argumente kann man wie folgt zusammenfassen: Es wird beanstandet, dass die Serie einen verklärten Blick auf die Vergangenheit wirft und eine idealisierte Rekonstruktion einer heilen Welt bietet, «[...] im Grunde eine Ausstellung [...] über ein England, das es so nie gab».[35] Der amerikanische Historiker Simon Schama hat das vielleicht schärfste vernichtende Urteil gesprochen: DOWNTON ABBEY serviere «a steaming, silvered tureen of snobbery» und bediene «the instincts of cultural necrophilia.»[36] Damit verbunden wird die Gefahr gesehen, dass damit eine konservative Haltung propagiert wird, die ein Gesellschaftsmodell mit hierarchischer Ordnung befürwortet, in dem jeder seine zugewiesene Rolle spielt und daran nicht rüttelt:

> Vor allen Dingen aber ist die Serie ohne jede Scham vollkommen kitschig und die denkbar unkritischste Darstellung des britischen Klassensystems, und das hat für viele Zuschauer offenbar etwas Heimeliges. In der modernen Welt mag es chaotisch zugehen. In *Downton Abbey* hingegen weiß jede Figur, wo ihr Platz ist. Selbst wenn das mal hinterfragt wird, endet diese Hinterfragung in der Erkenntnis, dass alles gut ist, wie es ist. Was immer auch geschieht, am Ende wird der Herr es richten, und der Herr ist in *Downton Abbey* immer der gütige Earl of Grantham.[37]

Wenn man – wie gezeigt – die Entwicklung der Figur des Lord Grantham als zunehmenden Machtverlust des Patriarchen beschreiben muss, bleibt die in der Diskussion von *Heritage Films* fast immer aufgeworfene Frage, ob die glanzvolle Oberfläche der detailgetreuen, akribischen Rekonstruktion nicht eine grundlegend positive Bewertung beim Rezipienten befördert, die die kritischen Aspekte letztlich in den Hintergrund rückt.[38]

In der Untersuchung der Serie mit dem Fokus auf das Themenfeld Familie sollte gezeigt werden, wie Themen von unterschiedlichen Perspektiven

---

35 Zaschke, a. a. O. (s. Anm. 14).

36 Schama: Why Americans Have Fallen for Snobby ‹Downton Abbey› (s. Anm. 8). Schama malt aus, wie er sich eine ‹wahre› Geschichte vorstellt, die Drama und nicht Romanzen bieten soll: Lord Grantham würde pleite gehen, Matthew auf den Schlachtfeldern sterben.

37 Zaschke (s. Anm. 14).

38 Vgl. Higson: *English Heritage*, 84 (s. Anm. 10).

angegangen werden, so dass sich kein einseitiges Bild ergibt, sondern ein äußerst facettenreiches. Zusammenfassend lassen sich zentrale Strategien identifizieren, die der einfachen These einer Glorifizierung der Vergangenheit und einer völlig unkritischen Befürwortung einer vermeintlich besseren hierarchisch strukturierten Gesellschaft widersprechen.

Verzicht auf nationales Pathos

Wenn die Serie einen nostalgischen Blick auf eine vermeintlich glorreiche Vergangenheit wirft, fällt auf, dass die Serie die Nationalgeschichte nicht glorifiziert. Mag das symbiotische Verhältnis von Herren und Dienern im Stammsitz der Familie Crawley auch Tendenzen zur Idealisierung aufweisen, so trifft das auf die Betrachtung der Nation nicht zu. Das ist nicht zu übersehen bei der Behandlung des Ersten Weltkriegs. Von der Größe Englands als Nation und dem Empire ist nie die Rede. Der Krieg wird nicht als patriotisches Heldenabenteuer inszeniert, sondern nur unter negativen Aspekten mit Blick auf die Opfer in den Fokus genommen.[39] (Abb. 15)

Nur der ohnehin der Zeit hinterherhinkende Lord Grantham träumt davon, dass ihm im Krieg an der Front wieder eine wichtige Führungsrolle zukommen könnte, muss aber schmerzhaft erfahren, dass man ihn – wie er selbst sagt – nur als «Maskottchen» haben will, als Befehlshaber für eine unbedeutende Einheit, die sich um die Geschicke in England kümmern soll

15 ‹Invasion› der Kriegsopfer auf Downton Abbey

39 Byrne: *Edwardians on Screen*, 82 f. (s. Anm. 17).

(2:2). Die Bediensteten wollen sich eher vor dem Fronteinsatz drücken.[40] Der Hausdiener Thomas verstümmelt seine Hand, um den Schlachtfeldern zu entkommen. Matthew Crawley kommt als Kriegsversehrter zurück und es sieht zunächst so aus, als würde er querschnittsgelähmt bleiben und keine Nachkommen mehr zeugen können. Der Krieg stört die Lebenspläne der Figuren in extremer Weise.

In Staffel 5 wird die Bewertung des Krieges noch einmal explizit ein Thema beim abendlichen Dinner. Die Dorfschullehrerin Mrs. Bunting, Freundin von Tom Branson, spricht sich gegen die Errichtung eines Denkmals aus. Der Krieg war in ihren Augen sinnlos, ein Denkmal dafür wäre daher reine Geldverschwendung. Lord Grantham, der Hausherr, will eine derart radikale Meinung in seinem Haus verbieten, aber Tom springt ihr bei und unterstützt die Meinung, dass der Krieg nichts gebracht hat (5:1, 00:48:30). Die Serie lässt somit nichts von der zeitgenössischen Kriegsbegeisterung und den patriotischen Hochgefühlen aufleben, sondern sieht den Krieg durchweg kritisch aus einer heutigen Perspektive.

Demokratisierungstendenzen der Dramaturgie

Eine grundlegende Perspektive, die die Serie einnimmt, kann man als Demokratisierungstendenzen der Dramaturgie bezeichnen. Die Serie mag zwar eine Gesellschaft mit hierarchischer Ordnung darstellen, die Dramaturgie verfolgt aber eine absolut gegenläufige Tendenz. Das Schicksal von Lord Grantham oder das seiner Töchter wird mit der gleichen Aufmerksamkeit und Ausführlichkeit behandelt wie die Schicksale der Dienstboten.[41] Das eindrucksvollste Beispiel für einen hohen Wert, das Ideal einer voraussetzungslosen Liebe, wird durch ein Dienerpaar – Anna und John Bates – verkörpert. Hier spielen keinerlei falschen Motive mit hinein, dass beispielsweise die Ehe strategische Gründe haben könnte, wie man Matthew oder auch Mary unterstellen könnte, weil es um ein großes Erbe geht. Hier gibt es keinerlei Krisen durch Affären mit anderen Partnern, von denen selbst Lord Grantham und seine Frau Cora, die im Prinzip eine gute Ehe führen,

---

40   Selbst Lady Violet sorgt dafür, dass der Doktor des örtlichen Krankenhauses Mr. Molesley und William für untauglich erklärt. Dass William unbedingt in den Krieg ziehen will, um seine Pflicht zu erfüllen, wird als völlig fehlgeleitete Naivität dargestellt. Und die Konsequenz ist, dass er das Abenteuer Krieg nicht überlebt. Ein Neffe der Köchin wird als Deserteur hingerichtet.

41   «The remarkable trick is that longings of the lord's plain, overlooked daughter Edith (Laura Carmichael) and the chef's harried assistant Daisy (Sophie McShera) are handled with equal care.» http://variety.com/2011/tv/reviews/downton-abbey-1117944256/ [20.01.2018].

16 Anna und John – die «Heilige Familie»

nicht verschont bleiben. Die Darstellung der Geburt des Sohnes von Anna und John hat etwas von einer Weihnachtsszene. Im Bett von Lady Mary kommt das Kind am Silvesterabend 1925 zur Welt und die Crawleys stehen wie die Heiligen drei Könige als staunende Zeugen dabei (Abb. 16).

Es gibt auf der einen Seite eine hierarchische Ordnung sowohl in Bezug auf den Adel und das Verhältnis zu anderen Schichten, aber auch innerhalb der Dienerschaft.[42] Die strenge Befolgung von Regeln führt aber zu Konfliktsituationen. Beim Besuch der Operndiva Mrs. Nellie Melba beispielsweise entscheidet Carson den Regeln gemäß, dass sie nicht Mitglied der Familie und nicht adelig ist, daher nicht gemeinsam mit der Familie essen darf. Lord Grantham akzeptiert diese in seinen Augen völlig korrekte Entscheidung seines Butlers. Cora ist entsetzt über diese nach ihrer Meinung völlig unziemlich Zurücksetzung einer «Königin» ihres Fachs: «Bin ich das einzige Mitglied der Familie, das im 20. Jahrhundert angekommen ist?» (4:3, 00:29:30) So zeigt sich, dass andere Prioritäten der Bewertung die Oberhand gewinnen, die auch Nicht-Adligen einen hohen Wert beimessen. Die Serie thematisiert letztlich, dass das System der Regeln und der hierarchischen Ordnung keine festen Grenzen bildet, sondern überspielt werden kann. Das

---

42 Carson und Mrs. Hughes streiten um ihre «Jurisdiktionsbereiche». Es gibt eine detaillierte Zuschreibung von Aufgaben. Die Footmen sind für Aufgaben wie den Transport von Gepäck und das Servieren bei Tisch zuständig. Sie müssen dafür Handschuhe tragen. Mr. Carson, der Butler, trägt keine. Mr. Molesley, der ehemalige Kammerdiener von Matthew Crawley, muss, als er beim Servieren aushilft, auch Handschuhe tragen, obwohl er die Qualifikation für einen Butler hat.

17 Thomas der Außenseiter wird zum Nachfolger Carsons (v.l. Thomas, Mrs. Hughes, Carson, Lord Grantham, Lady Mary)

führt nicht automatisch zu grundsätzlichen Änderungen, stärkt aber das Bewusstsein, dass die Regeln nicht in Stein gemeißelt sein müssen.

Zum Thema Demokratisierung liefert die Serie selbst einen hintersinnigen Kommentar. Die Zukunft des Herrenhauses als Museum wird schon vorweggenommen. Die Crawleys veranstalten einen Tag der offenen Tür und die interessierten Dorfbewohner strömen in das Haus (6:6). Das wird aber nicht als Invasion der niederen Schichten beschrieben, sondern zu einem ironischen Kommentar über den Adel herausgearbeitet: die Frauen betätigen sich als Museumsführer und müssen feststellen, dass sie völlig inkompetent sind, die Fragen zu beantworten. Sie sind umringt von Museumsstücken, die Werte der Familie symbolisieren, aber sie haben keinen Schimmer von deren Bedeutung.

Die Aufwertung der nicht-adligen Figuren geht einher mit einer unübersehbaren Sympathie für die Benachteiligten und gering Geschätzten. Gerade der Außenseiter Thomas, der in der Serie als Bösewicht eingeführt wird, gewinnt zunehmend Sympathie: er wird als Homosexueller als Opfer gezeichnet wird – Opfer eines skrupellosen Aristokraten oder Opfer einer Therapie zur Ausmerzung seiner Homosexualität. Gerade er wird am Ende der Nachfolger von Carson als Butler des Hauses.[43] (Abb. 17)

---

43 Zur Behandlung des Themas der Homosexualität vgl. Lucy Brown: Homosexual Lives. Representation and Reinterpretation in ‹Upstairs, Downstairs› and ‹Downton Abbey›, in: Leggott/Taddeo (Hg.): *Upstairs and Downstairs*, 263–273, hier: 266–272.

Daisy, die zu Beginn der Serie das etwas dümmliche naive Küchen-mädchen spielt, entwickelt sich zur bildungshungrigen, politisch aktiven jungen Frau. Molesley, der etwas linkische Kammerdiener, der nach dem Verlust seiner Stellung für die Rolle des ewigen Verlierers prädestiniert erscheint, findet am Ende seine wahre Berufung als Schullehrer.

Plädoyer für einen differenzierten Blick

Schließlich kann man den grundlegenden Ansatz des Films als starkes Plä-doyer für einen differenzierten Blick auf den individuellen Fall beschreiben. Das bedeutet, dass die Figuren nicht auf ihre Funktion als Repräsentanten einer bestimmten Klasse mit typischen Merkmalen charakterisiert werden, sondern als Personen mit Stärken und Schwächen. Felicitas von Lovenberg hat das Erfolgsrezept der Serie darin gesehen, «dass hier niemand vorge-führt wird, der Adel so wenig wie das Personal. Stattdessen wird ein prä-zise funktionierendes Räderwerk gezeigt, in dem sich die einen die Verant-wortung für die anderen, die in ihren Diensten beschäftigt sind, nie leicht machen.»[44]

Der grundsätzliche Ansatz der Differenzierung beinhaltet auch, dass zu Figuren immer Gegenbilder auftreten. Der nette Lord Grantham steht nicht repräsentativ für den gesamten Adel. Der Duke of Crowborough ist das Gegenbeispiel (1:1). Auf Seiten der Dienerschaft gibt es allerlei Intriganten, aber der unverbesserliche Bösewicht ist Mr. Green, der Diener von Lord Gil-lingham, der die Kammerzofe Anna vergewaltigt (4:3) und damit der Serie den schwärzesten Moment beschert. Wenn Lord Grantham mit Hilfe sei-ner Schwiegersöhne und seiner ältesten Tochter das Anwesens noch halten kann, wird auf andere Nachbarn verwiesen, die ihr Vermögen schon verlo-ren haben. Lord Grantham wird zwar positiv beschrieben, aber er ist nicht frei von negativen Seiten. Eigentlich war er bei der Heirat mit Cora selbst ein Mitgiftjäger, dass aus einer Vernunftehe Liebe wurde ist sein Glück. Der zeitweise Liebesentzug seiner Frau lässt ihn mit einem Dienstmädchen anbandeln. Glücklicherweise ist die Affäre schnell beendet. Immerhin wird klar, er ist nicht so edel, dass er vor solchen Fehlern gefeit wäre.

Branson bleibt zwar immer auf Distanz zu den Crawleys und ihrer Welt, aber sein Urteil entspricht dem, was die Serie insgesamt nahelegt. Der aggressiv klassenkämpferischen Schullehrerin Mrs. Bunting erklärt er, dass

---

44 Felicitas von Lovenberg: Das Schloss als geistiges Zuhause einer Nation, in: *Frank-furter Allgemeine Zeitung*, 02.03.2011, unter: http://www.faz.net/aktuell/feuilleton/fernsehen/erfolgsserie-downton-abbey-das-schloss-als-geistiges-zuhause-einer-nation-1605858-p2.html [28.02.2018].

18 Im Dauerstreit: Lady Violet und Isobel Crawley

er die Crawleys nicht verachtet: «Ich will, dass sich die Dinge ändern. Aber ich denke nicht mehr nur in Schwarz und in Weiß.» (5:5, 00:10:45)

Eine Verkörperung des Konflikts zwischen Adel und Bürgertum ist der dauernde Kampf zwischen Isobel und Lady Violet (Abb. 18). Es ist klar ersichtlich, dass Isobel als Frau eines Arztes profunde medizinische Kenntnisse hat, aber auch Lady Violet wird nicht pauschal als inkompetent dargestellt. Als es um die Beurteilung eines Hautausschlags bei einem Bediensteten geht, will Isobel wie üblich mit ihrer Kompetenz auftrumpfen, aber ihre Behandlung schlägt nicht an. Lady Violet findet die richtige Diagnose und so kann dem Mann schnell geholfen werden. Lady Violet mag zwar grundsätzlich weniger medizinische Kompetenzen haben als Isobel, aber sie kennt sich mit Pflanzen aus und kann in ihrem speziellen Kompetenzbereich punkten.

Der differenzierte Blick beinhaltet auch, dass niemand allein auf Grund seiner sozialen Stellung automatisch Respekt einfordern und seine Macht ausspielen kann. Vielmehr muss derjenige, der Macht hat, dies durch Kompetenzen in der Sache und die Klugheit seiner Entscheidungen rechtfertigen.

Es geht in DOWNTON ABBEY nicht darum, einen plumpen Konservatismus zu verteidigen, der darauf beharrt, dass alles so bleiben muss, wie es einmal war. Selbst scheinbar eindeutige Aussagen werden im Kontext der gesamten Serie relativiert. Das gilt für Lady Violets Ansicht über die Eigenständigkeit der Frauen wie auch die Verteidigung des Status Quo durch Lord Grantham: Als Matthew nach Downton Abbey kommt, will er das Klassensystem überwinden. Er findet es lächerlich, dass sich ein erwachsener Mann von einem Kammerdiener beim Ankleiden helfen lassen soll. Aber Lord Grantham belehrt ihn, dass es nicht richtig sei, Molesley seine Stellung zu nehmen: «Wir spielen alle unsere Rollen, Matthew, und wir müssen ihnen erlauben, sie zu spielen.» (1:2, 00:42:00) Das bedeutet an der betreffenden Stelle, dass Matthew Molesley erlauben soll, die ihm zugedachte Rolle als Kammerdiener zu spielen. Das tut Matthew dann auch. Im Verlauf der Serie zeigt sich aber, dass es nicht die Molesley zugedachte Rolle ist, auf ewig Kammerdiener zu sein. Er leidet sehr darunter, als er nach Matthews Tod seine Stelle und damit seine Identität verliert. Am Ende der Serie wird die vermeintliche Botschaft, dass jeder seinen festen Platz in einem System sozialer Rollen hat, überwunden, wie das oben erwähnte Beispiel von Molesley zeigt.

Familie als Ort der Veränderung

Für den differenzierten Blick ist es wesentlich, dass die großen gesellschaftlichen Themen auf den Familienkontext heruntergebrochen werden. Die großen Veränderungen, die der Wandel der Gesellschaft mit sich bringt, sind nicht als abstrakte Größen wirksam, sondern dann, wenn sie in der Familie aufscheinen. Die technologischen Neuerungen von elektrischen Küchengeräten über das Telefon und Radio werden in ihren konkreten Auswirkungen auf das Leben der Menschen erst sichtbar, wenn sie von den Crawleys angeschafft werden und Menschen im Haushalt damit umgehen müssen.

Die großen Narrative einer sich als ruhmreich verstehenden Nation werden im Kontext der Familienerfahrung auf die Probe gestellt, wenn der einzige Sohn und Erbe als Krüppel von den Schlachtfeldern heimkehrt. Die Diskussionen um ein sozialistisches Gesellschaftsbild bekommen einen anderen Stellenwert, wenn derjenige, der sich zu sozialistischen Ideen bekennt, als Schwiegersohn mit zum Haushalt gehört und am abendlichen Dinner teilnimmt. Der Unterschied zwischen der Schullehrerin Mrs. Bunting und Tom Branson wird so deutlich. Sie sind beide bekennende Sozialisten und wünschen sich eine andere Gesellschaftsordnung. Während Mrs. Bunting Lord Grantham und seine Familie nur als Repräsentanten einer verhassten Klasse sehen kann, ist Tom als Schwiegersohn des Hauses in der täglichen Erfahrung mit den Menschen seiner Familie nicht mehr in der Lage, seinen Schwiegervater nur als Typus zu sehen. Vielmehr sieht er seine Schwächen, erkennt aber auch gute Charaktereigenschaften an und ist ihm beispielsweise dankbar, dass er sich dafür eingesetzt hat, ihn vor Strafverfolgung zu schützen. Der Wertewandel, so zeigt es die Serie, vollzieht sich über Personen. Matthew bringt bürgerliche Werte eines selbstbestimmten Lebens und wirtschaftlicher Kompetenz in die Familie. Ob sich dadurch ein Wandel ergibt, hängt davon ab, ob sich die Familie die neuen Werte aktiv zu Eigen macht, weil sie geeigneter erscheinen, die anstehenden Probleme zu lösen. Das Einschwenken der Familie auf die durch Matthew vorgegebene Strategie der ökonomischen Vernunft ist die einzige

Möglichkeit, das Anwesen für die Zukunft zu erhalten. Für Edith ist das Ergreifen einer beruflichen Karriere die Chance, einer Situation zu entkommen, die ihr auf Dauer nur eine Statistenrolle eingeräumt hätte.

Auf dieser Ebene der Darstellung, die die Familie als ein System von Beziehungen darstellt, das mit Veränderungen gesellschaftlicher Werte umgehen muss, ist auch die unmittelbare Anschlussfähigkeit für ein weltweites Publikum zu suchen. Die Erfahrungen, dass sich Werte ändern können, wenn in eine Familie durch abweichende Lebenskonzepte der jüngeren Generation oder durch Lebenspartner der Kinder neue Werte hineingetragen werden, ist eine allgemeingültige Erfahrung, die in allen Kulturen vorkommt.

Generell zeigt sich, dass es in DOWNTON ABBEY nicht darum geht, für ein hierarchisch strukturiertes soziales System mit strikter Rollenverteilung zu plädieren. Vielmehr vermittelt die Serie die universelle Botschaft, dass es darauf ankommt, sich dem Wandel zu stellen. Dabei sind letztlich, wie die Serie unmissverständlich unterstreicht, nur diejenigen erfolgreich, die bereit sind, starre Ordnungen zu überwinden, wo sie sich überlebt haben, die offen für Neues sind und die Erfüllung ihres Lebens nicht in der Übernahme festgefügter Rollen sehen, sondern ihre Fähigkeiten einsetzen, um selbstbestimmt über ihr eigenes Leben zu entscheiden.

Stefan Leisten

«Es bleibt doch alles in der Familie»

Familienbilder und -konstruktionen in Daily-Soaps am Beispiel von GZSZ[1]

Wie oft hört man den Ausspruch «Es bleibt doch alles in der Familie» in verschiedenen Alltagssituationen? Zwar können Kontexte und Aussageabsichten variieren, jedoch bleibt der Grundgedanke stets der gleiche: Die Familie wird als Schutzraum angesehen, der aus verschiedenen Mitgliedern besteht. Sie weist in ihrer kleinsten Form zwei Personen auf. Die Mitglieder begleiten und unterstützen den Einzelnen bzw. die Einzelne und fordern gleichzeitig Solidarität für die eigenen Anliegen – soweit zumindest der nicht immer eingelöste Anspruch. Dieser Versuch, den Begriff «Familie» zu fassen, ist zunächst einmal sehr einfach gehalten und kann auch nicht erweitert werden, ohne in den spezifischen Fall abzurutschen. Aktuelle Entwicklungen und Konstellationen der Familie in Deutschland werden daher im folgenden Abschnitt sowohl theoretisch als auch auf der Basis von empirischen Daten dargelegt.

Auch viele Serien thematisieren Familien, wobei dies je nach Genre und Serienart höchst unterschiedlich aussehen kann. Gerade bei den in Deutschland sehr beliebten und teils äußerst langlebigen Daily-Soaps geht es immer um intersubjektive Beziehungen. Dass in diesen Produkten Familie in unterschiedlichen Konstellationen und Kontexten auftritt, ist daher kaum verwunderlich. Ebenso wird an dieser Serienart wie an kaum einer anderen deutlich, dass es Produkte gibt, die einen äußerst starken Lebensweltbezug aufweisen, jedoch dabei niemals die Realität abbilden. Dies lässt sich besonders an einem festen, nach außen abgegrenzten und nahezu undurchlässigen Cast belegen, in dem bald jede Figur mehrmals verheiratet oder geschieden ist und mindestens drei Amnesien erlebt sowie vier uneheliche Kinder hat. Das ist zugegebenermaßen sehr überspitzt ausgedrückt, spiegelt aber die rasante und höchst unwahrscheinliche Abfolge potenziell realistischer Ereignisse im Serienkontext wider. Die in diesem Artikel thematisierten Serien sind audiovisuell-narrative Unter-

---

1   GUTE ZEITEN, SCHLECHTE ZEITEN (DE seit 1992, Regie: diverse).

haltungsformate, die vor dem Hintergrund eines kommerziellen Interesses auf eine Zielgruppe hin konzipiert und konstruiert sind. Es wird versucht, die Zuschauer und Zuschauerinnen durch interessante Figuren und Handlungsstränge zum Konsum zu motivieren. Die Identifikation mit den Handlungsträgern und Handlungsträgerinnen, die durch Empathie und Mitgefühl ausgelöst wird, ist das gewünschte Ziel von Serienschaffenden und der Schlüssel zur Bindung der Zuschauerschaft. Identifikation meint dabei die Übernahme von Perspektiven, während Empathie das Teilen von Figuren-Gefühlen beschreibt.[2] Identifikationsprozesse werden «gegenwärtig wahrscheinlich als ein Hauptmechanismus der psychologisch und sozialpsychologisch beschreibbaren Seite der Persönlichkeitsentwicklung angesehen.»[3] Greift nun die Identifikation aufgrund der geschilderten emotional-empathischen Prozesse, wird die eigene Identität miteinbezogen. Identität wird ständig konstruiert, aktualisiert und angepasst.[4]

Eine systematische Aufarbeitung soll mit derzeit aktuellen seriellen Beispielen unternommen werden, bevor als konkretes Beispiel die Daily-Soap GUTE ZEITEN, SCHLECHTE ZEITEN, eine der erfolgreichsten und langlebigsten Serien im deutschen Privatfernsehen, genauer untersucht wird. Dies ist insofern bemerkenswert, als dass es sich nicht um ein amerikanisches Import-Produkt handelt, sondern um eine deutsche Eigenproduktion, die seit Anfang der 1990er-Jahre bereits einige Generationen geprägt hat und dabei eine Vielzahl Familienbilder in seinen Handlungssträngen thematisiert hat. Es handelt sich um eine klassische TV-Serie, die für viele Zuschauer und Zuschauerinnen ritualisiert zum Alltag gehört. In Abgrenzung zu den Produkten der Online-Streaming-Dienste wird in aller Regel abends der Fernseher eingeschaltet, um eine rund 25-minütige Folge zu sehen, über die im eigenen Umfeld diskutiert werden kann.

Zum Abschluss des Beitrags sollen religionspädagogische Anknüpfungspunkte für die Thematisierung der Familie anhand von Daily-Soaps dargelegt werden. Nach diesen kurzen Einblicken soll der Fokus nun auf die Familie in Deutschland gelegt werden.

---

2   Vgl. Jens Eder: *Die Figur im Film. Grundlagen der Figurenanalyse*, Marburg 2008, 676 f.
3   Günter H. Seidler: Identifizierung, in: Wolfgang Mertens et al. (Hg.): *Handbuch psychoanalytischer Grundbegriffe*, 4. Aufl. Stuttgart 2014, 405–408, hier: 407.
4   Vgl. Stuart Hall, Juha Koivisto et. al. (Hg): *Ideologie – Identität – Repräsentation*, Hamburg 2004, 167.

Die (?) Familie in Deutschland

Schon Ende der 1980er-Jahre stellte der Soziologe Ulrich Beck mit seiner Individualisierungsthese[5] fest, dass eine zunehmende Enttraditionalisierung, Pluralisierung und eben Individualisierung eingesetzt hat. In diese spielt auch Peter Gross' These der Multioptionsgesellschaft[6] mit hinein. Diese hinlänglich bekannten und auch empirisch nicht bestreitbaren Theorien spiegeln sich auch im heutigen Familienbild wider. Daneben belegen empirische Datenerhebungen verschiedene Aspekte der Pluralisierung von Familienbildern.

> Im Jahr 2014 gab es in Deutschland 16,0 Millionen Alleinlebende. Das entsprach gut einem Fünftel (20 %) der Bevölkerung. Gegenüber April 1996 betrug der Anstieg vier Prozentpunkte: Zum damaligen Zeitpunkt gab es 12,7 Millionen Alleinlebende; das waren gut 16 % der Bevölkerung.[7]

Das bedeutet im Umkehrschluss, dass gut 80 % der Gesamtbevölkerung mit anderen Menschen zusammenleben. Gleichzeitig sagt der Begriff «Alleinlebende» nichts über den Familienstand aus. Was er jedoch deutlich macht, ist der vorherrschende Wunsch nach Nähe zu anderen Menschen. Seien es die Kinder oder die (hoffentlich noch) jungen Erwachsenen, die mit ihren Eltern unter einem Dach wohnen, oder das junge Paar, das die erste eigene Wohnung bezieht – sie alle leben in einer Familie. Möglicherweise sehen aber auch Studierende in der fernen Universitätsstadt ihre WG als Ersatzfamilie an. Was am Ende der Einleitung und in der Überschrift dieses Abschnitts mit einem zaghaften (?) angedeutet wurde, wird spätestens hier deutlich: *Die* Familie ist für jeden etwas anderes und die klassische Familie ist neben vielen anderen Familienbildern immer noch Teil einer pluralistischen Gesellschaft.

Dies wird auch an dem Punkt der Eheschließung deutlich[8] – auch wenn dieser nicht alleine Familie konstituiert. Von 2008 bis 2013 wurden in Deutschland im Schnitt knapp 379.000 Ehen pro Jahr geschlossen. Gleich-

---

5   Vgl. Ulrich Beck: *Gegengifte. Die organisierte Unverantwortlichkeit*, Frankfurt a. M. 1988 und Ulrich Beck: *Risikogesellschaft. Auf dem Weg in eine andere Moderne*, Frankfurt a. M. 1986.
6   Vgl. Peter Gross: *Die Multioptionsgesellschaft*, Frankfurt a. M. 1994.
7   Statistisches Bundesamt: https://www.destatis.de/DE/ZahlenFakten/GesellschaftStaat/Bevoelkerung/HaushalteFamilien/Aktuell_Alleinstehende1.html [10.11.2016].
8   Vgl. Statistisches Bundesamt: https://www.destatis.de/DE/Publikationen/Thematisch/Bevoelkerung/Bevoelkerungsbewegung/Bevoelkerungsbewegung2010110137004.

zeitig wurden im selben Zeitraum im Schnitt rund 673.000 Kinder pro Jahr geboren, von denen ca. 226.000 aus nicht ehelichen Verhältnissen stammen. Das ergibt ein grobes Verhältnis von 3:1. Im selben Zeitraum kam es pro Jahr zu mehr als 183.000 Ehescheidungen. Das bedeutet, dass selbst von diesen drei Kindern nicht alle in einer Familie aufwachsen, in der die Eltern verheiratet sind. Zu Beginn der 1960er-Jahre lag die Quote noch bei ungefähr 694.000 Eheschließungen, wobei das Jahr 1963 eine Wende markiert, da ab diesem Zeitpunkt der Trend zu heiraten abnimmt. Auch die Zahl der Kinder aus nicht ehelichen Verhältnissen liegt, wenn auch hier gegenläufige Entwicklungen erkennbar sind, mit knapp 92.000 in den Jahren 1960 bis 1962 deutlich unter dem heutigen Wert. Die Zahl ebenjener nimmt ab dem Jahr 1980 massiv zu. Die Anzahl der insgesamt Lebendgeborenen lag zu Beginn der 1960er im Schnitt bei 1.297.000 Kindern. Ab Mitte der 1960er verringert sich auch diese Zahl. Ebenso lagen die Ehescheidungen in den ersten drei Jahren der 1960er nur bei rund 74.000. Die Zahlen untermauern an dieser Stelle die oben getätigten Aussagen. Nicht zuletzt sind sie Basis für die heutigen Patchwork-Familien, deren quantitative Zunahme angesichts der Zahlen nicht verwunderlich ist. Befeuert wird dies nicht zuletzt durch eine allgemeine gesellschaftliche Akzeptanz dieser Entwicklung im Zuge der Enttraditionalisierung und Individualisierung, wie sie Beck konstatiert.

Daneben ist auch die Anerkennung von gleichgeschlechtlichen Partnerschaften sowohl in der Bevölkerung als auch rechtlich konsequent vorangeschritten und in die eingetragene Lebenspartnerschaft bzw. 2017 in die Eheschließung gemündet. So lebten im «Jahr 2013 [...] in Deutschland rund 35 000 gleichgeschlechtliche Paare als eingetragene Lebenspartnerschaft in einem Haushalt zusammen.»[9] Das mag zunächst eine relativ kleine Zahl sein, jedoch bilden diese Zahlen nicht die tatsächlichen Beziehungen ab. Zudem ist vielmehr die Entwicklung ebenjener Daten interessant. So «wird dieser Familienstand seit 2006 abgefragt. Die Zahl der eingetragenen Lebenspartnerschaften hat sich seitdem fast verdreifacht. 2006 hatte es knapp 12 000 eingetragene Lebenspartnerschaften in Deutschland gegeben.»[10] Die geschlechterspezifische Verteilung ist dabei relativ ausgeglichen. «Die im Jahr 2013 bestehenden eingetragenen Lebenspartnerschaften wurden zu 57 % von Männern geführt, das entspricht 20 000 Paaren.

pdf?_blob=publicationFile [10.11.2016], besonders zu beachten sind hier die Seiten 22 und 30. Die Daten dieses Abschnitts sind alle dieser Quelle entnommen.

9   Statistisches Bundesamt: https://www.destatis.de/DE/PresseService/Presse/Pressemitteilungen/ zdw/2015/PD15_012_p002pdf.pdf?__blob=publicationFile [10.11.2016].

10   Ebd.

15 000 Paare beziehungsweise 43 % waren eingetragene Lebenspartnerschaften von Frauen.»[11]

Auch Adoptionen können Pluralität befeuern. Jedoch tun sie dies in einem relativ kleinen Rahmen. 2015 wurden insgesamt 3812 Kinder bis 18 Jahren adoptiert, wobei die Gruppe von einem bis drei Jahren mit 1190 Adoptionen bei weitem die größte war.[12]

Auch die Zuwanderung verändert das Familienbild in Deutschland. So wurde «bis zum Jahresende 2015 der Zuzug von knapp 2 Millionen ausländischen Personen registriert. Gleichzeitig zogen rund 860 000 Ausländerinnen und Ausländer aus Deutschland fort. Daraus ergibt sich ein Wanderungssaldo von 1,14 Millionen ausländischen Personen.»[13] Aber auch ohne das Jahr 2015, das durch die Flüchtlingskrise geprägt ist, ist die Gruppe der Ausländer und Ausländerinnen nicht zu unterschätzen. So hat sich die «Zahl der bis zum 31.12.2015 im Ausländerzentralregister (AZR) registrierten Ausländerinnen und Ausländer […] im Jahr 2015 von 8,15 auf 9,11 Millionen erhöht.»[14] Diese beeinflussen durch ihre Kultur, Religion und Werte ebenfalls das Familienbild. Der weltanschauliche Punkt ist dabei jedoch nicht nur geprägt von einer Zunahme von religiösen Weltanschauungen aus anderen Kulturkreisen, sondern auch Säkularisierungstendenzen. So bilden zwar der Katholizismus und der Protestantismus noch die größten religiösen Gemeinschaften, sodass Deutschland weiterhin stark christlich geprägt ist, jedoch suchen viele Menschen abseits der großen Kirchen nach Sinn. Viele Menschen suchen Sinngebung in anderen Religionen oder der Esoterik, während andere wiederum mit dem Agnostizismus oder dem Atheismus sympathisieren.

Auch die Frage nach den Generationen in Haushalten muss heute anders beantwortet werden als es noch vor rund 20 Jahren der Fall war. Dieter Sarreither, der Präsident des Statistischen Bundesamts, stellt hierzu fest, dass die «Zahl der Haushalte mit drei oder mehr Generationen […] in Deutschland zwischen 1995 und 2015 von 351 000 auf 209 000 zurückgegangen [ist, S. L.]. Das entspricht einem Rückgang von 40,5 %.»[15] Mehrgenerationenhaushalte werden demnach immer weniger, sind aber auch heute noch präsent.

---

11 Ebd.
12 Vgl. Statistisches Bundesamt: https://www.destatis.de/DE/Publikationen/Thematisch/ Soziales/KinderJugendhilfe/Adoptionen5225201157004.pdf?__blob=publicationFile [10.11. 2016], besonders zu beachten ist hier die Seite 5.
13 Statistisches Bundesamt: https://www.destatis.de/DE/PresseService/Presse/Pressemit teilungen/2016/03/PD16_105_12421pdf.pdf?__blob=publicationFile [10.11.2016].
14 Ebd.
15 Statistisches Bundesamt: https://www.destatis.de/DE/PresseService/Presse/Pressemit teilungen/2016/07/PD16_263_122pdf.pdf?__blob=publicationFile [10.11.2016].

Wie bereits zu Beginn des Kapitels angesprochen, können auch Freunde und Freundinnen temporär oder dauerhaft zur Familie werden. Eine weite räumliche oder persönlich-soziale Distanz zur eigenen biologischen Familie, ein besonderes Vertrauensverhältnis oder ein bestimmter situativer Kontext, der möglicherweise noch mit einer (gemeinsamen) Erfahrung verbunden ist, kann ein solches Verständnis von Familie fördern. Es ist ein Stück weit auch eine subjektive Entscheidung nach eigenen Kriterien im Geiste der Individualisierungsthese Becks, wer Teil der Familie und damit des Schutzraums ist, was die Datenerhebung verkompliziert.

Daneben weist jede Familie soziale Unterschiede auf. Das Einkommen, das nicht zuletzt die soziale Teilhabe in unterschiedlicher Intensität ermöglicht, der Bildungsstand in der Familie, die konkrete Zahl der Familienmitglieder und das soziale Umfeld sind nur einige Kriterien, die eine Familie beeinflussen. Auf biologischer Seite sind neben dem biologischen Alter, das das konkrete Familienbild über Jahre verändert, auch Behinderungen, Krankheiten oder besondere Begabungen einzelner Mitglieder zu nennen.

Ein Gang über die Straße, ein Blick in die eigene Familie oder das soziale Umfeld untermauern in aller Regel die empirisch-wissenschaftlichen Befunde. Wie sich nun der bzw. die Einzelne hierzu positioniert, ist im Sinne der Individualisierungsthese ebenjener bzw. ebenjenem selber überlassen. Fakt ist aber, dass wohl ein nicht unbeträchtlicher Teil der deutschen Bevölkerung einen solchen Pluralismus anerkennt und lebt.

Familien in Serien im Alltag der Menschen

Auch die Medienlandschaft und das Mediennutzungsverhalten der Deutschen hat sich verändert.

Längst hat sich das Stiefkind kultur- und medienwissenschaftlicher Betrachtung aus dem Schatten seiner übermächtigen Konkurrenten Kino und Fernsehfilm wie auch aus dem Bannkreis des Erfolgs zeitgenössischer Reality-Formate im Fernsehen gelöst und ist in den Fokus eines genuinen Interesses getreten: die zeitgenössische [meist, S. L.] US-amerikanische Serie.[16]

Da solche Serien auf eine Zielgruppe hin konzipiert und bis ins letzte Detail konstruiert sind, lässt sich in diesem Kontext auch von einer Familienkonst-

---

16 Arno Meteling, Isabell Otto, Gabriele Schabacher: «Previously on …», in: Arno Meteling, et. al. (Hg.): «Previously on …». Zur Ästhetik der Zeitlichkeit neuerer TV-Serien, München 2010, 7–16, hier: 7.

ruktion reden. Die Gemeinschaft im seriellen Produkt wächst nicht organisch wie in der realen Welt, sie ist ein Objekt mit austauschbaren Mitgliedern. So kann eine besonders beliebte Figur zur Hauptfigur befördert werden – oder im umgekehrten Fall verschwinden. Jene Familienkonstruktionen sind dabei in einem Unterhaltungsformat verortet, das durch eine Serienart und ein Genre definiert wird, wobei die Definitionen im medienwissenschaftlichen Diskurs sehr plural gebraucht werden und teils stark voneinander abweichen.[17]

An dieser Stelle soll zunächst die Serienart in den Blick genommen werden. «Gemeinsam haben alle Serien, dass sie aus mehreren Einheiten bestehen, die in jeweils spezifischer Weise miteinander verknüpft sind.»[18] Darunter fallen Erkennungsmelodien, Intros, thematische Zugehörigkeit, vor allem aber die Kontinuität von Handlung, Schauplätzen und Akteuren.[19] «Auch, wenn es keine einheitlichen Benennungen und keine übereinstimmenden Definitionen gibt, so lassen sich die folgenden fünf Typen differenzieren.»[20]

- Die **Miniserie** besitzt wenige Folgen, die jedoch stark miteinander verknüpft sind. Ihre Serienhandlung ist insgesamt abgeschlossen. Die Folgenlänge ist dabei, wie auch in den weiteren vier Serienarten, nicht festgelegt. Ein Beispiel für eine Miniserie ist BAND OF BROTHERS (US/GB 2001, Regie: diverse), welche die Kriegsereignisse in Europa während des Zweiten Weltkriegs aus der Sicht von US-Soldaten zeigt. Die Rollen beruhen auf real existierenden Personen. Besonders Serien, die historische Ereignisse aufgreifen und mehr oder weniger korrekt präsentieren, bedienen sich dieser Serienart.
- **Fortsetzungsserien** haben viele Folgen, die stark miteinander verknüpft sind, jedoch ebenso wie in der Miniserie eine feste Anzahl haben. Die Serienhandlung ist insgesamt abgeschlossen, womit sich die Miniserie und die Fortsetzungsserie lediglich in der Anzahl der Folgen unterscheiden. Ein gutes Beispiel ist die Serie VERLIEBT IN BERLIN (DE 2005–2007, Regie: diverse), die mit 645 Folgen mehr Episoden aufweist als BAND OF BROTHERS mit ganzen zehn. Gleichzeitig macht dieses Beispiel deutlich,

---

17   Vgl. Frank Kelleter: Populäre Serialität. Eine Einführung, in: Frank Kelleter (Hg.): *Populäre Serialität: Narration – Evolution – Distinktion. Zum seriellen Erzählen seit dem* 19. *Jahrhundert*, Bielefeld 2012, 11–46, hier: 25f und vgl. Knut Hickethier: *Film- und Fernsehanalyse*, 4. Aufl. Stuttgart 2007, 198.

18   Jens Wolling: Qualitätserwartungen, Qualitätswahrnehmungen und die Nutzung von Fernsehserien. Ein Beitrag zur Theorie und Empirie der subjektiven Qualitätsauswahl von Medienangeboten, in: *Publizistik. Vierteljahreshefte für Kommunikationsforschung* Heft 2/2014, 171–193, hier: 172.

19   Vgl. ebd.

20   Ebd. Die folgende Ausdifferenzierung findet sich als Tabelle auf ebenjener Seite.

dass Serienarten im Produktionsprozess durchaus wechseln können. So wurde aus der Telenovela nach dem Ende der eigentlichen Handlung – Lisa hatte ihren Traummann gefunden – eine Endlosserie, die jedoch nicht mehr an die alten Erfolge anknüpfen konnte.

- Die **Episodenserie** hat eine unbestimmte, aber begrenzte Anzahl Folgen, die meist in Staffeln gesammelt sind. Die Intensität der Verknüpfung ist mittelstark. Serien werden oft nicht weiter produziert, wenn sie unrentabel geworden sind. Daher gibt es sowohl offene als auch geschlossene Serienhandlungen. Geschlossen meint dabei, dass alle offenen Handlungsstränge beendet sind, was jedoch den Ausblick in die Zukunft nicht ausschließt. Ein Beispiel für eine abgeschlossene Episodenserie ist etwa MALCOLM MITTENDRIN (US 2000–2006, Regie: diverse). Die Geschichte um die US-amerikanische Chaosfamilie wurde mit Malcolms Aufnahme am College abgeschlossen, wo er nebenher als Reinigungskraft arbeitet. Ob er sein Studium schafft, ist der Fantasie des Zuschauers bzw. der Zuschauerin überlassen. Ein weiteres Beispiel ist die leicht überdrehte Sitcom NEDS ULTIMATIVER SCHULWAHNSINN (US 2004–2007, Regie: diverse), die ihren jugendlichen Zuschauern und Zuschauerinnen Tipps zum Überleben an der Schule gibt. Der große Handlungsbogen um Ned und seine (beste) Freundin Moze wird durch ihre beginnende Liebesbeziehung abgeschlossen. Beide Serien verdeutlichen im Vergleich mit der eigenen Lebenswelt, dass der westliche Serienmarkt durchaus ausdifferenziert ist. So spielen die genannten Produkte in den USA, die sich von Deutschland in vielen kulturellen, sozialen und gesellschaftlichen Punkten unterscheiden. Auch DIE DINOS (US 1991–1994, Regie: diverse) persiflieren klar die US-Gesellschaft. Dass diese am Ende aufgrund der Inkompetenz des Familienvaters Earl aussterben, ist dabei ein genialer satirischer Kniff. Gleichwohl gibt es auch Serien, die aufgrund ihrer mangelnden Rentabilität kein richtiges Ende besitzen. So endet STARGATE UNIVERSE (CA 2009–2011, Regie: diverse) mit einem Blick eines Protagonisten in die Weiten des Universums und auch die ehemals beliebte Sitcom ALF (US 1986–1990, Regie: diverse) konnte niemals richtig fertiggestellt werden. Um diesem Problem vorzubeugen, haben einige Produkte schlicht keine zusammenhängende Handlung, sehr wohl aber verbindende Momente. So drehen sich SAM UND CAT (US 2013–2014, Regie: diverse) und ICH WAR'S NICHT (US 2014–2015, Regie: diverse) um jugendliche Freunde, die in jeder Episode verschiedene, meist verrückte Dinge tun. *Plot Holes*[21] werden in diesen beiden Formaten hingenommen.

---

21 *Plot Holes* sind inhaltliche Fehler, die im Rahmen des Serienkosmos und der -handlung keinen Sinn ergeben und diesem bzw. dieser widersprechen.

- Das mögliche Schicksal eines offenen Endes teilen auch **Endlosserien**, die prinzipiell eine unbegrenzte Anzahl an Folgen besitzen können. Diese sind stark miteinander verknüpft, wobei die Serienhandlung insgesamt offen ist. Es werden immer neue Figuren eingeführt und immer neue Handlungsstränge begonnen, sodass es kein endgültiges Ziel gibt. Viele bekannte deutsche Produktionen gehören dieser Serienart an. ALLES WAS ZÄHLT (DE seit 2006, Regie: diverse), UNTER UNS (DE seit 1994, Regie: diverse), für Kinder SCHLOSS EINSTEIN (DE seit 1998, Regie: diverse) und natürlich der Aufhänger dieses Beitrags und die Mutter aller Soaps GUTE ZEITEN, SCHLECHTE ZEITEN sind hier zu verorten.
- Den Abschluss bildet die **Reihe**. Reihen haben eine unbestimmte Anzahl an Folgen, die eine geringe Verknüpfung aufweisen. Auch haben sie keine zusammenhängende Serienhandlung, laut Wolling.[22] Trotzdem gibt es aber auch Reihen, die diese sehr wohl haben. Man denke an STAR WARS (US seit 1977, Regie: George Lucas et al), wo die Handlung und die Figurenentwicklung der verschiedenen Teile aufeinander aufbauen. Ein gegensätzliches Beispiel ist die INDIANA JONES-Reihe (US seit 1981, Regie: Steven Spielberg), in welcher bestenfalls einige Insidergags auf die vorangegangenen Teile verweisen.

Wie an den Beispielen zur Episodenserie deutlich wurde, «sind [grundsätzlich] zwei Modi zu unterscheiden, [um, S. L.] eine Erzählung seriell auf Dauer zu stellen.»[23] Auf der einen Seite steht der Begriff *Series*:

> Jede Episode folgt hier demselben narrativen Muster, das von Folge zu Folge weitergetragen und dabei variiert wird. Abstrahiert aufs Allgemeinste wird in jeder Folge neuerlich in die Ausgangssituation eine Störung eingeführt, die häufig von außen kommt, im Laufe der Folge eskaliert und bis zum Ende so bearbeitet ist, dass sich der anfängliche Ruhezustand wiedereinstellt.[24]

Auf der anderen Seite der Begriff *Serial*: Hier sind «Handlungsstränge vorwiegend so anlegt, dass ihr Abschluss folgenübergreifend aufgeschoben wird und jedes Ende nur den Ausgangspunkt für weitere Handlungen abgibt.»[25] Dies ändert die Beschaffenheit der Serie insofern, als dass

---

22 Vgl. Wolling, Qualitätserwartungen, Qualitätswahrnehmungen, 172 (s. Anm. 18).
23 Jens Ruchatz: Sisyphos sieht fern oder Was waren Episodenserien?, in: Benjamin Beil et. al. (Hg.): *Die Serie; Zeitschrift für Medienwissenschaft*, 02/2012, 80–89, hier: 81.
24 Ebd. und vgl. Kelleter, Populäre Serialität, 25 (s. Anm. 17).
25 Ebd.

etwa Cliffhanger eingesetzt werden können, Spoiler möglich sind oder mit verschiedenen Zeitebenen gespielt werden kann.[26] Mit Cliffhanger ist hier «eine intendierte Unterbrechung der Narration, die im weitesten Sinne Interesse am Fortgang der Handlung weckt»[27] gemeint. Ein Spoiler beschreibt die mutwillige Weitergabe von Informationen zu Figuren und Handlungsverlauf an andere Zuschauer und Zuschauerinnen, die eine Serie noch nicht soweit geschaut haben.

Der Begriff *Genre* lässt sich, wie schon beschrieben, auch nicht allgemein definieren. Er wird zur «Bezeichnung von Filmen und Fernsehserien, die ähnliche inhaltliche und formale Merkmale aufweisen, [...] verwendet.»[28] Neben dem Setting und Plot spielen auch die Gefühlserwartung des Zuschauers bzw. der Zuschauerin und im Ausnahmefall der Daily Soap auch die Serienart eine Rolle.[29] In Dramen soll mitgelitten werden, Sitcoms und Comedys sollen zum Lachen anregen, während die Dramedy beides kombiniert. In Horror-Serien wird Angst durch unterschiedliche Elemente hervorgerufen und in Mystery-Formaten stehen nicht selten Rätsel im Vordergrund, welche die eigene Fantasie beflügeln und zum Staunen anregen können. Neben der Gefühlserwartung können auch inhaltliche Ansprüche im Mittelpunkt des Genre-Begriffs stehen. In Telenovelas und Daily-Soaps geht es nicht selten um Liebe, Selbstverwirklichung und Lebensgestaltung, während im Krimi neben der Ermittlung des Mörders der Wunsch nach Gerechtigkeit thematisiert wird. Auch kann das Genre explizit eine Zielgruppe ansprechen, wie die Kinder- und Jugendserien verdeutlichen. Ebenfalls kann das Setting in den Fokus rücken. So erwartet der Zuschauer bzw. die Zuschauerin bei einer Familienserie ein familiäres Umfeld, was auch wieder Probleme und Herausforderungen ebenjener miteinschließt. Arztserien sind im Krankenhaus beheimatet, während eine Anwaltsserie hauptsächlich in der Kanzlei oder dem Gericht spielt. Daneben kann auch die Aufbereitung der Handlung thematisiert werden – eine Fantasy-Serie lässt somit erwarten, dass viele unrealistische Elemente auftreten. Möchte man den Genre-Begriff auf den kleinsten, gemeinsamen Nenner bringen, kann man am ehesten auf die Zuschauererwartung verweisen.

Die Kumulation ebenjener Begriffe beschreibt eine Serie und ihre Gesetzmäßigkeiten. Letztlich handelt es sich aber um eine subjektive Einteilung

26 Vgl. Christian Junklewitz, Tanja Weber: To be Continued... Funktion und Gestaltungsmittel des Cliffhangers in aktuellen Fernsehserien, in: Arno Meteling, et. al. (Hg.): «Previously on ...». *Zur Ästhetik der Zeitlichkeit neuerer TV-Serien*, München 2010, 111–131, 120.

27 Ebd.

28 Lothar Mikos: *Film- und Fernsehanalyse*, 3. Aufl. München 2015, 255.

29 Vgl. Gunther Eschke, Rudolf Bohne: *Bleiben Sie dran! Dramaturgie von TV-Serien*, Konstanz 2010, 90.

hinsichtlich der verwendeten Begriffe und ihres Verständnisses. So verbinden beispielsweise einige Menschen den Begriff Mystery vorwiegend mit Furcht, während für andere die Spannung und Faszination im Vordergrund stehen. Gleichwohl ist es nicht unwahrscheinlich, dass eine Familienserie Setting und Plot verbindet. Daher ist die Zuweisung von Genre-Aspekten nicht immer unumstritten.

Warum war dieser theoretische Abschnitt wichtig? Wie deutlich wurde, gibt es eine Vielzahl an Familienbildern. Ähnlich verhält es sich auch mit dem Begriff Serie unter dem sich verschiedene Formate finden lassen. So sind sowohl STAR WARS als auch GUTE ZEITEN, SCHLECHTE ZEITEN Serien. Die Unterschiede liegen hier sowohl in der Serienart als auch im Genre. Bei GZSZ handelt es sich, legt man die Definitionen der Serienarten zugrunde, um eine Endlosserie. Das heißt, die Serie ist zunächst einmal offen konzipiert. Es gibt kein Ende und es wird auch keine endgültige Lösung angestrebt. Ist ein Handlungsstrang beendet, schließt direkt der nächste an. Hierfür müssen die Folgen inhaltlich eng miteinander verknüpft sein. Die hohe Folgentaktung und die (werk-)tägliche Ausstrahlungspraxis sind neben der inhaltlichen Thematik aus Beziehung, Familie, Erwachsenwerden und anderen Lebensfragen Indizien für die Einordnung als Daily-Soap. Es geht überwiegend um junge Menschen, die Ereignisse rund um diese Themen erleben und die Zuschauer und Zuschauerinnen emotional ansprechen sollen – und das täglich, sodass die Serie im Gespräch bleibt und möglichst alltagsnah[30] daherkommt.

Interessant sind an dieser Stelle drei Punkte. Erstens entstand GZSZ zu einem Zeitpunkt als Serien neben dem Kino eine eher untergeordnete Rolle spielten und zweitens behauptet sich die Daily-Soap auch heute noch, nachdem sich die Medienlandschaft gegenüber den dominanten US-amerikanischen Produkten weit geöffnet hat. Der dritte Punkt betrifft die mediale Verfügbarkeit, die aufgrund der veränderten zeitlichen Bedürfnisse der Gesellschaft, dem Serienboom sowie der Möglichkeit, große Datenmengen zu verschicken, ausgebaut wurde. So haben sich neben dem klassischen Fernsehen auch Online-Angebote entwickelt, die den Markt radikal verändert haben. Mit Amazon Prime und Netflix seien zwei bekannte Anbieter an dieser Stelle genannt, die ohne Werbeunterbrechungen und mit Eigenproduktionen viele Menschen vom Fernsehen abgeworben haben. Auf diese Entwicklung haben die meisten Fernsehsender reagiert und Mediatheken

---

30 Unter den Begriff «alltagsnah» fallen beispielsweise aktuelle Musikstücke, Modetrends und Ereignisse, die aufgegriffen werden. Diese können einmaliger oder wiederkehrender Natur sein. So werden etwa Weihnachten, Karneval oder Ostern mehr oder weniger explizit in verschiedenen Folgen thematisiert.

eingerichtet, um zumindest die zeitliche Bindung des Fernsehprogramms weitestgehend zu lockern. Selbstverständlich bedeutet dies nicht, dass das Fernsehen keine Rolle mehr spielt, jedoch gibt es eine Verschiebung vom Fernsehgerät ins Internet. Der Begriff TV-Serie ist somit zwar nicht grundsätzlich falsch, gibt aber auch nicht die heutige Realität im vollen Umfang wieder. Zusammenfassend besteht die deutsche Produktion GZSZ, die vorwiegend auf die ritualisierte Form des Fernsehens setzt, auch gegenüber Formaten der Streaming-Dienste. Einschränkend muss angemerkt werden, dass einzelne Folgen temporär in der Mediathek stehen.

Der durchschlagende, konstante Erfolg eines deutschen Produkts ist insofern bemerkenswert, als dass vor allem amerikanische Serienprodukte, deren Zielgruppe in aller Regel ebenfalls vom amerikanischen Kontinent kommt, häufig an der Spitze der Beliebtheit des deutschen Publikums stehen. Serien sind zielgruppenorientiert, was sich in verschiedenen Komponenten zeigt. Drei kurze Beispiele, die auch wieder Familie thematisieren, sollen das erläutern.

Die Marvel-Netflix-Serie LUKE CAGE (US seit 2016, Regie: diverse) spielt in Harlem, weswegen ein Großteil des Cast afroamerikanische Wurzeln hat. Es wird auf eine gewisse Art und Weise miteinander umgegangen, was Gestik, Mimik und (non-)verbale Kommunikation miteinschließt. Es gibt größere Familien, die im New Yorker Stadtteil leben und/oder nach Macht streben. Die Episodenserie VIOLETTA (AR 2012–2015, Regie: diverse) spielt in Argentinien, weswegen hier Latinos und Latinas den Cast dominieren. Die namensgebende Protagonistin lebt mit ihrem Vater zusammen und kämpft darum, Sängerin werden zu können. Konflikte mit dem Erziehungsberechtigten sind dabei vorprogrammiert. Die Originalsprache der Disney-Serie ist spanisch und auch sonst werden landestypische Aspekte in die Serienhandlung übernommen. THE MIDDLE (US seit 2009, Regie: diverse) hingegen spielt im US-Bundesstaat Indiana im fiktiven Ort Orson, wo eine mittelständische weiße Arbeiterfamilie lebt. Hier haben die meisten Schauspielenden eine helle Hautfarbe. Die Zielgruppe ist in diesem Kontext nicht primär ethnisch definiert. Vielmehr richtet sich LUKE CAGE an Fans von Comicverfilmungen, VIOLETTA ist wohl am ehesten für weibliche Teenager konzipiert und THE MIDDLE an ein Publikum, das gerne Comedys oder Sitcoms schaut. Überschneidungen zwischen den genannten Aspekten sind dabei jederzeit möglich. Trotz dieser Tatsachen ist die ethnische Herkunft jedoch nicht unwichtig. So kann sie für einzelne Personen durchaus ein Kriterium sein, um eine Sendung abzulehnen oder sich besonders stark mit einer Figur zu identifizieren, da beispielsweise ähnliche Erfahrungen gemacht wurden. Entscheidend ist jedoch die Erwartung an ein Format hinsichtlich Plot, Qualität und Präsentation.

Was alle Beispiele aber deutlich machen, ist die Tatsache, dass die kulturelle Prägung und die erwartete Einstellung der Zielgruppe eine große Bedeutung haben. Die plurale Serienwelt im Westen ist folglich, wie auch die Familie, ein Ausdruck der gesellschaftlichen Gesamtentwicklung. Alleine schon die Tatsache, dass an dieser Stelle eben nicht die ethnische Herkunft im Vordergrund steht, sondern nach persönlichen Interessen geschaut wird, zeigt eine gewisse Werthaltung, die dem Großteil des Publikums zugetraut wird. Trotzdem kann die ethnische Herkunft in einem kleinen Rahmen genutzt werden, um etwa Vielfalt, Offenheit und Toleranz oder eben Pluralität darzustellen. Gleichzeitig erfordern bestimmte Rollen schlicht gewisse ethnische Komponenten, wobei gerade an dieser Stelle die Gefahr von Klischees besteht.

Diese Überlegungen kann man selbstverständlich auch auf den medialen Part dieses Beitrags anwenden. So besteht die Zielgruppe von GZSZ vor allem aus jungen, toleranten und weltoffenen Menschen, was durch den Cast bzw. die Anordnung der Rollen deutlich wird. Dieser ist zwar deutsch-geprägt, gleichzeitig jedoch Ausdruck der multikulturellen Gesellschaft (Berlins). Die Zielgruppe, welche in Deutschland verortet wird, kann sich mit den gelebten Werten identifizieren und Handlungen aufgrund der eigenen lebensweltlichen Verortung nachvollziehen.

Ein Vergleich zweier Formate aus den USA bzw. dem Iran untermauern ebenjenen kulturellen Einfluss auf die zielgruppenorientierte Serienproduktion. In der sehr erfolgreichen Serie MODERN FAMILY (US seit 2009, Regie: diverse), die zahlreiche Preise vorweisen kann, geht es um Patchwork-Familie(n). Ehen, Scheidungen, Homosexualität, Adoptionen und leibliche Kinder bilden ein familiäres Geflecht aus verschiedenen Figuren. Es ist eine Episodenserie, die aufgrund ihres Humors als Comedy oder Sitcom bezeichnet werden kann. Ihr Erfolg setzt ein großes Publikum voraus, das an den hier gelebten Werten keinen Anstoß findet und sich unterhalten fühlt. Der Iran produzierte unter dem Namen HAFT SANG (IR 2014, Regie: Alireza Bazrafshan) eine Serie, welche die eben genannte US-Produktion plagiiert. Interessant sind dabei jedoch die Änderungen, die klar auf die im Iran gelebten Werte zurückzuführen sind. So wurde etwa aus dem schwulen Cameron eine brave, verheiratete Frau, die treu zu ihrem Mann steht.[31] Ebenso dürfen ein Mann und eine Frau nicht gemeinsam alleine in einem Raum sein und ein Mädchen widerspricht oder kritisiert auch nicht ihren Vater.

Deutsche Fernsehsender importieren in vielen Fällen hochwertige Serien aus dem Ausland, wobei die USA der Hauptlieferant sind. Deutsche Produktionen sind daher weniger zahlreich im TV vertreten und oft kosten-

---

31   Vgl. Queer.de: http://www.queer.de/detail.php?article_id=21865 [23.02.2016].

günstiger produziert als US-Formate. Neben den bereits genannten Soaps, zu denen etwa auch das sehr erfolgreiche BERLIN – TAG & NACHT (DE seit 2011, Regie: diverse) zählt, lassen sich als Untergruppe noch erfolgreiche Formate im Pseudo-Dokustil anführen, die häufig das Nachmittagsprogramm bestimmen. Wie bereits weiter oben beschrieben, bilden diese nur einen Teil des Serienpools, der jedoch in Deutschland sehr erfolgreich ist. Auch in diesen geht es in aller Regel um zwischenmenschliche Aspekte und nicht zuletzt auch um Familie und Freunde, womit die Bedeutung dieser Themen für ein großes Publikum in Deutschland deutlich wird.

Sämtlichen kulturellen Unterschieden zum Trotz haben aber alle kommerziellen Serien dasselbe Ziel: Sie wollen unterhalten und damit ein Bedürfnis befriedigen, das fundamental für die menschliche Existenz ist. «Der Begriff [Unterhaltung, S. L.] selbst gilt als vielschichtig, der Untersuchungsgegenstand als multidisziplinär und die enorme Fülle der Sekundärliteratur kann nur entmutigen.»[32] An dieser Stelle sollen daher zwei Sichtweisen kurz skizziert werden. Den Anfang macht eine geschichtlich geprägte soziokulturelle Perspektive. Für sie ist «Unterhaltung [...] die anstrengungslose Nutzung geschichtlich unterschiedlich formatierter Erlebnisangebote, um im je spezifischen kulturell-gesellschaftlichen Kontext disponible Zeit genüsslich auszufüllen.»[33] Es geht um die eigene Freizeitgestaltung durch Unterhaltungsangebote, die über verschiedene mediale Kanäle angeboten werden. So können Erzählungen, wie es GZSZ letztlich eine ist, auch im Kino, dem Theater oder durch ein Buch konsumiert werden. Das mediale Angebot und die zur Verfügung stehenden Kanäle haben über die Zeit zugenommen und sich ausdifferenziert. Ebenso wie die Kommunikationskanäle wandeln sich auch die Aufbereitung einer Thematik und die öffentliche Meinung, wie am Beispiel der weiter vorn erwähnten Eheschließung gleichgeschlechtlicher Paare deutlich wurde. So ist das Thema Liebe in der Videospielserie LIFE IS STRANGE (FR/JP seit 2015, Regie: diverse) sehr präsent. Der Spieler bzw. die Spielerin hat im Rahmen der Handlung die Möglichkeit, mit Warren, dem besten Freund der Protagonistin, oder Chloe, der besten Freundin, zusammenzukommen. Die emanzipierte Protagonistin, die sich unter Umständen auch für eine Partnerin entscheiden, wäre in den 1950er-Jahren in Deutschland undenkbar gewesen – zumindest in der Öffentlichkeit. In anderen Teilen der Welt ist das noch immer der Fall, wie HAFT SANG gezeigt hat. Selbstverständlich existieren auch in Deutschland andere Ansichten, wobei aus finanziellem Interesse die Mehr-

---

32 Werner Faulstich: «Unterhaltung» als Schlüsselkategorie von Kulturwissenschaft: Begriffe, Probleme, Stand der Forschung, Positionsbestimmung, in: Werner Faulstich (Hg.): *Unterhaltungskultur*, Paderborn 2006, 7–20, hier: 7.
33 Ebd. 14.

heitsmeinung bzw. die der Zielgruppe proklamiert wird. Aus biologisch-anthropogener Sicht hat Unterhaltung etwas mit Lust[34] und Genuss[35] zu tun. Sie «ist ein positiv, kognitiv-affektives Erlebnis mit emotionsähnlichem Charakter [...][und, S. L.] selbstbestimmt.»[36] Das heißt, dass Medieninhalte für Denkprozesse sorgen können, die Identitätskonstruktionen miteinschließen und auch auf der Gefühlsebene wirken. Weiterhin kann Unterhaltung nicht erzwungen werden, da sie ein dynamisches und subjektives Geschehen ist.[37]

GZSZ unterhält viele Zuschauer und Zuschauerinnen, weil sie gewisse Erwartungen hinsichtlich der Unterhaltung an das Format richten. Werden diese erfüllt, konsumieren sie regelmäßig das Produkt. Sie wollen zahlreiche Geschichten rund um Beziehungen und Familien der Protagonisten und Protagonistinnen erleben – und nicht selten auch in den Sozialen Medien oder im Alltag darüber reden, womit das sozialintegrative Potenzial serieller Produkte deutlich wird. Der Diskurs schließt neben dem kognitiven Verständnis auch die emotionale Ebene mit ein. Es wird nicht nur bloß erzählt, worum es geht. Vielmehr werden Perspektiven eingenommen und Meinungen vertreten. Folglich durchleben die Zuschauer und Zuschauerinnen während der Serienrezeption auch verschiedene Gefühlslagen. Sie freuen sich über eine neue Liebe oder trauern um eine beendete Beziehung. Nicht zuletzt spielen an dieser Stelle wieder eigene Wertvorstellungen mit hinein, wie es im Folgenden an konkreten Beispielen noch deutlich wird. Zuvor soll jedoch, ausgehend von den erarbeiteten Aspekten, kurz skizziert werden, was die Daily-Soap bzw. GZSZ im Speziellen vom Film abgrenzt.

Die Daily-Soap hat durch ihre lange Laufzeit eine unglaublich große Menge an Filmmaterial angehäuft. Die einzelnen Episoden werden stückweise veröffentlicht, sodass die Serie anders als der Film über einen längeren Zeitraum erweitert wird. Bei der Endlosserie fällt auch der Konsum am Stück weg, der beim Film die Normalität und bei anderen Serienarten theoretisch möglich ist. Daily-Soaps können aufgrund ihrer Folgenmenge, der langen Laufzeit und ihres Aktualitätsbezugs nur lebensbegleitend konsumiert werden. Dies führt zu Fantheorien und Diskussionen im Netz, die durch neue Informationen und Wendungen angetrieben und bereichert werden. Anders als beim Film findet folglich kein Gespräch über ein inhaltlich abgeschlossenes Produkt statt.

---

34 Vgl. Steven Pinker, Hainer Kober (Übers.): *Das unbeschriebene Blatt. Die moderne Leugnung der menschlichen Natur*, Berlin 2003, 558.

35 Vgl. Faulstich, «Unterhaltung» als Schlüsselkategorie, 14 (s. Anm. 32).

36 Carsten Wünsch: Unterhaltungstheorien. Ein systematischer Überblick, in: Werner Früh et. al. (Hg.): *Unterhaltung durch das Fernsehen. Eine molare Theorie*, Konstanz 2002, 15–48, hier: 21.

37 Vgl. ebd.

1 Eine lesbische
Beziehung: Anni und
Jasmin

Die Daily-Soap GUTE ZEITEN, SCHLECHTE ZEITEN

Wie deutlich geworden ist, ist die Serienthematik äußerst komplex, sodass dieser Artikel nicht *die* Familienkonstruktion in *der* Serie behandeln kann. So hat jede Serie einen kulturellen Hintergrund, worunter etwa Wertvorstellungen und andere soziale Konventionen zu verstehen sind. Weiterhin unterscheiden sich Serien in strukturell-narrativen Aspekten, die sich aus der Serienart und dem Genre speisen. Daneben ist die Familie in Deutschland bereits zu stark ausdifferenziert, sodass nicht ein Konzept pauschal als die eine Familie bezeichnet werden kann.

Bei der deutschen Serie GZSZ handelt es sich um eine Endlosserie. Sie beginnt im Jahr 1992 am Morgen nach der Party des 18-jährigen Heiko Richter dessen Eltern früher aus dem Urlaub zurückkehren. Dieser erste Handlungsstrang dürfte den meisten der heutigen Zuschauer und Zuschauerinnen wohl nur noch über eine Internet-Suche bekannt sein. Gleichwohl markiert er mit seiner familiären Thematik bereits den zentralen Aspekt der Serie, der sich damals wie heute in den Familienclans (Gerner/Flemming, Bachmann, Seefeld ...) äußert, die verschiedene sich ändernde Familienkonstellationen aufweisen sowie ihre eigenen Handlungsmotive und -ziele besitzen.

Eine Form von Familie ist die lesbische Beziehung von Anni und Jasmin (Abb. 1), deren Geschichte die Zuschauerinnen und Zuschauer von Anfang bis Mitte 2016 beschäftigte. Dabei steht diese auch sinnbildlich für ein weiteres Motiv der Daily-Soap: Normalität und Glück werden auf Dauer langweilig. So ist der Kampf um die Beziehung zu einem Menschen zwar ein Element, das auch in den Familien der realen Welt vorkommen sollte, jedoch geschieht er hier unter erschwerten Bedingungen – namentlich der Quote.

2 Eine Dreiecks-
beziehung: Pia, John und
Leon

Überhaupt muss alles spannend, neu und aufregend sein. Ein weiteres
Beispiel hierfür ist die Dreiecksbeziehung von Pia, John und Leon, die im
Jahr 2012 Teil des Plots war (Abb. 2). Die beiden besten Freunde waren in
die gleiche Frau verliebt, was schließlich in die besagte Konstruktion mün-
dete. Interessant waren hierbei die Wellen, die diese Familie im Internet
hervorgerufen hat. «GZSZ-Dreierbeziehung: Eklig oder Liebesbeweis?»[38]
war dabei nur eine Schlagzeile, die jedoch die Positionen ziemlich deutlich
wiedergibt. RTL selber ließ Darstellerinnen und Darsteller zu Wort kommen
und auch in Fan-Foren wurde heiß diskutiert. Während einige Zuschauende
mehr solcher Beziehungen wollten, forderten andere die sofortige Beendi-
gung der Dreierbeziehung. Da es, wie oben bereits beschrieben, um Unterhaltung und Spannung als Werkzeuge zur Quotengenerierung geht, war
natürlich jedem Zuschauer und jeder Zuschauerin klar, dass diese Familie
nicht lange Bestand haben würde.

Obligatorisch für Daily-Soaps sind weiterhin die zahlreichen Ehen und
Beziehungen, die nicht selten zu Kindern führen – Patchwork par excellence.
Da die Beziehungen nicht lange Bestand haben, häufen sich daher eine Viel-
zahl bei einer langlebigen Figur an. Wie weiter oben im soziologischen Teil
deutlich wurde, ist dieser Umstand nicht unrealistisch. Trotzdem nimmt
dies bisweilen – gerechnet auf die Laufzeit der Serie, die sich an der realen
Zeit orientiert – fast schon absurde Züge an. Als Beispiel sei hier Prof. Dr.
Dr. (h.c.) Hans-Joachim Gerner genannt, besser bekannt unter dem Namen
«Jo» Gerner. Diese Figur ist seit dem Jahr 1993 fester Bestandteil des Figu-
reninventars und mittlerweile die Personifikation der RTL-Erfolgsshow. Jo

38   Vgl. exemplarisch: Promiflash.de: https://www.promiflash.de/news/2012/07/09/gzsz-
     dreierbeziehung-ekelig-oder-liebesbeweis.html [10.11.2016].

3 Dreimal verheiratet: Jo Gerner

war seit 1993 dreimal verheiratet und hat vier bzw. nach dem Tod Dominik Gerners drei Kinder (Abb. 3). Dies ist jedoch unter den Gesetzmäßigkeiten einer Daily-Soap nicht sicher, da Kinder auch unvermittelt auftauchen können. Die verschiedenen Nachnamen der Kinder, Moreno, Gerner, Graf und Flemming, weisen hier einmal mehr auf den Patchwork-Charakter hin. Zu den Ex-Ehepartnern, Ex-Ehepartnerinnen und Kindern gesellen sich noch viele Liebschaften und Affären. Durch diese zahlreichen Beziehungen hat Jo eine große Anzahl an (Ex-)Stiefsöhnen und -töchtern. Man könnte an dieser Stelle nun alle Beziehungen bis ins Detail aufführen, was jedoch nicht zielführend wäre, da letztlich die Funktionsweise von Familie und Beziehungen an diesem und den vorangegangenen Beispielen deutlich wird. Sie sind Teil der Unterhaltung und Spannung. Sie sind Schulhofgespräch und Diskussionsgegenstand in Foren – jedoch nur solange sie aktuell sind und thematisiert werden. So werden selbst regelmäßige Zuschauer und Zuschauerinnen meist nicht mehr die ersten Frauen Jos kennen. Fragen der Verantwortung und der weiteren Folgen, die aus den vergangenen Beziehungen erwachsen, werden für diese Figuren aus Komplexitäts- und Plausibilitätsgründen ausgeblendet, was eine Grenze von Realität und Fiktion in diesem Produkt markiert. Gleichzeitig ist die Daily-Soap jedoch durch ein verzweigtes Beziehungsgeflecht der aktuellen Figuren gekennzeichnet. Faktisch finden nahezu alle Figuren innerhalb dieser Gruppe zueinander. Zwar finden Ein- und Ausstiege statt, jedoch sehr behutsam. So könnten zu große Umbrüche das Seriengefüge zerstören. Auch hier reibt sich die Serie wieder mit der Realität, in der der Partner oder die Partnerin nicht primär in einem sich nur langsam verändernden, kleinen Pool aus bekannten Personen gesucht wird.

Die Serie dreht sich aber nicht nur um Liebesbeziehungen. Auch das Erwachsenwerden wird thematisiert. So haben einige Figuren, exemplarisch sei hier John Bachmann im Jahr 2004 genannt, ihr Abitur abgelegt und ein Studium, eine Ausbildung oder einen Job begonnen. Häufig finden sie sich in WGs zusammen, die nicht selten auf Sympathie beruhen und einen gesicherten Raum bilden. Man verlässt sich aufeinander und teilt das Leben miteinander.

Die Bandbreite an Beziehungen in GZSZ reicht von experimentellen Liebesbeziehungen, klassischen Familien, Patchwork-Familien bis zu engen Freundschaften. Dieses Hauptmotiv wird dabei häufig provokativ genutzt. Ähnlich wie die Dreiecksbeziehung hat Ende 2015 eine Inzestbeziehung zwischen Jasmin und ihrem Vater Frederic für Furore gesorgt. Die Beziehung wurde schließlich, nach langen Diskussionen, durch den raschen Tod Frederics beendet.

Zusammenfassend lässt sich festhalten, dass die Macher Familienbilder konstruieren, die in unserer pluralistischen Gesellschaft durchaus vorkommen können. Gerade an diesen wird aber auch deutlich, dass die Serie eben nicht die Realität abbilden kann. So scheitern Familien und Beziehungen grundsätzlich an irgendeinem Punkt, die Kumulation von Beziehungen in einem eher statischen Pool von Figuren wirkt tragisch bis absurd und dient lediglich der Stabilität des Seriengefüges und der Spannung als Bestandteil der Unterhaltung, die wiederum zur Quotengenerierung genutzt wird. Das Publikum soll nicht mit Serieninhalten überfordert werden, die bisweilen komplexer als die Realität sein können. Es bleibt eben alles in der Familie. Familien und Beziehungen werden des Weiteren zur Generierung von Aufmerksamkeit genutzt. So ist den Serienschaffenden durchaus bewusst, dass sich Dreiecksbeziehungen und Inzestverhältnisse selbst mit den Werten einer pluralistischen und individualistisch geprägten Gesellschaft nicht ohne Weiteres vereinbaren lassen und für Diskussionsstoff sowie Aufmerksamkeit sorgen.

Werte und Moralvorstellungen werden folglich an gewissen Punkten bewusst genutzt, weswegen es an dieser Stelle eben auch eine Rolle spielt, dass es sich um eine deutsche Serie handelt, die geografisch und kulturell dort die Zielgruppe verortet. Es ist diese Tatsache, die letztlich auch begründet, warum sich eine theologische Tagung mit ebensolchen Darstellungen beschäftigt und dieser Artikel Teil des dazugehörigen Sammelbandes ist.

Abschluss: Religionspädagogische Anknüpfungspunkte

Besonders religionspädagogisch kann das Lernen an Serien unter bestimmten Gesichtspunkten interessant sein. Im Fall von GZSZ, einer seit Jahrzehnten erfolgreichen, kommerziellen Unterhaltungsserie, stehen neben anderen Aspekten, Familien und Beziehungen im Mittelpunkt. Die Handlung wird von zahlreichen intrinsisch motivierten Menschen verfolgt, die sich zu den Inhalten positionieren. Der *Uses and Gratifications-Ansatz*, als einer von vielen Ansätzen, verdeutlicht dabei die Hintergründe: «Mediennutzungs- und -auswahlverhalten zeigt sich diesem Ansatz zufolge [...] auf Grund von Motiven, die wiederum aus einer bestimmten Bedürfnislage und antizipierten Erwartungen der Rezipienten resultieren.»[39] Der Ansatz geht davon aus, dass Menschen sich über ihre Bedürfnisse im Klaren sind. Vier Bedürfnisse sind dabei von zentraler Bedeutung: Die Information (Lernen, Orientierung etc.), die Unterhaltung (Eskapismus, Entspannung), die persönliche Identität (Suche nach Verhaltensmodellen, Bestärkung persönlicher Werte etc.) und die Integration und soziale Interaktion (Rollenmodell, Gesprächsstoff, Geselligkeitsersatz etc.).[40] Der Ansatz bestärkt die vorangegangenen Annahmen dieses Beitrags. Auch GZSZ ist nicht bloß Unterhaltung, sondern ebenso maßgeblich an der Identitätsbildung beteiligt. Dies machen nicht zuletzt die Fan-Diskussionen und Artikel der populären Medien deutlich, die zahlreich im Web zu finden sind.

GZSZ kann daher beispielsweise im Bereich des ethischen Lernens angewendet werden. Gleichzeitig kann Medienkompetenz erworben werden, indem der fiktionale Charakter in Abgrenzung zu den realen Elementen verdeutlicht wird. Der Erfolg der Serie und ihr pädagogischer Nutzen sind dabei eng mit dem Lebensweltbezug sowie den Werten und Wünschen des Publikums verbunden: Der Sehnsucht nach Glück, Sicherheit und einer gelingenden Partnerschaft. Dies untermauert, in Bezug auf die heutige Jugend und Zielgruppe, auch die Shell-Studie: «Was zählt sind Freundschaft [89%], Partnerschaft [85%] und Familie [72%]. Für Jugendliche, die zum größten Teil noch bei den Eltern leben, bedeutet Familie dabei die Herkunftsfamilie, da ihnen die Gründung einer eigenen Familie biografisch noch bevorsteht.»[41] Dabei sind Jugendlichen wenige enge Beziehungen lieber als viele, weit gestreute Bekanntschaften (53%).[42]

Auch 2015 gilt, dass enge persönliche Beziehungen für junge Menschen der wichtigste Anker eines guten und erfüllenden Lebens sind. Zugleich wollen Jugendliche eine Person mit eigenem Profil sein. Deswegen

---

39   Lisa Aelker: Uses and Gratification-Ansatz, in: Nicole C. Krämer et. al. (Hg.): *Medienpsychologie. Schlüsselbegriffe und Konzepte*, Stuttgart 2008, 17–22, 18.

40   Vgl. ebd., 20.

41   Thomas Gensicke: Die Wertorientierung der Jugend (2002–2015), in: Shell Deutschland Holding et. al. (Hg.): *Jugend 2015. Eine pragmatische Generation im Aufbruch*, Frankfurt a. M. 2015, 237–272, 239.

42   Vgl. ebd., 241.

bewerten sie Eigenverantwortung und Unabhängigkeit [64 %] hoch. Wichtig ist ihnen auch, die eigene Phantasie und Kreativität zu entwickeln [55 %].[43]

Entscheidend ist dabei, dass die meisten Jugendlichen durchaus den Wunsch haben, sich zu binden, und eher kein (Beziehungs-)Leben anstreben, wie es die GZSZ-Figuren haben. So ist ein «wesentliches Merkmal der Identitätsbildung im Jugendalter [...] sowohl die Entwicklung von Bindungsfähigkeit als auch von Individualität.»[44]

Die Unterhaltung steht bei GZSZ im Vordergrund und den meisten Zuschauern und Zuschauerinnen dürfte klar sein, dass alles nur gespielt ist. Dennoch werden die vorgestellten Familienkonstruktionen diskutiert – ganz einfach, weil sie fiktiv, aber nicht unrealistisch sind. Es sind Familienbilder, die sich so in der Gesellschaft finden und Teil der eigenen Lebenswelt sind, sodass Identifikationsprozesse angeregt werden. Diese *Brücken* werden von den Serienschaffenden angestrebt, um die Zuschauer und Zuschauerinnen zu binden, während sie im pädagogischen Bereich für die bewusste und reflektierte Identitätsbildung genutzt werden können.

43   Ebd., 239 f.
44   Ebd., 240.

Stefan Orth

Überall Enge?

Was Kirche und Pastoral(-theologie) mit Blick auf die Familie vom Film lernen können

Überall Enge. Das gilt für die Bilder unter Tage, in niedrigen dunklen Stollen, aber auch in der relativ kleinen Wohnung, in der sich das Leben abspielt. In seinem Film JUNGES LICHT (DE 2016) zeichnet Regisseur Adolf Winkelmann ein Bild einer Familie im Ruhrgebiet der frühen Sechzigerjahre mit den Augen des zwölfjährigen Julian. JUNGES LICHT ist die Verfilmung des gleichnamigen Romans von Ralf Rothmann, dem aktuellen Träger des Kunst- und Kultur-Preises der deutschen Katholiken. Beziehungskrisen und Ehebruch, Gewalt gegen Kinder und pädophile Neigungen stehen im Mittelpunkt dieses Films über den Bergarbeitersohn.

Familie als aktuelles Thema innerhalb der katholischen Kirche: Zur Ausgangssituation

Das Thema Familie spielt in der innerkirchlichen Diskussion länger schon eine zentrale Rolle. Erst zuletzt kam es dann aber mit den beiden Bischofssynoden 2014 und 2015 dazu, dass man sich offensiver mit den Schwierigkeiten wie auch der Vielfalt von Familienkonstellationen heute auseinandersetzt. Gerade die überraschend breit angelegten Umfragen im Vorfeld der beiden Synodenversammlungen in Rom bedeuten hier auf weltkirchlicher Ebene einen Einschnitt. Recht detailliert wurde da nicht nur bei den Bischöfen, sondern auch bei Gemeinden, Gruppierungen und Einzelnen nachgefragt, inwieweit denn die katholischen Vorstellungen von Familie, einschließlich der sexualethischen Fragen, überhaupt noch von der Breite der Gläubigen geteilt werden.[1]

Tatsächlich hat sich ja die Moraltheologie im Laufe der Jahrhunderte bis in skurrile Details mit der menschlichen Sexualität beschäftigt, um sie

---

1 Vgl. zum folgenden auch Stefan Orth (Hg.): *Eros – Körper – Christentum* (Theologie kontrovers), Freiburg 2009.

zu normieren und zu regulieren. Offenkundig wurde der Bogen dabei so überspannt, dass sich bereits seit mehreren Jahrzehnten wie auf kaum einem anderen Gebiet der kirchlichen Lehre zwischen Theorie und Praxis ein großer Graben aufgetan hat. Das Ergebnis, das dann auch die Umfragen bestätigt haben: In Predigt, Katechese und Pastoral sind Sexualität und Vorgaben für das Zusammenleben flächendeckend kein Thema mehr; nicht nur randständige, kirchenferne Katholiken gehen weitgehend ihre eigenen Wege. Das konnte nicht ohne Konsequenzen für das kirchliche Reden über die Familie bleiben. Es ist heute zwar so, dass die faktische Pluralität von Familienformen auch innerhalb der katholischen Kirche hierzulande weithin akzeptiert ist, bis vor kurzem darüber aber offiziell nicht so gern geredet wurde.

Bewegung in die Sache gekommen ist hierzulande vor allem durch den sogenannten Missbrauchsskandal innerhalb der katholischen Kirche in Deutschland. 2010 wurde bekannt, dass es in den vergangenen Jahrzehnten in weit mehr als Einzelfällen zu sexualisierter Gewalt vor allem durch Priester und Ordensleute gekommen ist und die Verantwortlichen diese, wo sie entdeckt wurden, oft genug vertuscht haben. Das Ganze war über die Empathie für die Leiden der Opfer hinaus eine Art Schock, der dazu geführt hat, dass über das Thema Sexualität und insbesondere die katholische Sexualmoral innerhalb der Kirche wieder offener geredet wurde – nicht zuletzt, weil man in Tabuisierung und Verstummen angesichts des Themas Sexualität einen Grund dafür sehen muss, dass es überhaupt zu jenen Vorfällen kommen konnte. Das geschah vor allem im sogenannten Dialog- oder auch Gesprächsprozess innerhalb der katholischen Kirche in Deutschland.

Diese Diskussionen wurden dann während der beiden Bischofssynoden zu familienpastoralen Fragen auch auf weltkirchlicher Ebene geführt, um dem gravierenden Akzeptanzverlust kirchlichen Sprechens auf diesem Gebiet entgegenzuwirken. In den Blick gekommen ist dadurch verstärkt die Pluralität menschlicher Lebenswirklichkeiten, von denen der größere Teil bisher oft genug aus katholischer Sicht als «irreguläre Situationen» faktisch ignoriert oder aus einem dumpfen Kulturpessimismus heraus beklagt worden ist.

Es habe jedoch keinen Sinn, Missstände einfach nur anzuprangern, «als könnten wir dadurch etwas ändern», schreibt Papst Franziskus jetzt am Ende dieses Prozesses programmatisch in *Amoris Laetitia*,[2] seinem päpstli-

---

2   Sekretariat der Deutschen Bischofskonferenz (Hg.): *Nachsynodales Apostolisches Schreiben AMORIS LAETITIA des Heiligen Vaters Papst Franziskus an die Bischöfe, an die Priester und Diakone, an die Personen geweihten Lebens, an die christlichen Eheleute*

chen Schreiben nach den beiden Synoden, mit dem traditionell die Ergebnisse zusammengefasst und kommentiert werden.

Umso wichtiger wäre es freilich auf allen Ebenen, genauer hinzuschauen, um dann kraftvoller von der Lebensdienlichkeit der eigenen Botschaft reden zu können. Denn es kann letztlich niemand befriedigen, wenn die katholische Kirche und ihre Gläubigen in eine Parallelwelten leben wollten.

Gerade um einer schärferen Wahrnehmung des Phänomens Familie heute willen, lohnt nicht zuletzt der Gang ins Kino. Auch Filme sind hervorragende Seismographen für gesellschaftliche Prozesse. Und nebenbei bemerkt: Möglicherweise kommt das frühere Fremdeln zwischen dem katholischen Milieu und dem Kino ja auch daher, dass dort weitgehend «irreguläre Situationen» zu sehen sind. Dem wollte man sich wohl erst gar nicht aussetzen. Teilweise wurde das ja auch durch den ein oder anderen Gewissensspiegel zur Vorbereitung auf die Beichte direkt gefördert, in denen das Kino zu einem gefährlichen Ort werden konnte. Umso bemerkenswerter ist es – und wurde es auch entsprechend registriert, dass jetzt der Papst selbst mit einem Hinweis auf den Film BABETTES FEST (DK 1987) von Gabriel Axel in seinem nachsynodalen Schreiben auch andere Akzente setzt und auf einen Film hinweist (Nr. 129).

Das Kino als Inspirationsquelle?

Tatsächlich gilt eben gerade für das Kino: Von der Selbstbezogenheit westeuropäischer Kleinfamilien über den ganz alltäglichen Wahnsinn des Familienlebens und das Aushandeln von Geschlechterrollen heute bis zu den verzweigten Großfamilien, in denen anhand ganz unterschiedlicher Schicksale dieses Panorama in einem einzigen Film gezeigt werden kann, ist dort ein breites Spektrum zu sehen.

Das Kino hat auch die Familie in den vergangenen Jahrzehnten als Mikrokosmos verstanden, anhand dessen große gesellschaftliche Themen verhandelt werden können. Vor allem seit den Siebzigerjahren ging es dabei – ähnlich wie in JUNGES LICHT – um die kritische *Relecture* der Heimatfilme der Zeit nach dem Zweiten Weltkrieg. Der Vorteil aus einer Perspektive, die auch an den religiösen Tiefenschichten interessiert ist: Gerade mit Blick auf Familien kann man alle Fragen nach einem guten Leben und dessen Sinnhaftigkeit anschaulich durchspielen, bis hin zu den großen Themen Schuld

und an alle christgläubigen Laien über die Liebe in der Familie, Verlautbarungen des Apostolischen Stuhls Nr. 204, Bonn 2016, hier: Nr. 35. (Auch als Download auf der Webseite der Deutschen Bischofskonferenz https://www.dbk-shop.de/ verfügbar.)

und Sühne, Verrat und Vergebung – gerade weil man sich so nah an der Lebenswelt der Zuschauerinnen und Zuschauer bewegt.

An diese Beschäftigung knüpfen nun aus gegebenem Anlass – auch über diesen Band hinaus – derzeit wieder kirchliche Filmexperten und Theologen an. «Familie im Film», so lautete etwa der Titel des Symposiums von «Top Talente» 2016, der «Akademie für Film und Fernsehdramaturgie» mit kirchlichem Hintergrund, im Vatikan, bei dem sich alljährlich Film- und Fernsehmacher mit Theologen und kirchlichen Medienprofis treffen. Das Publikum, so waren sich die versammelten Medienschaffenden einig, mag die Geschichten mit Familienkonflikten, resümierte Martin Thull.[3]

Zu den bedrückendsten Filmen zum Thema aus den vergangenen Jahren gehört das jüngste Werk von Philipp Gröning, der über kirchliche Kreise hinaus wegen seiner einfühlsamen Studie über das Leben der Kartäusermönche gefeiert wurde (DIE GROSSE STILLE, FR/CH/DE 2005). DIE FRAU DES POLIZISTEN heißt die fast dreistündige deutsche Produktion aus dem Jahr 2013, die im selben Jahr in Venedig mit dem Spezialpreis der Jury ausgezeichnet wurde.[4] Gezeigt wird das Familienleben eines einfachen Streifenpolizisten, der Frau und Kinder durchaus lieben will, aufgrund seiner Beziehungsunfähigkeit allerdings zunehmend gewalttätig reagiert, wo seine Vorstellungen von Familienleben nicht unmittelbar durchsetzbar sind. Dabei kommt es auch zu sexuellen Übergriffen, wobei der Film ein gutes Beispiel dafür ist, inwieweit diese im Sinne sexualisierter Gewalt oft genug Ausdrucksform für das Ausleben von Machtansprüchen ist.

Zu ertragen ist der Film nur, weil er in 59 Kapitel strukturiert ist, jeweils unterbrochen durch Schwarzblenden, der Markierung von Kapitelende wie auch Kapitelanfang. Rationalität wird hier ganz im Brechtschen Sinne zum Schutzwall vor der Überwältigung durch Emotionalität. Der Film erinnert nicht nur deshalb an das Filmwerk von Michael Haneke, der mit DER SIEBENTE KONTINENT (AT 1989) einen ähnlich bedrückenden Film vorgelegt hat, in dem es um die Selbstauslöschung einer Kleinfamilie geht.[5]

Die misshandelte «Frau des Polizisten» selbst igelt sich zunehmend ein, konzentriert sich ganz auf ihre kleine Tochter. Ob sie diese am Ende beim gemeinsamen Baden ertränkt, hat Gröning in seinem Film bewusst offen gelassen, wie er auf dem diesem Band zugrundeliegenden Symposium der

---

3   Martin Thull: Familienfunken. Ein Symposium im Vatikan zum Thema «Familie im Film», in: *Medienkorrespondenz*, Nr. 7/2016, 31–32. Auch unter: https://www.medien-korrespondenz.de/leitartikel/artikel/familienfunken.html [12.03.2018].

4   Vgl. dazu den Beitrag von Peter Hasenberg und das Gespräch mit dem Regisseur in diesem Band.

5   Vgl. Christian Wessely: «Ich lege Wert darauf, ein Außenseiter zu sein». Das Werk des Filmregisseurs Michael Haneke, in: *Herder Korrespondenz*, Oktober 2009, 533–538.

Forschungsgruppe «Film und Theologie» erklärte.[6] Anders als das Fernsehen, so seine Medienschelte, wolle er nicht eine geschlossene Form einer Erzählung über die Wirklichkeit stellen.

Filme wie DIE FRAU DES POLIZISTEN erweisen sich hier als Parabeln mit Anspruch auf Allgemeingültigkeit. Es sei tragische Realität, dass sich solche Familien von der Außenwelt abkapseln. Gröning hatte für den Film intensiv recherchiert und viele Gespräche mit Betroffenen geführt, deren Aussagen teilweise direkt übernommen – nicht zuletzt, um das Thema zu enttabuisieren. Die vielen Natur- und Tieraufnahmen weisen erklärtermaßen darauf hin, dass der Film zur genauen Beobachtung der Familie anleiten will.

Ein Drehbuch für DIE FRAU DES POLIZISTEN im strengen Sinne gab es nicht, weil die erforderliche Emotionalität der Begegnungen nicht streng planbar sei, so Gröning. Das gilt nicht zuletzt für die Szenen, in denen die Mutter ihrer Tochter voller Zärtlichkeit ihre Umwelt nahezubringen versucht, sie aber hier bereits durch ihre Liebe schier erdrückt. Vor allem der Mann, selbst in mancher Hinsicht noch ein Kind, erscheine als ein «Verhungerter der Liebe», mehr «Liebesabsorbant als Liebesgeber» (Gröning). Die entscheidende Frage des Films als einer «Schule der Aufmerksamkeit» ist da für Gröning – wie in jeder Familie: Geben wir die zerstörenden Erfahrungen weiter, die wir empfangen haben, oder die Liebe?

Um den Wandel männlicher Rollenbilder geht es in dem schwedischen Film HÖHERE GEWALT von Ruben Östlund (SE 2014).[7] Im Mittelpunkt steht eine gutsituierte Familie. Der Vater arbeitet zu viel und gönnt sich deshalb fünf Tage Auszeit mit Sohn, Tochter und Frau in einem luxuriösen Schweizer Skiresort. Als sie von einer Lawine überrascht werden, flüchtet er instinktiv, während die Mutter die Kinder zu beschützen versucht. Was anfangs nur eine Verstörung durch die ungebändigte Naturgewalt ist, verfestigt sich durch das hartnäckige Leugnen des Mannes seiner Schwäche: dass sich genau das zugetragen hat, was die Filmzuschauer gesehen haben.

Erst ein Handyvideo überführt Tomas und lässt sein mühsam aufrecht erhaltenes Selbstbild zusammenbrechen. Wie in DIE FRAU DES POLIZISTEN verschärft sich die Situation nicht zuletzt dadurch, dass es für die Erwachsenen keine Rückzugsräume und deshalb zu wenig Möglichkeiten für die so notwendige Kommunikation gibt. So ist es kein Zufall, dass das Leben im «Skiparadies», auch aufgrund der immer wieder dazwischengeschnittenen Bilder einer hoch technisierten Bewältigung der winterlichen Pracht mit Schneekanonen, Kettenfahrzeugen und Hubschraubern, mehr an Krieg als an Urlaub erinnert.

6   Vgl. das Gespräch mit Philip Gröning in diesem Band.
7   Vgl. den Beitrag von Reinhold Zwick in diesem Band.

Die Familie durchlebt diese krisenhafte Situation in der weitgehend abgesicherten Abgeschiedenheit aber erfolgreich. Am Ende haben sie ihre Selbstbezogenheit wie ihre Asymmetrien durchbrochen und laufen, nachdem sich die Busfahrt als zu gefährlich erweist, gemeinsam und zusammen mit anderen ins Tal – ein Exodus in die Zivilisation gewissermaßen.

Mehr Komödie ist da der Film ELTERN (DE 2013).[8] Regisseur Robert Thalheim greift die Notwendigkeit auf, Rollenbilder von Männern und Frauen heute aushandeln zu müssen. Konrad ist Theaterregisseur, hat sich aber zugunsten seiner Frau Christine, Ärztin am Beginn der Karriereleiter in einem Krankenhaus, in den vergangenen Jahren um die beiden Töchter gekümmert. Als der Vater (wie in JUNGES LICHT der Schauspieler Charly Hübner) wieder anfängt zu arbeiten, gerät das Konstrukt ins Wanken.

Filme wie diese zeigen auf amüsante Weise die Sprengpotenziale im Alltag von Familien auf. Mit viel Augenzwinkern wird hier die Realität vieler Familien heute vorgeführt: die berufliche Belastung, Mobilitätserwartungen, die finanziellen Nöte von Familien in Großstädten, etwa aufgrund der Mieten, Beziehungsprobleme, der anstrengende Tag mit Kindern und all ihren Miterziehern. Die Arbeitswelt fordert von beiden mehr als 100-prozentigen Einsatz, aber das argentinische Au-pair-Mädchen stellt sich als zusätzliche Belastung heraus, weil sie bereits schwanger anreist. Welche Anerkennung Eltern-Arbeit heute findet, gehört zu den Kernfragen dieses modernen Kammerspiels, das seinen Ausgang bei einem von Konrad inszenierten Kindergeburtstag nimmt.

Einen aus religiöser Sicht besonders wichtigen Aspekt steuern schließlich ganz andere Filme bei, besonders interessant etwa der Film von Anne Wild SCHWESTERN (DE 2013).[9] Die Herkunftsfamilie versammelt sich vor der Klosterkirche, um beim Fest der Einkleidung der jüngsten Tochter Kati dabei zu sein. Dann stellt sich heraus, dass die Zeremonie um einige Stunden verschoben werden muss, weil eine der Postulantinnen doch noch nicht bereit ist. Für die Familie ergibt sich da die Möglichkeit, ihre eigenen Beziehungen aufzuarbeiten – und sich der Not zu stellen, sich gegenüber Freiheiten verhalten zu müssen, auf die eine Ordensfrau verzichtet. Alle werden hier mit der Frage nach ihrem Glauben und ihren Werten konfrontiert. Kati selbst bleibt stumm und provoziert gewissermaßen allein durch ihre Entscheidung jene Klärungs- und Versöhnungsprozesse, die offenkundig anstehen.

Vielleicht kann man nicht schöner zeigen, wie die radikale Entscheidung zur Jesus-Nachfolge ohne Familie gleichzeitig in Beziehung zur «Welt» ste-

8   Vgl. den Beitrag von Ulrike Vollmer in diesem Band.
9   Vgl. den Beitrag von Markus Leniger in diesem Band.

hen kann. Wild bezeichnet den Film selbst als Familienfilm. Beim Symposium der Forschungsgruppe sagte sie jedenfalls, dass es wohl weniger die Kandidatinnen seien, die Zeit bräuchten, als die Familie selbst – angesichts von Katis Entscheidung, die ja «absurderweise das Extremste» sei, was man heute tun könne.[10] Indem der Film die Provokation radikal anderer Formen gemeinschaftlichen Lebens präsentiert, atmet er die Sehnsucht nach einem «Mehr an Leben», das dann natürlich nicht auf Ordensleute beschränkt sein muss, denen eine Klostergemeinschaft zur neuen Familie wird.

Was Kirche und (Pastoral-)Theologie lernen können: Einige Thesen

Was aber könnten nun Kirche und Pastoral(-theologie) von Filmen wie diesen genauer für die vor allem innerhalb des Katholizismus anstehenden Themen lernen? Welche auch durch die Ästhetik inszenierten verstörenden Einblicke in Familienleben heute sollten zu denken geben, einmal ganz unabhängig davon, welche Antwort man darauf von der eigenen Tradition her geben will? Was erbringt der Gang ins Kino für die theologische Reflexion? Im Folgenden skizzenhafte Überlegungen zu einigen Thesen über die entsprechenden Aufgaben angesichts des Stands der Dinge.[11]

Es muss darum gehen, die Vielfalt von Familien und ihren Problemen wahrzunehmen.

Schon das Erste Testament präsentiert eine breite Palette von Familienkonstellationen und belegt damit die «bleibende Aktualität der biblischen Familiengeschichten», wie sie sich etwa bereits in den Erzelternerzählungen zeigt, worauf Reinhold Zwick bereits bei der Tagung in Rom hingewiesen hat. Er hat dort davon gesprochen, dass die biblischen Geschichten gar nicht so alt sind, sondern «elementare menschliche Konflikte in Familien- und Paarbeziehungen» bergen.[12]

Auch wenn der Papst nur sehr gebremst Schlussfolgerungen daraus zieht: Das Ergebnis der Überlegungen der Synode sei nicht «ein Stereotyp

---

10 Vgl. das dokumentierte Gespräch mit der Regisseurin in diesem Band.
11 Vgl. hierzu auch Konrad Hilpert (Hg.): *Zukunftshorizonte katholischer Sexualethik. Bausteine zu einer Antwort auf die Missbrauchssituation* (Questiones disputatae 241), Freiburg 2011; Martin M. Lintner: *Den Eros entgiften! Plädoyer für eine zukunftsfähige Sexualmoral und Beziehungsethik*, Mit einem Vorwort von Bischof Karl Golser, Innsbruck 2011.
12 Vgl. Thull, Familienfunken, 31 (s. Anm. 3).

der Idealfamilie, sondern eine herausfordernde Collage aus vielen unterschiedlichen Wirklichkeiten voller Freuden, Dramen und Träumen» (Nr. 57). Im Unterschied zur früheren Lehrverkündigung hat man hier durchaus das Gefühl, dass die Wirklichkeit, wie sie auch in den oben kurz vorgestellten Filmen dargestellt wird, zur Geltung kommt.

In den zweiten Teil von *Amoris Laetitia* eingebettet ist eine Analyse der aktuellen Herausforderungen für Familien, in denen die ganz unterschiedlichen Situationen der Ortskirchen weltweit – bis hin zu den besonderen Herausforderungen für Flüchtlinge heute – zur Sprache kommen. Da geht es etwa um arrangierte Ehen, Gewalt gegen Frauen, aber auch den alltäglichen Stress in vielen Familien, nicht zuletzt aufgrund der Rahmenbedingungen, die die Arbeitswelt setzt. Wo könnte man besser mehr über solche ganz unterschiedlichen Schicksale lernen als im Weltkino?

Überwunden werden muss eine Idealisierung der Ehe, die das Reden über die Familie unnötig erschwert.

Dass der Film ein herausragendes Beispiel dafür ist, wie das Kino zur Wirklichkeitswahrnehmung beitragen kann, die der kirchlichen Lehrverkündigung zuletzt abging, zeigt sich vor allem am kirchlich hochgehaltenen Eheideal. Dieses mag mehr gelebt werden als im Kino zu sehen ist, es hat aber auf der anderen Seite auch zu jener Milieu-Verengung geführt, unter der die Gemeinden heute leiden: Viele wurden auf diese Weise auch ausgegrenzt, ohne dass man das letztlich wollte.

Immerhin hat Papst Franziskus jetzt in *Amoris Laetitia* selbst beklagt, dass man die Ehe zu lange in einem schlechten Sinne idealisiert habe. Die überraschend harte Selbstkritik: Zu lange sei es auch zu einer «fast ausschließlichen Betonung der Aufgabe der Fortpflanzung» gekommen, habe man «auf doktrinellen, bioethischen und moralischen Fragen» beharrt. Und viel zu oft habe die Kirche «ein allzu abstraktes theologisches Ideal der Ehe vorgestellt, das fast künstlich konstruiert und weit von der konkreten Situation und den tatsächlichen Möglichkeiten der realen Familien entfernt ist». Das habe die Ehe nicht erstrebenswerter und attraktiver gemacht, sondern «das völlige Gegenteil bewirkt» (Nr. 36).

Umso dringlicher stellt sich die Frage nach einer überzeugenden «Theologie des Scheiterns».

Lernen kann man im Übrigen von allen Filmen, dass die meisten Menschen intakte Beziehungen suchen. Tatsächlich ist ja die Sehnsucht danach, explizit auch nach Treue, ungebrochen und tendenziell wieder im Steigen – auch wenn die Ehe ihr Monopol bei der Legitimation von Sexualität gesellschaftlich verloren hat. Selbst wenn also nicht die Vorgaben der katholischen Lehre leitend sind, spielen moralische Überzeugungen und Regeln sehr wohl eine wichtige Rolle. So ist weithin nicht einsichtig, dass in der Vergangenheit etwa die Nötigung in der Ehe stillschweigend geduldet, während die freie sexuelle Begegnung zweier sich Liebender vor der Ehe als schwere Sünde gewertet wurde. Wer wollte bestreiten, dass der «Frau des Polizisten» himmelschreiendes Unrecht widerfährt. Hier ist interessanterweise die von der Kirche skeptisch beäugte «Verhandlungsmoral» im Übrigen deutlich strenger als die traditionelle Sexualethik, so dass man vorsichtig sein sollte, wenn man der heutigen Gesellschaft einfachhin eine Verflachung der Sitten unterstellt.

Empirische Studien belegen auch, dass es selbst mit Blick auf Ehe und Familie keine flächendeckenden Verfallserscheinungen ergibt. Die Zahl der geschiedenen Ehen hat stark zugenommen, was zumindest in Teilen auch mit einer gestiegenen Lebenserwartung erklärt werden kann, dennoch ist es weiterhin normal, zu heiraten und monogam zu leben. Selbst in den aktuellen Jugendstudien kommt zum Vorschein, dass der Begriff Familie weiterhin sehr positiv besetzt ist und ein harmonisches Familienleben – ob mit Blick auf die Herkunftsfamilie oder eine eigene Familiengründung – einen hohen Stellenwert hat.

All dies ist auch von den Filmen her zu lernen, manches Mal, wie beispielsweise in DIE FRAU DES POLIZISTEN, auch *ex negativo*. Dass gelingende Beziehungen dann weniger gezeigt werden, liegt nicht zuletzt daran, dass es für Regisseure natürlich dramaturgisch viel interessanter ist, Konflikte zu zeigen. Es gebe nichts Langweiligeres im Kino als glückliche Menschen, zeigte sich Gröning überzeugt.

Umgekehrt bedeutet dies aber auch, dass sich die kirchliche Verkündigung und die Pastoral noch eingehender damit auseinandersetzen muss, wie man sensibel mit dem Scheitern von Menschen umgeht, ohne diese auf die Brüche in ihrer Biografie festzulegen – wie das faktisch weitgehend noch geschieht. Der Ansatz von Papst Franziskus beim Schlüsselbegriff «Barmherzigkeit» ist hier bei aller Problematik der Semantik, der man einen gewissen Paternalismus vorwerfen kann, weiterhin verheißungsvoll.

Notwendig ist die Unterscheidung zwischen Idealen und Normen.

Der entscheidende Punkt aber besteht darin, dass das Kino auf den feinen Unterschied zwischen Normen und Idealen aufmerksam zu machen vermag. Der Wandel von der Sexualmoral zur Beziehungsethik innerhalb von Theologie und Kirche kann davon nur profitieren. Gerade die Rede von «irregulären» Familienformen hatte ja dazu geführt, dass man das Positive an der Familienwirklichkeit in Vielfalt nicht wertschätzen konnte.

Nach den entsprechenden Einblicken ins Kino: Statt Verbote einzuschärfen, müsste vielmehr gezeigt werden, wie aus christlicher Sicht mit Blick auf die Themen Freundschaft und Liebe, Sexualität und Treue ein gelingendes Leben möglich wird, ohne die Realität des Scheiterns auszublenden. Wie entstehen Beziehungen? Was braucht es für gelingende Beziehungen? Zur Beantwortung dieser Fragen können Filme viel leisten. Wichtig ist dabei vor allem das Ernstnehmen der Dynamik von Beziehungen und menschlichen Reifungsprozessen.

Es braucht eine neue Theologie des Gewissens.

Ein ganz zentraler Punkt ausgehend von den Filmen mit ihren dramaturgisch zugespitzten Handlungen besteht darin, dass auch die inneren Seelennöte, im besten Fall: das menschliche Reifen, Thema von Filmen ist. Wo wäre besser zu lernen, dass Ideale auch gelebt, Werte auch im Alltag vertreten und Normen in konkreten Situationen angewendet, in jedem Fall immer wieder Entscheidungen getroffen werden müssen? Oft genug geht es in Filmen heute – ganz säkular, wenn man so will – um eine Gewissenserforschung wie in HÖHERE GEWALT. Oder es geht um jene kleinen und großen Gewissensentscheidungen, wie etwa im Film ELTERN, wo das Thema Abtreibung gestreift wird und das Paar am Ende wieder zueinander findet.

In *Amoris Laetitia* werden jetzt Aussagen über das Gewissen getroffen, wie man sie länger nicht in päpstlichen Dokumenten lesen konnte. Auch die beiden Vorgänger haben die Gewissensfreiheit selbstverständlich nicht bestritten, die notwendige Schärfung des Gewissens an den kirchlichen Vorgaben aber vielfach derart betont, dass die eigentliche Pointe von Gewissensentscheidungen nicht mehr zur Geltung gekommen ist. Bei Franziskus heißt es jetzt: Die Kirche sei berufen «die Gewissen zu bilden, nicht aber dazu, den Anspruch zu erheben, sie zu ersetzen» (Nr. 37). Genau das ließe sich hervorragend vom heutigen Filmschaffen her vertiefen.

An die Auseinandersetzung mit der Gender-Debatte sollte man sich kirchlich mutiger herantrauen.

In allen oben vorgestellten Filmen geht es im Übrigen um die Auseinandersetzung mit männlichen und weiblichen Rollen. Ihnen geht es dabei nicht nur um die Verteilung von Aufgaben und Arbeit, Verdienstmöglichkeiten und Aufstiegschancen, sondern auch um die Frage der Zwangsläufigkeit von Männer- und Frauenbildern. Gerade vom Kino her drängt sich auf, dass die Gender-Debatte noch viel offensiver innerhalb der Kirche geführt werden sollte als es bisher getan wird. Entscheidend ist auch eine ernsthaftere Auseinandersetzung mit den Erkenntnissen der Humanwissenschaften.

Im Übrigen hat das Kino zwischenzeitlich längst auch die «Regenbogenfamilien» entdeckt. Offenkundig besteht der Reiz darin, angesichts ungewohnter Rollenbilder jeden Kinobesucher über seinen Part ins Nachdenken zu bringen. Pluralität besagt in diesem Kontext nicht, dass die klassische Familie nicht mehr existiert, es gibt eben nur andere Familienformen, die nun ebenfalls thematisiert werden.

Immerhin: Die sogenannten Gender-Theorien, die im Hintergrund vieler Diskussionen der vergangenen Jahre für Wirbel gesorgt haben, werden in *Amoris Laetitia* zwar in einem Abschnitt (Nr. 56) abgekanzelt. Interessanterweise gibt es dann aber in *Amoris Laetitia* durchaus eine Reihe von Textstellen in anderen Zusammenhängen, in denen vergleichsweise sensibel über die gewandelten Rollenbilder von Frauen und Männern die Rede ist. Es sei «wahr, dass das Männliche und das Weibliche nicht etwas starr Umgrenztes» sei (Nr. 286). Von grundlegender Bedeutung ist in diesem Zusammenhang im Übrigen das bibelhermeneutische Argument von Franziskus, warum die von Paulus im Epheserbrief geforderte Unterordnung der Frau unter den Mann zu relativieren sei: Er drücke sich hier «in für seine Zeit typischen kulturellen Kategorien aus». Weiter heißt es: Wir «müssen nicht dieses kulturelle Gewand übernehmen, sondern die offenbarte Botschaft, die dem Ganzen dieses Abschnitts zugrunde liegt.» (Nr. 156)

Schließlich muss es auch darum gehen, die familienkritische Aspekte des Neuen Testaments ernster zu nehmen.

Weder das Alte noch das Neue Testament kennen ein einlineares Familienbild, wie es vom 19. Jahrhundert ausgehend von der Überhöhung der «Heiligen Familie» bis in die Fünfzigerjahre katholischerseits zu oft propagiert worden ist. In der kirchlichen Moralverkündigung wurden in diesen Fällen die eher familienkritischen Äußerungen Jesu übersehen. Dabei sollte eigentlich der Widerhall in der Kirchengeschichte unüberhörbar sein. Das gilt sowohl mit Blick auf den erst langsam entstehenden Pflichtzölibat der sogenannten Weltpriester, denen die Leitung der Kirche weitgehend vorbehalten ist, aber natürlich vor allem auch angesichts der Ordensleute. Gerade hier ist der Film Schwestern besonders sprechend.

Fazit: Es braucht einen neuen Stil kirchlicher Lehrverkündigung.

Gerade mit Blick auf einen neuen Stil kirchlicher Lehrverkündigung kann die Kirche vom Kino lernen. Es sei nicht mehr möglich, mit der Macht der Autorität Regeln durchsetzen zu wollen, wenn die bisherigen Argumente keine Überzeugungskraft mehr ausstrahlen, so der Papst in *Amoris Laetitia*. Zu beidem ist es seiner Ansicht nach früher offensichtlich gekommen. Anstatt die Welt anzugreifen und dabei in der pastoralen Arbeit unnötige Energien zu verbrauchen, sei es viel wichtiger, «Wege des Glücks» aufzuzeigen. Die kirchliche Lehre über Ehe und Familie müsse von der Liebe und Zärtlichkeit künden, anstatt als «bloße Verteidigung einer kalten und leblosen Doktrin» zu erscheinen (Nr. 59) – und nicht umsonst sei dieses Dokument im «Heiligen Jahr der Barmherzigkeit» erschienen. Ausdrücklich warnt Franziskus davor, die Lehre wie «Felsblöcke» auf die Gläubigen zu werfen, um sie darunter zu begraben (Nr. 49).

Aus der Sicht des Kinos: Normen illustrieren zu wollen, könnte tatsächlich nur verkopfte Filme zur Folge haben. Wo aber Ideale anhand von stimmigen Geschichten gezeigt werden, ganz unabhängig davon, inwieweit sie dann faktisch erreicht oder überhaupt erreicht werden können, entsteht kraftvolles Kino, über das sich auch zu diskutieren lohnt.

Gerade weil hier vermittelt durch die Fiktion Handlungsalternativen vorgelebt werden, ist das Kino in höchstem Maße moralisch relevant. DIE FRAU DES POLIZISTEN und HÖHERE GEWALT sind ethisch sehr sensible Filme, auch wenn sie nicht moralisieren wollen. Besonders anschaulich zu sehen ist die ethische Kraft der Fiktion, gewissermaßen als Film im Film, nicht zuletzt in HÖHERE GEWALT: Obwohl es sich letztlich nur um jenes kleine Handyvideo handelt, streiten sich am Ende auch die Freunde über die Frage, wie sie gehandelt hätten beziehungsweise wie zu handeln gewesen wäre.

* * *

Und die im eigentliche Sinne theologische Tiefenstruktur des Kinos?

In DIE FRAU DES POLIZISTEN werden immer wieder Szene dazwischengeschnitten, in denen ein stummer alter Mann zu sehen ist: der Vater des Polizisten, er selbst als Greis? Gröning hat ihm die Rolle des Chors im aristotelischen Drama zugeschrieben, brachte aber selbst auch Gott ins Spiel. Die Quintessenz lautete dann: Auch wenn Gott schweigt, darf man ihn sich als gütigen Beobachter vorstellen. In JUNGES LICHT will Julian am Ende dem Pfarrer auch die von ihm beobachteten Sünden seines Vaters beichten. Auch wenn sich Gott entzieht: Selten wurde so anschaulich deutlich, wie der Verstrickung in die Schuld anderer durch die Solidarität im Bitten um Vergebung, im Bitten um Barmherzigkeit begegnet werden kann.

Autorinnen und Autoren

Philip Gröning wurde 1959 in Düsseldorf geboren. Er wuchs in Düsseldorf und in den USA auf. Er reiste durch Südamerika und studierte Medizin und Psychologie, bevor er sich 1982 ganz dem Filmemachen und seinem Studium der Münchener Filmhochschule (HFF) zuwandte. Philip Gröning widmete sich dem Drehbuchschreiben und begann, für Peter Keglevic und Nicolas Humbert als Schauspieler zu arbeiten. Philip Gröning lebt und arbeitet in Düsseldorf und Berlin. Seit 1986 hat er eine eigene Produktionsfirma. Filmografie (Langfilme): SOMMER (1986), DIE TERRORISTEN (1992), L'AMOUR (2000), DIE GROSSE STILLE (2005), DIE FRAU DES POLIZISTEN (2013), MEIN BRUDER HEISST ROBERT UND IST EIN IDIOT (2018).

Peter Hasenberg studierte Anglistik und Germanistik an der Ruhr-Universität Bochum. Nach dem Ersten Staatsexamen für das Lehramt an Gymnasien war er von 1978 bis 1987 Hochschulassistent am Englischen Seminar der Ruhr-Universität. 1981 promovierte er mit einer Dissertation über Handlungsstrukturen in Shakespeares Tragödien. Seit 1988 ist er Referent im Sekretariat der Deutschen Bischofskonferenz, Bonn, und bearbeitet den Sachbereich Film und medienpolitische Grundsatzfragen. Von 1989 bis 2017 war er Vorsitzender der Katholischen Filmkommission. Er veröffentlichte Filmkritiken und Aufsätze zum Themenbereich Film und Religion. Die letzten Veröffentlichungen sind *The Bible Revisited. Neue Zugänge im Film* (herausgegeben mit R. Zwick, Marburg 2016) und das Lexikon *Sinnfragen des Lebens im Film* (Mitarbeit; hg. von J. Horstmann in Auftrag der Katholischen Filmkommission, Marburg 2017).

Stefan Leisten schloss 2015 sein Studium der Katholischen Religionslehre und der Geschichtswissenschaft mit dem Master of Education an Gymnasien und Gesamtschulen ab. Zeitgleich erwarb er den Master of Arts «Christentum in Kultur und Gesellschaft». Seit 2015 ist er wissenschaftlicher Mitarbeiter an der Professur für Biblische Theologie und ihre Didaktik an der Katholisch-Theologischen Fakultät der Universität Münster. Dort verfasst er zurzeit seine Dissertation zu dem Thema: *Individualethisches Lernen anhand fiktiver Jugendfiguren aus audiovisuell-narrativen Unterhaltungsserien*. Seine Arbeitsschwerpunkte sind Videografie im Religionsunterricht, Rezeption und Verarbeitung von biblischen Inhalten in audiovisuell-narrativen Unterhaltungsmedien und deren Nutzung im Religionsunterricht, sowie das ethische Lernen anhand von audiovisuell-narrativen Unterhaltungsmedien mit dem Schwerpunkt auf TV-, Videospielserien und Let's Plays. Weitere Informationen: https://www.uni-muenster.de/FB2/personen/kthd/biblische/leisten.html.

Markus Leniger studierte Geschichte, Germanistik und Philosophie an der Ruhr-Universität Bochum, 2004 Promotion mit einer Arbeit zur NS-Umsiedlungspolitik. Seit 1999 ist er Studienleiter für den Fachbereich Geschichte und Politik an der Katholischen Akademie Schwerte, seit 2008 betreut er zusätzlich den Fachbereich Film. Er ist Mitglied der Kommission für kirchliche Zeitgeschichte im Erzbistum Paderborn, des Arbeitskreises Filmarchivierung NRW, Sprecher der Forschungsgruppe «Film und Theologie» und Vorsitzender der Katholischen Filmkommission für Deutschland. Aktuelle Veröffentlichungen zum Thema Film: Krisenbilder einer geschlossenen Gesellschaft. Priester im aktuellen Spielfilm, in: *Diakonia. Internationale Zeitschrift für die Praxis der Kirche* 48 (2017), S. 62–67; *Antisemit und Bürokrat. Adolf Eichmann im Spiegel der aktuellen Zeitgeschichtsforschung*, in: Christoph Wessely, Dietmar Regensburger (Hg.), *Von Ödipus zu Eichmann. Kulturanthropologische Voraussetzungen von Gewalt*, Marburg 2015, S. 123–137; Der Einbruch von Krankheit und Tod in das Leben. Spielfilme erkunden das Problemfeld «menschenwürdigen Sterbens», in: *Diakonia. Internationale Zeitschrift für die Praxis der Kirche* 45 (2014), S. 206–209. Weitere Informationen: https://www.akademie-schwerte.de/personen/dr-phil-markus-leniger.

Christopher Neumaier studierte Neuere und Neuste Geschichte und Soziologie an der Ludwig-Maximilians-Universität in München sowie European Studies an der University of Cambridge. Von 2004 bis 2007 war er wissenschaftlicher Mitarbeiter an der Technischen Universität München und Stipendiat des German Historical Institute Washington. 2008 promovierte er mit einer Arbeit über die unterschiedliche kulturelle Akzeptanz des Diesel-Pkw in Deutschland und den USA. Zwischen 2008 und 2012 arbeitete er als Postdoktorand an der Johannes Gutenberg-Universität Mainz und wechselte 2012 an das Zentrum für Zeithistorische Forschung in Potsdam. 2017 reichte er seine Habilitation «Familie im 20. Jahrhundert: Konflikte um Ideale, Politiken und Praktiken» an der Universität Potsdam ein. Seine jüngsten Publikationen sind u. a. (Hg. zus. m. Bernhard Dietz und Andreas Rödder): *Gab es den Wertewandel? Neue Forschungen zum gesellschaftlich-kulturellen Wandel seit den* 1960*er-Jahren*, München 2014; Hohe Wertschätzung, geringe Verbreitung. Der ‹neue Vater› in Westdeutschland während der 1970er- und 1980er-Jahre, in: *Ariadne* 70 (2016), S. 44–51.

Stefan Orth ist stellvertretender Chefredakteur der Herder Korrespondenz. Er hat in Freiburg i.Br., Paris und Münster Katholische Theologie studiert und 1998 in Münster im Fach Fundamentaltheologie promoviert. Seit 1998 ist er Redakteur der Herder Korrespondenz und dort unter anderem für Themen aus Theologie, Kunst und Kultur zuständig (vgl. www.herder-korrespondenz.de). Außerdem ist er seit 1990 Mitglied der Internationalen Forschungsgruppe Film und Theologie. Er ist Mitherausgeber mehrerer Bände der Reihe «Film und Theologie», die im Verlag Schüren erscheint erschienen ist.

Ulrike Vollmer studierte Religionspädagogik an der Katholischen Fachhochschule Freiburg i. Br. und schloss daran einen MA in Theologie (University of Leeds) sowie eine Promotion im Fachbereich Biblical Studies (University of Sheffield) an, die sie 2004 abschloss. Von 2004–2007 war sie als Dozentin im Fachbereich Theology and Religious Studies der University of Wales Lampeter tätig. Arbeitsschwerpunkte sind der Dialog von Film und feministischen Studien. Zu ihren Veröffentlichungen zählen *Seeing Film and Reading Feminist Theology. A Dialogue* (New York, 2007), *Seeing Beyond Death: Images of the Afterlife in Theology and Film* (herausgegeben mit C. Deacy, Marburg, 2012) und *Towards an Ethics of Seeing. Sally Potter's* The Tango Lesson (Literature and Theology 19/1, March 2005).

Franz Günther Weyrich studierte von 1980–86 Germanistik und kath. Theologie an der Uni Gießen, danach Ausbildung zum Gymnasiallehrer in diesen Fächern am Studienseminar Wiesbaden. Seit 1993 ist er Leiter eines religionspädagogischen Amtes und einer Medienstelle, sowie Vertreter des Bistums Limburg in der AVMZ Mainz als zentraler Medienstelle des Bistums. Seine Arbeitsfelder sind darüber hinaus neben der schulischen Ausbildung kirchlicher Mitarbeiter/innen seit 1996 die Lehrerfortbildung im Bereich der Medienpädagogik/Filmarbeit. Er ist Verfasser diverser Filmhefte und Arbeitshilfen zu Kurz- und Spielfilmen sowie von Zeitschriftenbeiträgen in (bevorzugt) religionspädagogischen Fachzeitschriften. Seit 2016 ist er Mitglied der Auswahlkommission der «Augenblicke», des Kurzfilmprojektes der Deutschen Bischofskonferenz.

Anne Wild schloss ihre Schauspielausbildung an der Hochschule für Musik und Darstellende Kunst in Stuttgart 1992 mit einem Diplom ab. Anschließend war sie als freie Journalistin tätig, arbeitete als Produktionsassistentin für Werbefilme, Musikvideos und Spielfilme sowie als Texterin in einer Werbeagentur. Seit 1992 dreht sie Kurzfilme. Ihr Langfilmdebüt als Regisseurin war MEIN ERSTES WUNDER (2002), der u. a. mit dem Max-Ophüls-

Preis ausgezeichnet wurde. Für das gemeinsam mit Stefan Dähnert verfasste Drehbuch zum Spielfilm WAS TUN, WENN'S BRENNT (2001) erhielt sie den Baden-Württembergischen Drehbuchpreis. Filmografie (Auswahl): DIE GEISELN VON COSTA RICA (2000, Drehbuch, TV-Film), WAS TUN, WENN'S BRENNT? (2001, Drehbuch), MEIN ERSTES WUNDER (2002), BALLETT IST AUSGEFALLEN (2002, Kurzspielfilm), NACHMITTAG IN SIEDLISKO (2003, Kurzspielfilm), HÄNSEL UND GRETEL (2005, TV-Film), SCHWESTERN (2013).

Hans Zollner SJ studierte Philosophie, Theologie und Psychologie in Regensburg, Innsbruck und Rom. Er ist seit 2003 Professor am Institut für Psychologie der Päpstlichen Universität Gregoriana in Rom, dort ist er seit 2010 akademischer Vizerektor. Er ist Präsident des Centre for Child Protection der Gregoriana und Gründungsmitglied der Päpstlichen Kinderschutzkommission. Jüngste Veröffentlichung: Annette Schavan / Hans Zollner (Hg.): *Aggiornamento – damals und heute: Perspektiven für die Zukunft*, Freiburg 2017. Weitere Informationen: http://childprotection.unigre.it/?lang=de

Reinhold Zwick schloss sein Studium der Katholischen Theologie und Germanistik in Regensburg 1988 mit einer Promotion ab und habilitierte 1996 in Biblischer Theologie. Von 1996 bis 2001 hatte er die Professur für Alt- und Neutestamentliche Exegese an der Katholischen Fachhochschule Freiburg i. Br. inne. Seit 2001 ist er Professor für Biblische Theologie und ihre Didaktik an der Katholisch-Theologischen Fakultät der Universität Münster. Seine Arbeitsschwerpunkte sind narrative und rezeptionsästhetische Exegese, Wirkungsgeschichte der Bibel, Dialog von Theologie und Film. Seine jüngsten Veröffentlichungen sind *Passion und Transformation. Biblische Resonanzen in Pier Paolo Pasolinis «mythischem Quartett»* (Marburg, 2014) und *The Bible Revisited. Neue Zugänge im Film* (herausgegeben mit P. Hasenberg, Marburg 2016). Weitere Informationen: http://www.uni-muenster.de/FB2/personen/kthd/biblische/zwick.html.

Abbildungsnachweise

Cover

Wie die Liebe zu Kindern Gestalt wird
1–8   BluRay-Edition, dcm/universum film, 2014

Die Familie als Liebesraum und Gewaltherd
1   Foto: privat
2–15 DVD-Edition, Filmgalerie 451, 2015.

Schneeballeffekte im Familienkosmos
1–7   DVD-Edition, Alamode Film, 2015

Eine Sommerkomödie über Familie, Berufung und Sehnsuchtsorte
1, 3–6 DVD-Edition, farbfilm home Entertainment, 2014; Abb, 2: Foto: privat

Family Shots – Familienbilder im Kurz(spiel)film
1   DVD «Gottesbilder», Katholisches Filmwerk Frankfurt, 2006
2–3   DVD-Edition, Katholisches Filmwerk Frankfurt, 2005
4–5   Abdruck mit freundlicher Genehmigung der Regisseurin Joya Thome.
6–8   DVD-Edition, Katholisches Filmwerk Frankfurt, 2018

9–10 DVD-Edition, Katholisches Filmwerk Frankfurt, 2006
11–12 DVD-Edition, Katholisches Filmwerk Frankfurt, 2007
13   DVD-Edition, Katholisches Filmwerk Frankfurt, 2015,

Eine einfachere Welt?
1–18 DVD-Edition, Universal Pictures Germany GmbH, 1: Staffel 1: 2010 (Bild 1, 2, 3, 4, 6a, 6b, 9a – 9e, 13), Staffel 2: 2011 (Abb. 7, 10, 14, 15), Staffel 3: 2012 (Abb. 12), Staffel 4: 2013 (Abb. 5, 8), Staffel 5: 2015, Staffel 6: 2015 (Abb. 11, 16, 17, 18).

«Es bleibt doch alles in der Familie»
1   http://www.news.de/tv/855514289/gzsz-vorschau-tuner-versagt-im-ring-jasmin-und-anni-haben-sex/1/ [GZSZ-Folge 5462 vom 26. März 2014]
2   https://www.promilounge.de/gzsz-die-vorschau-kw50-emily-beschuldigt-gerner-5519/gute-zei-ten-schlechte-zeiten-43/ [Promo-Bild RTL GZSZ-Folgen 5141–5145 vom 10. bis 14. Dezember 2012]
3   https://www.rtl.de/cms/gzsz-folge-6334-vom-05-09-2017-geht-jo-gerner-auf-sunnys-ultimatum-ein-4124733.html [GZSZ-Folge 6334 vom 05.09.2017]

Filmregister

W

Natalie Fritz
Marie-Therese Mäder
Daria Pezzoli-Olgiati
Baldassare Scolari Hg.

Leid-Bilder

Die Passionsgeschichte in der Kultur

RELIGION, FILM UND MEDIEN 1

SCHÜREN

RFM
RELIGION
FILM
MEDIA

Pezzoli-Olgiati/Fritz/
Mäder/Scolari (Hg.)
**Leid-Bilder. Die Passionsge-
schichte in der Kultur**
600 S. zahlr. farb. Abb. | € 44.00
ISBN 978-3-89472-715-4

Die Passionsgeschichte als zentrale Narration der Evangelien löste nicht nur inner-, sondern in vielfältiger und bemerkenswerter Weise auch außerhalb der kirchlichen Traditionen unterschiedliche Rezeptionen und Reaktionen aus. Im Laufe der Europäischen Religionsgeschichte wurde sie in verschiedene Kontexte übertragen und mittels diverser Medien variantenreich umgesetzt: Das Spektrum reicht von der Malerei bis zu den Passionsspielen, von den Karfreitag-Prozessionen bis zu Bachs Werken, von Lesungen in den Kirchen bis zum sozialkritischen Kino.

Die Veröffentlichung setzt sich mit der Rezeptionsgeschichte der Passion im Film auseinander. In der Erforschung der Wechselwirkung zwischen Film und Religion, die die Filmgeschichte von Beginn an prägt, übernimmt die Passion eine zentrale Rolle. Die Liste der relevanten Werke ist lang und die damit assoziierten Themen ganz unterschiedlich: Bestimmte Filme übernehmen eine religiöse, fast liturgische Funktion, andere setzen das Motiv religionskritisch ein; einige Werke vertreten einen ethnographischen Blick oder erkunden die Grenzen des Skandals. Die Palette reicht vom Drama über die Komödie bis zum Musical. Stilistisch wird ein Bogen vom Stummfilm zu den opulenten historisierenden Werken bis hin zum experimentellen Autorenkino gespannt.

Natalie Fritz
**Von Rabenväter und
Übermüttern**
Das religionshistorische Motiv
der heiligen Familie im Span-
nungsfeld zwischen Religion,
Kunst und Film
512 S. | zahlr. farb. Abb. | Pb.
48,00 € | ISBN 978-3-89472-847-2

Die Familie ist keine konfliktfreie Zone, sondern ein Ort, an dem Generationen und ihre jeweiligen Weltsichten aufeinanderprallen, an dem Gen-
derrollen erlernt, vielleicht auch hinterfragt werden, an dem Werte und
Normen vermittelt und soziale Kompetenzen trainiert werden. Es ist der
Bereich, in dem Individuen primär sozialisiert werden, ein Mikrokosmos,
in dem man allmählich für das «Leben draußen» vorbereitet wird.

Diese Untersuchung möchte aus der Perspektive einer kulturwissen-
schaftlich ausgerichteten Religionswissenschaft intermediale Tradie-
rungsprozesse am Beispiel des christlich konnotierten Motivs der Heiligen
Familie im zeitgenössischen Arthouse-Film beleuchten. Anhand eines spezifischen Filmkorpus werden die Etappen der intermedialen Überlieferung
dieses religionshistorischen Motivs vom 16. Jahrhundert bis heute rekonstruiert und Überlegungen in Bezug auf die damit verbundenen Bedeutungs-
zuweisungen außerhalb der religiösen Tradition angestellt. Die Untersuchung konzentriert sich auf drei Filmemacher: Susanne Bier, François Ozon
und Pedro Almodóvar.